云南文库

学术名家文丛

雲南文庫

学术名家文丛

生活的牧歌
——论艾青的诗

晓 雪 著

雲南人民出版社
雲南大學出版社

作者简介

晓雪，原名杨文翰，男，白族，1935年1月出生于云南省大理市，一级作家。1956年毕业于武汉大学中文系，毕业后到云南省文联工作。1978年以来，先后任中共云南省委写作组副组长、中共云南省委宣传部文艺处处长、云南省文联党组副书记、副主席和云南省作协主席，并成为中国作协第三届、第四届理事、第五届全委会委员以及第六、第七、第八届名誉委员，同时兼任中国当代文学研究会副会长、中国当代少数民族文学研究会会长、中国少数民族作家学会副会长、中国诗歌学会副会长、云南省南社研究会会长等职。

先后在作家出版社、人民文学出版社、中国文联出版公司等出版了《生活的牧歌——论艾青的诗》《浅谈集》《新诗的春天》《诗的美学》《诗美断想》《面向新时代》《中国当代文学研究资料·晓雪集》《诗美的采撷》《晚晴集》《中国国外获奖作家作品集·晓雪卷》等文学评论和理论研究专著；先后十二次主持召开全国当代少数民族文学学术研讨会和文学理论建设研讨会，先后八次主持全国少数民族研究奖评奖颁奖活动，先后四十多次在海内外各种文学笔会、诗会、诗歌节、诗歌论坛和作品研讨会上作交流发言。

作者富有文学创作经验和文学理论研究功力，特别擅长诗歌、散文的创作和评论，尤其对艾青诗歌的研究具有十分突出的成就，在国内外产生了非常大的影响。此外，其论文《我国当代少数民族诗歌》获得第二届少数民族文学“骏马奖”优秀评论奖；《新诗的春天》《诗的美学》《诗美的采撷》先后获中国当代文学研究优秀成果奖；2003 荣获中国当代少数民族文学研究突出贡献奖。

总　序

中共云南省委书记 李纪恒

“盖文章，经国之大业，不朽之盛事。”一部承载责任与使命的好作品，必将是一部千古不朽的立言典范，也必将是一部历久弥新的传世教科书。千百年来特别是明代以来，许多贤人君子和名人大家在广袤的云岭大地耕耘、思考和写作，留下了闪光的足迹和丰厚的作品，足以飨及后进，启迪晚辈。在搜集、遴选和整理云南明代以来学术大家、学术名家著作的基础上，由云南宣传部门牵头推出了《云南文库》，这一丛书的面世诚为云南学术研究和出版界之盛事。

编纂《云南文库》是传承云南地域文明、提高云南文化自觉的有益尝试。“七彩云南”这片神奇的土地孕育了对中国乃至世界文明都有重要影响的古人类，造就了云南文化的丰厚积淀，从而构成了博大精深的云南文化艺术宝库。作为中华文化圈、印度文化圈和东南亚文化圈的交汇地，云南自古以来都不缺乏学贯中西的大师和博古通今的大家，从来都不缺乏魅力四射的光辉著作和壮美奇绝的文化遗存。其中，许多学术作品都凝聚了深邃的思想和超凡的智慧，体现了鲜明的地域特色和民族特色，彰显了有云南自身特点的知识谱系和学术传统。今天，我们将历史长河中的明珠拾起，用心记载云南学术史上的灿烂篇章，正是为了守护云南优秀的地域文化，为了汲取进一步繁荣发展云南哲学社会科学的养分和动力，进而筑牢云南文化自信的根基。

编纂《云南文库》是树立云南文化品牌、增强云南文化影响力的重要举措。云南文化是中华文化的有机组成部分，其悠久的历史文化、多彩的民族文化、独特的生态文化、包容的宗教文化，已经成为文化百花园中一枝流光溢彩、香飘四海的奇葩。千百年来，云南学者中英奇瑰伟之士以及众多寓居云南的外省学者念兹在兹，深植于云南沃土，扎根于传统文化，不懈探索、勤奋撰述，留下了一批经得住历史和实践检验的珍贵成果。特别是抗战时期，随着西南联合大学和相关研究机构的到来，昆明一时风云际会，云集了大批我国现代学术史上开宗立派的学术大师和著名专家，云南成为当时中国学术中心之一，诞生了大批学术经典。新中国成立后，云南学术研究取得很大进展，研究队伍空前壮大，学科建设卓有成效，学术成果日益丰硕，推出了一批享誉国内外的学术精品。近年来，《云南史料丛刊》《云南丛书》等一批历史文献和地方文献丛书相继刊印，云南文化的影响力和竞争力不断增强。今天，我们隆重推出《云南文库》，就是要为更多的人了解云南、熟悉云南、研究云南搭建一个平台和载体，为云南的经济社会发展、文化建设、文史学术研究等提供有益的历史借鉴，为在更广领域传播云南文化、打造云南品牌、增强云南软实力创造更好条件。

编纂《云南文库》是保障人民群众的基本文化权益的有效途径。文化建设的根本就是要用健康高雅的艺术、用智慧明辨的思想、用善良温厚的德行启迪人、引导人。编纂《云南文库》一个重要目的是丰富人民群众的精神文化生活、增进人民群众的幸福感。此次收入《云南文库》的著作，涉及哲学、历史、文学、语言、艺术、民族、宗教、政治、军事、外交等诸多方面，包含着丰富的自然、社会和人生哲理知识，体现了高度的人文关怀。阅读这些著作，有助于培育读者自尊自信、理性平和、积极向上的心态，有助于引导人们去发现、享用、珍惜世界和人生之美，能使大众的精神世界得以滋养和美化、人格得以陶冶和熏陶、心灵得以安顿和抚慰、情感得以丰富和升华，从而更好地满足人民群众多层次、多方面、多样性的审美需求。

编纂《云南文库》是推动云南跨越发展的必然要求。云南早在1996年就提出了建设“民族文化大省”的目标，是全国最早提出建设民族文化大省的省份之一。2000年，我省正式确立了“建设绿色经济强省、民族文化大省和中国连接东南亚南亚的国际大通道”的三大目标，把文化事业和文化产业的发展纳入了全省经济社会发展战略的范畴。2009年召开的中共云南省委八届八次全委会，作出了把云南建设成为“绿色经济强省、民族文化强省、中国面向西南开放的桥头堡”的重大决策，把云南文化建设推向了一个新的阶段。2011年11月，云南省第九次党代会进一步明确了科学发展、和谐发展、跨越发展的发展主题，要求更加自觉、更加主动地推动文化大发展大繁荣。当前，云南人民正豪情满怀地沿着建设民族文化强省的道路阔步前行，具有云南特色的文化模式已经也必将进一步焕发动人而耀眼的光芒。我们将以打造《云南文库》等一批社科品牌和文化精品为契机，继承优良传统，发挥优势，突出特色，以面向现代化、面向世界、面向未来的宏大眼光，锐意进取，积极开展学术研究，努力创造出无愧于时代、无愧于人民、无愧于历史的优秀学术成果和文化产品，更好地弘扬以高远、开放、包容的高原情怀和坚定、担当、务实的大山品质为主要内容的云南精神。

《云南文库》最终得以发行，首先是众位先贤心血和智慧的结晶。在此，我们要对创造了云南学术精品并因此而为中华文化做出杰出贡献的学者们表示崇高的敬意！在《云南文库》的编纂过程中，相关编纂单位、出版单位和参加整理的学者，以高度的责任感和使命感，兢兢业业地做好编校和出版工作，正是有了他们的辛勤劳动和精心工作，才有如今的翰墨流芳。在此，我要诚恳地道一声，大家辛苦了！《云南文库》从构想走向现实，离不开众多读者和社会各界人士的支持，我也一并向你们表示诚挚的谢意！同时，衷心希望同志们一如既往地为云南文化建设献智献策，欢迎更多的同仁志士参与到云南文化建设的伟大事业中来！

谨为序。

目　录
Contents

艾青致晓雪的一封信

晓雪同志：

我和你结的是诗缘。

五十年代，你的大学毕业论文《生活的牧歌》对我的作品理解很深。我曾为有你这样的读者和研究者而高兴！

五七年六月，我陪同聂鲁达夫妇去云南，第一次见到你，给我留下极好的印象。反右中，你因我蒙受批判。在二十一年艰难岁月里，每想起受我株连的朋友和读者，心里就隐隐作痛。当我们再次见面，你已迈入中年，我是老人了。我们成了忘年交。我们虽然天各一方，但我始终是关注着你。只要见到你的文章，必定一读。你的作品和你的为人，被熟悉你的人们所称颂。

我已属于历史，而你正在诗坛岗位上，肩负重担。我坚信诗歌事业前途光明。

我多年生病，已走不出家门，我为不能亲临你的作品研讨会深感遗憾。

衷心祝愿研讨会圆满成功！

祝你和夫人身体健康！

艾　青

1995 年 11 月 28 日

生活的牧歌

——论艾青的诗

“我生活着，故我歌唱。”

“诗，永远是生活的牧歌。”

——艾青

在我们年轻的社会主义文学的道路上，走来一位有才华的、有深刻影响的杰出诗人……

在那白色恐怖的年代，在中国历史上那些最黑暗的日子里，我们看见他眼里满含泪水，从“彩色的欧罗巴”带回一支芦笛，吹着，吹着，吹着，吹出了这苦难的土地上人民的忧愤、诅咒和悲哀……

当卢沟桥的炮声一响，我们又看见他满脸喜悦和兴奋，在“复活的土地”上，“乘着热情的轮子”，奔“向太阳”，高举“火把”，以充满信心和力量的激昂高亢的声音，向在黑暗中悲愤地战斗前进的人民发出了“黎明的通知”，他的火把点燃了千万颗年轻的心，他的声音长久地长久地留在我们的记忆里，鼓舞我们前进……

接着，从革命的圣地延安，我们又听见了他对革命领袖和新社会新生活的热情的歌颂，我们听见了他对世界上第一个社会主义国家的光辉成就的热烈的祝贺和赞美，我们听见了他“向毛泽东同志”“向中共中央委员会”“向新民主主义”“向春天一般灿烂的未来”“向民主、强盛、繁荣、自由、幸福的人民共和国”发出的激情的欢呼……

然而在他欢呼过的“未来的共和国”诞生后，在人民根本摆脱贫困落后的伟大的社会主义革命高潮中，我们却很少听见他的声音，而且根本就没有再听见他的像《向太阳》《火把》那样热情洋溢具有强大的思想艺术力量的声音……

这是什么原因呢？——我们是多么希望听见他的更热情、更有力、更激动人心的歌唱呵！

很显然，对这样一位诗人的研究，探讨他的创作的发展道路，分析他的诗的艺术色彩和思想光辉，评价他的成就和贡献以及指出他近年来创作中的缺点和问题，这已经成为目前摆在我们的文学史家和文学批评家们面前的一个重要任务了。为了诗人，也为了我们时代的现实主义诗歌，我们必须把这个具有重大现实意义的任务分担起来。

第一章

但我要发誓——对于芦笛，
为了它是在痛苦的被辱着，
我将像一七八九年似的
向灼肉的火焰里伸进我的手去！
在它出来的日子，
将吹送出
对于凌侮过它的世界的
毁灭的咒诅的歌。

——《芦笛》

30年代初，野蛮的白色恐怖统治像黑压压的乌云一样笼罩着整个中国，日本侵略者已经窜进祖国的东北大门，敌人把血腥的屠刀放在我们的脖子上了，而置祖国人民利益于不顾的蒋介石集团还在执行着“先安内后攘外”的卖国政策，向红色苏区发动一次又一次的“围剿”。广大农民在苦难的土地上含着眼泪流着汗，千千万万正直的有良心的中国人被迫忧愤地沉默着……

而那些在个人的小天地里蠕动着的渺小的灵魂，那些新月派、象征派、现代派的资产阶级诗人们，却还在哼着无病呻吟的虚无缥缈的哀歌，哼着"我不知道风是在向哪一个方向吹——我是在梦中，黯淡是梦里的光辉"（徐志摩），哼着"悄悄的我走了，正如我悄悄的来，我挥一挥衣袖，不带走一片云彩"（徐志摩），哼着"我是比天风更轻，更轻，是你永远追随不到的"（戴望舒），哼着"……来到此地泪盈盈，我是颠连漂泊的孤身，我要与残月同沉"（戴望舒）……

而当时曾经引起注意的《汉园集》（与《大堰河》出版于同一年即1936年）的三位作者——何其芳、李广田和卞之琳——也只在怀着寂寞空罔的心情，低唱着"飘在空中的东西"（何其芳），低唱着一朵白云、一片青天、一轮明月和几点星星……

我们文学的河床里奔涌着唯美主义、形式主义的逆流，我们的诗坛上飘散着世纪末的颓废伤感的靡靡之音……

就在这个时候，青年诗人艾青唱着忧愤的沉洪的生活之歌走上现实主义的诗坛。

当然，现实主义一直是我们的文学、我们的诗歌的壮阔的主流。作为时代的子孙和人民的代言人，诗人艾青不是一个人孤独地出现的。和他同时出现、引起广泛注意的重要诗人还有"时代的鼓手"田间和"农民诗人"臧克家等。他们继承了以著名的前辈诗人郭沫若、闻一多和蒋光慈等为代表的革命新诗的战斗传统，各自以健康的清新的声音组成了新的现实主义的大合唱。三位青年诗人一开始就是走着不同的路，具有不同的艺术色彩和创作风格的。田间是三位诗人中最年轻的一个，他的第一部诗集《未明集》出版时他才18岁。他的诗充满了朝气蓬勃的生活斗争气息，以简短跃动的诗行和紧张急骤的旋律著称，特别强烈地表达了那抗日救亡的暴风骤雨即将来临时的激怒、忧愤、骚动的民族情绪和时代精神。臧克家以熟悉、同情和热爱农民，并把大量创作献给乡村主题而获得了农民诗人的称号。他的诗，毫无粉饰地表现了旧中国农村的充满了"磨难"和"苦斗"的生活，表现了"孩子在土里洗澡；爸爸在土里流汗；爷爷在土里埋葬"的农民的命运，形成一种独特的在形式上朴素严谨、在情绪上深沉郁闷的创作风格。而艾青则又不同，他的诗一开始并没有田间诗作的急骤的旋律、跃进的节奏和战斗的情绪，而与臧克家的谨严的风格和深沉的哀恋的情绪也迥然不同。他和臧克家一样是比较熟悉农民并深深地同情农民的，他的成名作《大堰河——我的保姆》，就是献给一个受尽苦难含着眼泪死去的农妇形象的。但他的诗不是柔婉的哀歌和幽怨的乐曲，而是从形式到内容都无所顾虑、无所羁绊的激情的哭诉和愤怒的诅咒。诗人是忧郁的，他的诗也无疑是渗透了忧郁情绪的，但这忧郁和忧郁情绪又有着不同于一般的特殊的意义和异样的色彩，它一开始就与战斗的激愤掺和在一起。内容上的忧郁的激愤的情绪和形式上的浑厚的磅礴的风格就成了艾青早期诗作的最基本最显著的特色。

我们知道，艾青是浙江金华县人，1910 年生在一个地主家庭里。幼年寄养在一个贫苦的农妇家，“感染了农民的忧郁”[①]。少年时代受过五四思想启蒙运动和文学革命的影响。1929 年留学法国，三年后（1932 年）回国参加了中国左翼美术家联盟，不久就被捕。著名的长诗《大堰河——我的保姆》和其他一些诗就是在狱中写的。出狱后有好多年一直呆在东方最典型的半殖民地的大都市——上海。这出身和经历直接影响了、锻炼了甚至形成了他的诗人的人格、个性、思想情绪和艺术风格，使他的诗一开始就以显著的独特色彩闪耀着艺术的光辉，引起了广泛的注意。面对着苦难的祖国和苦难的人民，诗人是忧郁的、哀愁的、恼闷的，但也是激愤的、反抗的，充满了斗争的渴望的。他毕竟是受了五四革命思想的熏陶和痛苦生活经历的锻炼，他在产生《马赛曲》和《国际歌》的国家里，看见了荒淫与无耻，也看见了苦难和抗争，他懂得了在这样一个时代“应当学会由于爱而憎，由于人道思想而蔑视一切”（赫尔岑），他开始“饿着肚子”“把芦笛自矜的吹”：

人们嘲笑我的姿态，
因为那是我的姿态呀！
人们听不惯我的歌，
因为那是我的歌呀！

——（芦笛）

现在我们就来看看诗人早期的诗——包括出版于 1936 年的诗集《大堰河》和另外一些短诗。

① 艾青：《艾青选集·自序》，开明书店 1951 年版，第 2 页。

《大堰河——我的保姆》是诗人最初发表的诗作。这首诗一方面显示了诗人优异出众的才华和纯朴浑厚的艺术风格，另一方面也是更重要的一方面是表露了诗人与人民的深刻联系，表露了诗人对处于饥寒交迫中的贫苦农民的深切同情，和对造成这一切苦难的旧社会制度的誓不两立的思想立场。当然，这一切，诗人艾青不是通过客观主义的叙述或枯燥无味的呼喊表现出来，而是通过他自己的亲身经历、个性感受和深切真挚的感情表现出来的。读着这首诗，我们感到既不仅是一个知识青年在含着眼泪讲述农民的悲惨故事，也不只像一位人道主义诗人在对我们朗诵一首悲壮的诗歌，而是一个真正在痛苦、善良的农民保姆怀抱里长大的“农民（大堰河）的儿子”，在向我们倾诉他的保姆大堰河的悲苦命运和血泪生涯，声音里浸透了深情的怀念和哀痛，更燃烧着战斗的悲愤和激怒……

诗人以最深挚的敬爱和最饱满的热情来追悼和歌颂他的保姆大堰河。在这首浑厚磅礴、感情深湛的抒情长诗中，诗人创造了一位纯朴忠厚、勤劳可爱的农妇形象。——“为了生活，她流尽了她的乳液之后，她就用抱过我的两臂，劳动了”；“她含着笑，洗着我们的衣服，她含着笑，提着菜篮到村边的结冰的池塘去，她含着笑，切着冰屑窸窣的萝卜，她含着笑，用手掏着猪吃的麦糟……”她含着笑，生活着，劳动着，用自己的乳汁哺养着别人的儿子。这是一位多么纯朴、善良、仁慈、可爱的伟大的保姆！这又是一位多么坚强、乐观、勤劳、能干的农妇的形象！然而在那样的时代，她的命是非常苦的，辛酸的奴隶般的生活终于累坏了她，她死了，痛苦地死了：

> 大堰河，含泪的去了！
> 同着四十几年的人世生活的凌侮，
> 同着数不尽的奴隶的凄苦，
> 同着四块钱的棺材和几束稻草，
> 同着几尺长方的埋棺材的土地，
> 同着一手把的纸钱的灰，
> 大堰河，她含泪的去了。

读到这里，我们的眼眶湿了，我们好像看见诗人也满眼泪水站在我们面前。但就在这个时候，我们也并不感到绝望或悲观，而是更加深了对旧社会旧制度的认识和愤怒，更加强了对造成大堰河的悲苦命运的黑暗现实的不满。诗人的深情的哀悼里贯注着热烈的赞美，诗人的伤痛的回忆中震响着坚强的声音。诗人不是站在地主家庭的立场，也不是站在客观主义的第三者的立场，而是站在深深同情和热爱劳动人民的革命者和“大堰河的儿子”的立场，来“写着给予这不公道的世界的咒语”，来塑造和歌颂这一抒情诗的崇高的朴实素美的农妇形象的。在这里，我们看到了诗人对劳动人民——农民的热爱，我们听到了诗人对这连“芦笛也是禁物”的“不公道的世界”的控诉和诅咒！我们感觉到，诗人的思想情绪和艺术生命正是从祖国的土地上、从人民的感情中产生出来的，诗人一开始就唱出了人民灵魂深处的声音。

别林斯基说：“诗人首先是一个人，然后是他的祖国的公民，他的时代的子孙。”① 又说：“任何伟大诗人之所以伟大，是因为他的痛苦和幸福的根子深深地伸进了社会和历史的土壤里，因为他是社会、时代、人类的器官和代表。”② 艾青在他的初期的诗作里，就显示了作为一个诗人的这一最基本最主要的特点。我们从他的第一部诗集《大堰河》和其他一些早期的短诗中看出，他的艺术生命是深深地植根于人民之中、植根于社会和历史的土壤里的。他的诗篇里表露了诗人自己和人民在思想感情上的深刻联系，显示了诗人把自己的命运和祖国的命运联系在一起，使自己和祖国的大地混合为一的深厚的爱祖国爱人民的情绪。所以，也正如别林斯基所说的：“人们能在诗人的忧郁中认识自己的忧郁；在他的灵魂中认识自己的灵魂。”③ 我们看看诗人早期的其他诗篇吧：《一个拿撒勒人的死》以对理想的坚强信念歌颂了牺牲者的伟大；《马槽》以无限悲悯同情的心绪，抒写了一个“被弃的女子”和她的儿子——“一个拿撒勒人的诞生”，那“带着悲伤离开了马槽，雪花飘上她的散发，无声地，她去了”的形象，是对这罪恶世界的最有力的控诉；《画者的行吟》表达了诗人在塞纳河畔的流浪心情和他对“流浪者们的王国”的向往；《马赛》和《巴黎》以激

① 〔俄〕别林斯基：《别林斯基选集》第2卷，新文艺出版社1955年版，第419页。

② 转引自《苏联人民的文学》上册，人民文学出版社1955年版，第128页。

③ 转引自〔苏联〕季摩菲耶夫：《文学发展过程》，平明出版社1954年版，第147页。

荡的强烈的旋律，唱出了诗人对资本主义都市的厌恨、憎恶和夹带几分依恋的诅咒——“看城市的街道　摆荡着，货车也像醉汉一样颠仆，不平的路　使车辆如村妇般连咒带骂地滚过……在路边　无数商铺的前面，潜伏着　期待着　看不见的计谋，和看不见的欺瞒……”——从诗里，我们听见了都市的使人心神不安的喧嚣的声音，我们看见了资本主义这个魔鬼的妖艳、淫荡的面貌和阴险、丑恶的灵魂，诗人的透入事物本质的体察、他的深刻的感情和独特的典型化才能，使诗篇具有了巨大的思想容量和强烈的艺术感染力；而《太阳》《春》《生命》和《黎明》则更以强烈的乐观情绪和鲜明的革命浪漫主义色彩，表达了诗人对光明的渴望、对生命的喜悦和对“人类再生之确信”：

从远古的墓茔
从黑暗的年代
从人类死亡之流的那边
震惊沉睡的山脉
若火轮飞旋于沙丘之上
太阳向我滚来……

它以难遮掩的光芒
使生命呼吸
使高树繁枝向它舞蹈
使河流带着狂歌奔向它去

当它来时，我听见
冬蛰的虫蛹转动于地下
群众在旷场上高声说话
城市从远方
用电力与钢铁召唤它

于是我的心胸
被火焰之手撕开

陈腐的灵魂
搁弃在河畔
我乃有对于人类再生之确信

——《太阳》

而当我看见了你
披着火焰的外衣，
从天边来到阴暗的窗口时啊——
我像久已为饥渴哭泣得疲乏了的婴孩，
看见母亲为他解开裹住乳房的衣襟
泪眼迸出微笑，
心儿感激着，
我将带着呼唤
带着歌唱
投奔到你温煦的怀里。

——《黎明》

这样的诗，应该说是从特有的角度最充分地表达了时代的感情和人民的声音的，我们从里面看到了诗人的战斗的个性和明朗的灵魂，看到了植根于现实生活土壤里的、诗人创作中的生气勃勃、金光闪闪的革命浪漫主义特色，看到了诗人的思想品质和艺术性格的一个本质的光辉的方面。这些诗，在表现进步知识分子对光明的向往、对斗争的渴望方面，在表现抗战爆发前夕全国广大人民——首先是青年——对现实的不满和他们的被压抑的抗争情绪方面，都是深刻的、典型的、强烈有力的。

谈到这里，我们不能不着重地提到诗人早期的另外一首诗：《煤的对话》。这首诗写于1937年春，正是抗日战争爆发的前夕，全国乌云密布，一场巨大的时代的暴风雨正在酝酿着的时候。中国共产党领导全国人民与一切卖国求荣、屈膝投降的主张作斗争，而不少的汉奸卖国贼以及反动派的文人帮凶却还在千方百计地散布着“不战也亡，战也亡”的悲观思想，也有一些天真善良而没有眼光的人们真的丧失了民族自豪感，对祖国人民的力量发生了怀疑。在这样的时候，诗人是怎样表示他的态度呢？他对自己的祖国和民族是怎样看的呢？《煤的对话》这首浪漫主义的深刻有力的诗回答了这个问题：

你住在哪里？

我住在万年的深山里
我住在万年的岩石里

你的年纪——

我的年纪比山的更大
比岩石的更大

你从什么时候沉默的？

从恐龙统治了森林的年代
从地壳第一次震动的年代

你已死在过深的怨愤里了么？

死？不，不，我还活着——
请给我以火，给我以火！

这里的煤，显然就是古老中国的象征，就是民族灵魂的象征。呈现在读者心目中的是一个多么不甘被奴役的古老的伟大的形象，是一个多么渴望斗争的坚强的燃烧的灵魂，鼓动在字里行间的又是一种多么强大的乐观的思想情绪和艺术力量！“死？不，不，我还活着——请给我以火，给我以火！”读着这样闷雷般深沉有力、钢铁般铿锵作响的诗句，谁不会热血沸腾而奋起前进呢？显然诗人已预感到一个不会屈服的古老而伟大的民族的愤怒将要迸发出来，一股强烈的反抗之火将要把侵略者活活烧死！诗人对自己祖国人民的被压抑的反抗力和创造力是充满了信心的。他把这些通过新颖的构思、天才的想象和个性化的感情表现了出来，熔铸成永远振奋人心的抒情诗形象。

当然，我们也不否认，艾青早期（抗战以前）的诗是还存在着一些缺点和弱点的。在形式上虽然诗人已形成自己独特的浑厚而豪放的风格，但由于诗人没有更多更好地注意学习和继承我国诗歌的传统的艺术（包括民间文学的传统的艺术），诗中常常出现过分欧化的长句子，读起来生硬拗口，有的句子甚至是很费解的。例如："因为你在我的眼里，真是一节流传在蒙马特的故事，那冗长的惑人的，由马格丽特震颤的褪了脂粉的唇边吐出的堇色的故事，"《芦笛》这"堇色的故事"到底是什么样的故事呢？为什么诗人不能写得简短些、明朗些，更合乎民族语言的习惯呢？在内容上，诗人的情绪也不是那么十分辽阔和健康的，当他对现实的不满和愤怒是通过对流浪者的热烈讴歌表现出来的时候，我们就感到了这一点。最典型的例子是《透明的夜》："油灯像野火一样，映出十几个生活在草原上的泥色的脸"，"油灯像野火一样，映出我们火一般的肌肉，以及——那里面的——痛苦，愤怒和仇恨的力"，"油灯像野火一样，映出——从各个角落来的——夜的醒者、醉汉、浪客、过路的盗、偷牛的贼……"

"趁着星光，发抖
　　我们走……"
阔笑在田堤上煽起……
一群酒徒，离了
沉睡的村，向
沉睡的原野
　　哗然地走去……

夜，透明的
夜！

这"野火"一般的"肌肉"，这"痛苦，愤怒和仇恨的力"，这粗壮、野气的醉醺醺的"夜的醒者"们，和这对"透明的夜"的绘声绘色的抒情，一方面固然是表现出抒情诗主人公们爱好自由的不安分的骚动复仇的情绪，表现出诗人对现实的厌恶和不满，但另一方面却也给我们留下一个朦胧的茫然的感觉，这一群"夜的醒者"们到底要走向哪里，又能够走到哪里呢？难道他们就这样永远醉醺醺地从“沉睡的村”走向“沉睡的原野”吗？难道诗人所歌颂和赞美、所憧憬和向往的就是这样的“透明的夜”吗？诗人是在写着一群野生的性格的盲目的突进，这既不是有组织的革命斗争，也不是自发的正常的反抗，诗中散发出一股生命的气息，流露出一种反抗的情绪，但我们感到这气息和情绪总有点不大健康。从这里，我们看出了西欧象征派、印象派诗歌给予诗人的影响的痕迹。

从上面这样一个简单的分析中，我们可以对艾青的早期诗作得出这样的概括：这些诗虽然还存在一些缺点，如语言有些欧化，民族气味不够等等，但已初步显示了诗人的光芒四射的才华，和臧克家、蒲风、田间等人的诗一起，反映了30年代初我国的人民情绪和时代精神。这些诗以其深沉而奔放的感情、革命的浪漫主义情绪、感人肺腑的艺术力量和“狂野的、特殊独创而美丽的风格”（拜伦论柯勒立治语）告诉读者：中国出现了一位真正属于人民的杰出诗人。

第二章

为什么我的眼里常含泪水？
因为我对这土地爱得深沉……

——《我爱这土地》

“看我们
我们
笑得像太阳！”

——《向太阳》

抗战时期，是艾青创作上丰产丰收的黄金时代。

这时期，在中国共产党的领导下，在侵略者的疯狂的铁蹄声中，全国人民都喊着响亮的口号、唱着雄壮的歌声奋起抗战了。作为最直接、最有力地表达和鼓动人民情绪的诗歌创作，呈现了空前的繁荣，全国各地的大小诗刊不下数十种，不少年轻的工人农民和战士学生都一手持枪杀敌一手拿笔写诗，来抒发自己对敌人的仇恨和保卫祖国的决心。白发苍苍的老父亲亲自把儿子送上前方，儿子朗诵着“假如我们不去打仗……”（田间）的诗句、朗诵着“在斗争里，胜利　或者死……”（田间）的诗句，告别了故乡和亲人走上战场；徐迟、高兰……这些朗诵诗人的激昂悲痛的声音，和“起来，不愿做奴隶的人们”的歌声，和“我的家，在东北松花江上……”的歌声一起飘过扬子江、飘过黄河、飘在沸腾的不屈的土地上……诗到了街头、诗到了广场、诗到了战壕里、到了战火纷飞的最前线，诗真正成了人民的声音、人民的力量、人民的武器……

艾青，作为当时最出色的青年诗人之一，也把他的全部智慧和才能、全部感情的力量献给了祖国人民和伟大的时代，献给了关系到全国人民生死存亡的英勇豪迈的抗日民族解放战争。

诗人与人民、与革命的联系，一步一步更深、更广、更紧密、更巩固了，诗人的创作越来越多、越来越好、越来越成熟有力而独放异彩。诗人为我们写下了大量的诗作：短诗集《北方》《献给乡村的诗》《旷野》《黎明的通知》（又名《愿春天早点来》）、《溃灭》《反法西斯》和长诗《向太阳》《火把》《她死在第二次》《雪里钻》《索亚》等等。这些诗，一部分以深沉动人的乐曲倾诉了祖国的忧郁和苦难，绝大部分则以充满了战斗的激情和胜利的信心的强烈高昂的音调歌唱了人民的反抗和斗争。这些诗织成一卷宏伟的画卷，完整地留下了祖国人民反抗侵略者的战斗的精神面貌和诗的形象，又仿佛像一个巨大的乐章，留下了那可歌可泣的伟大时代的音响。我们看见诗人在他的创作道路上，披着艺术技巧的全副武装，以他的全部才能的光辉和感情的力量，向着社会主义现实主义的方向大步大步地迈进着。

必须指出，诗人本时期的创作是处于不断发展中的，诗人到延安后的诗与抗战初期的诗是有不同的。在抗战初期，诗人虽然一面以高亢昂奋的音调歌唱人民的战斗情绪，充分表达了全国人民——特别是青年知识分子——抗日救亡的正义的强烈的精神要求，但另一方面，诗人还为人民的苦难而深深地痛苦着、忧郁着，所以在他的《北方》《旷野》《献给乡村的诗》这样一些诗集中还流露着忧郁情绪。这也就是说，对祖国的苦难和悲哀的忧郁的抒情和对人民的反抗精神和斗争情绪的激昂的赞颂，是艾青抗战初期诗作的特色和基调。为什么这样两种表面上看来是非常不同的特色和基调会统一在一个诗人身上、表现在一个诗人的同一时期的作品中呢?这是全面深入而正确无误地理解诗人艾青的艺术个性，他的深沉的爱国主义和本时期的创作发展的关键，也是我们在这里必须首先搞清楚的问题。

抗战爆发前一天，诗人就以欢愉喜悦的心情抒写了春天的来到，诗人这样自勉：

就在此刻，
你——悲哀的诗人呀，
也应该拂去往日的忧郁，
让希望苏醒在你自己的
久久负伤着的心里：

因为，我们的曾经死了的大地，
在明朗的天空下
已复活了！
——苦难也已成为记忆
在它温热的胸膛里
重新漩流着的
将是战斗者的血液。

——《复活的土地》

但诗人并没有很快就真正“拂去往日的忧郁”，我们从他后来写的《雪落在中国的土地上》《北方》《补衣妇》《乞丐》《手推车》这些诗中，明显地看出诗人常常满脸泪水地抒写着祖国人民的苦难，声音里满含着忧郁和悲哀，这是因为诗人还是生活在这样一块苦难的土地上，他从祖国的“东部到中部，从中部到北部，从北部到南部”，还没有“真正看见了光明”，而对人民的痛苦和哀怨则是见得更多、体会得更深更细更具体了。这种感情与表现在《他起来了》《黎明的通知》和《向太阳》《火把》等等诗篇中的感情的确是不同的，但从诗人特定的思想角度和生活基础看来，却是真诚的、深切的，也是非常自然的。事实上，在那样的时代里，“谁不是悲伤和愤怒地过日子，谁就不爱自己的祖国”（涅克拉索夫），一个真正了解人民的诗人不可能只看到人民的生活斗争和精神面貌的一方面，不可能只看到人民的沸腾的战斗情绪而不感到人民的忧郁和悲哀，人民的昂扬的抗敌救亡情绪正是因为不愿再受苦受难、不愿被奴役受宰割而产生出来的，人民的反抗斗争和忧郁悲哀是联系着的。在那样的时代，在共产党和全国人民的联系在广大的区域内还被限制着，人民还看不见光明和胜利的时代，人民还生活在水深火热的饥寒交迫的环境里，人民在咬牙切齿地战斗的同时也还有忧郁和悲哀是很自然的；作为深深地爱着祖国人民的诗人，艾青的忧郁常常不能“拂去”而在许多作品中流露出来，也就很容易理解。而且正是从这种想拂也拂不去的忧郁中，我们看出了诗人的艺术个性与创作风格的一个重要方面，看出了诗人的独特的深沉的爱国主义情绪和他与人民感情上的深刻联系，看出了诗人本时期（抗战初期）的感情和创作的一方面的基调和特色。

诗人自己曾说：“叫一个生活在这年代的忠实的灵魂不忧郁，这有如叫一个辗转在泥色的梦里的农夫不忧郁，是一样的属于天真的一种奢望。”[①] 又说：“把忧郁与悲哀，看成一种力！把弥漫在广大的土地上的渴望、不平、愤懑……集合拢来，浓密如乌云，沉重地移行在地面上……伫望暴风雨来卷带了这一切，扫荡这整个世界吧！”[②] 这段真诚的自白，最中肯恰切地说明了他的诗的忧郁色彩的来源、特征和实质。我们举诗集《北方》的最后一首诗简单分析一下：

假如我是一只鸟，
我也应该用嘶哑的喉咙歌唱：
这被暴风雨所打击着的土地，
这永远汹涌着我们的悲愤的河流，
这无止息地吹刮着的激怒的风，
和那来自林间的无比温柔的黎明……
——然后我死了，
连羽毛也腐烂在土地里面。

① 艾青：《诗论·服役》二七，人民文学出版社 1954 年版。
② 艾青：《诗论·股役》二八，人民文学出版社 1954 年版。

为什么我的眼里常含泪水?

因为我对这土地爱得深沉……

——《我爱这土地》

这首人人传诵的诗写于1938年11月，即诗人以无比强烈的乐观的战斗情绪歌唱过《向太阳》后七个月，这正是“雪落在中国的土地上，寒冷在封锁着中国”的时候，也正是诗人满腔热情地在祖国的大地上四处奔走而还没有“真正看见了光明”的时候，面对着“这被暴风雨所打击着的土地”，诗人的心情是恼闷的、痛苦的、沉重的，然而对这土地和生活在这土地上的人民，诗人又是多么热爱呀！于是写下了这首深深感人的诗篇。从这首诗里，我们可以看出诗人的感情个性和艺术风格的一个重要方面，可以看出他的强烈深沉的爱国主义思想情绪和紧紧地贴附在祖国的苦难的土地上的忧郁的灵魂。这首诗可以说是诗人抗战初期的思想情绪、艺术个性和创作风格的最典型的代表作。但是也正是在这样一首诗里，我们看出了过去为许多人所误解或歪曲的诗人的忧郁情绪的内容和特色。他眼里满含泪水，是因为对这土地爱得深沉；他忧郁，是因为人民受苦受难。他的忧郁可以说比《大堰河》时期是更深沉、更执著于现实了，他摆脱了早期那种讴歌“流浪者”向往“流浪者的王国”的浪漫情绪，摆脱了那种由不满现实又还不大懂得人生而来的狂热的郁愤情绪，他的忧郁现在带有了更多的严峻的意义；但这绝对不是颓废消极、绝望悲观，不是对人民失去了信心的不健康的伤感，不是软弱无力的呻吟和叹息。他所看见的、所感到的和所歌唱的祖国，不是静静地受着奴役、驯服地任人宰割、默默地沉浸在忧郁里的灰色的土地，而是“这被暴风雨所打击着的土地”，而是“这永远汹涌着我们的悲愤的河流”，而是“这无止息地吹刮着的激怒的风，和那来自林间的无比温柔的黎明……”。他的忧郁是浸透了爱国主义热情的，是蕴藏着无限的希望和信心的，是燃烧着对光明未来的追求的。“为什么我的眼里常含泪水？因为我对这土地爱得深沉……”这里面，该包含着多么丰富的无穷无尽的思想内容和多么深沉的爱国主义感情啊！从这里面我们亲切地感到了，诗人的忧郁就是人民的忧郁，诗人的悲哀就是人民的悲哀，诗人灵魂深处涌出的歌唱就是人民心里的声音。也正是从这些地方，我们看出诗人艾青的创作是和我国的源远流长的光辉灿烂的现实主义诗歌传统一脉相承的；如果不是形式主义地对待民族传统问题，如果不是片面地理解民族传统的内容和实质，那么我们认为艾青正是一面继承了我国诗歌传统的最根本的方面，一面有了自己的独特创造才成为我们时代的优秀诗人的。我国文学史上一切伟大的诗人，难道不是以爱祖国爱人民的思想感情和人民的生活斗争，为自己创作灵感的取之不尽、用之不竭的源泉吗？难道不是由于坚持了现实主义的创作方法和创作原则，而不同程度地反映出自己所处的那个历史时代的时代感情和人民的声音吗？读着艾青的“为什么我的眼里常含泪水？因为我对这土地爱得深沉”这样的诗句，我们不是会自然地联想到“仆夫悲余马怀兮，蜷局顾而不行”（屈原）和“王师北定中原日，家祭无忘告乃翁”（陆放翁）这样的诗吗？诗人艾青和屈原、杜甫、白居易等等伟大前辈之间，不是在创作方法、思想品质、感情人格等方面都存在着某些共同点和深刻的继承关系吗？

说到这里，我们不妨回想一下别林斯基对普希金早期诗作的评论。别林斯基说：

> 普希金所特有的因素是主宰这些诗的一种哀歌式的忧郁。从起头就可以看出来；忧郁比欢乐和玩笑更投合、更切近于普希金的缪斯。……普希金的忧郁绝不是温柔脆弱的心灵的甜蜜的哀愁，不是的。它永远是一颗坚强有力的心灵的忧郁；它对读者具有一种魅力，在读者的心底深刻而有力地回荡着，和谐地震撼着他的心弦。普希金从不沉溺于忧郁的情感；的确，这种情感时常在他心里振鸣着，但并没有抹煞心灵别种声音的合奏，以至成为单音。有时候，他在一阵沉郁以后，会像狮子耸动鬃毛似地突然摆摆头，想把悒郁的阴云逐开。这种强烈的乐观情绪尽管没有完全把悒郁抹去，却给了它一种特别的爽气，使心神振作。
>
> ——《普希金抒情诗集》

这段话正好可以拿来说明艾青这个时期那些哀婉动人的诗。让我们打开诗集《北方》或者《旷野》或者《献给乡村的诗》来读吧，这些诗把我们带到了悲哀的北方，带到了薄雾弥濛的旷野，带到了被贪婪的城市榨取着的贫瘠荒凉的“小小的村庄”。我们好像看见：“荒漠的原野　冻结在十二月的寒风里，村庄呀，山坡呀，河岸呀，颓垣与荒冢呀　都披上了土色的忧郁……”几只驴子“载负了土地的　痛苦的重压，它们厌倦的脚步　徐缓地踏过　北国的　修长而又寂寞的道路……”（《北方》）我们好像看见：“远远近近的野林啊，也像非洲土人的浓密的鬈发，茸乱的鬈发，在可怕的沉默里，在莫测的阴暗的深处，蕴藏着千年的悒郁。”〔《旷野（又一章）》〕我们好像看见：“衣服像黑泥一样乌暗”“皮肤像黄土一样灰黄”的老人，“翻掘着泥土，想在那儿播撒新的种子”，“他举着锄用力地继续着翻掘，汗已从他的前额流到他的颚边，微风吹过时他轻轻地咳了几声，明朗的阳光映出他阴郁的脸”（《老人》），我们好像看见诗人的缪斯就坐在那辆孤独的《手推车》上：

在黄河流过的地域
在无数的枯干了的河底
手推车
以唯一的轮子
发出使阴暗的天穹痉挛的尖音
穿过寒冷与静寂
从这一个山脚
到那一个山脚
彻响着
北国人民的悲哀
在冰雪凝冻的日子
在贫穷的小村与小村之间
手推车
以单独的轮子
刻画在灰黄土层上的深深的辙迹
穿过广阔与荒漠
从这一条路
到那一条路
交织着
北国人民的悲哀

的确，祖国的土地和人民是忧郁的、悲哀的，因此我们的诗人和他的缪斯也是忧郁的和悲哀的，但这又是一种多么严峻的闪光的忧郁和多么深刻的明亮的悲哀啊！

雪落在中国的土地上，
寒冷在封锁着中国呀……

中国，
我的在没有灯光的晚上
所写的无力的诗句
能给你些许的温暖么？

——《雪落在中国的土地上》

旷野啊——
你将永远忧虑而容忍
不平而又缄默么？

——《旷野》

可以感觉到这样的诗是从一颗坚强的心灵里涌出来的，这不是软弱无力的叹息，这不是丧失信心的哭泣，这不是无可奈何的悲哀，而是以浓厚深刻的感情包含着坚强的信念的，“你将永远忧虑而容忍　不平而又缄默么?”正是因为相信旷野不会永远忧虑而容忍不平而又缄默才提出来的询问。这正是诗人自己把它“看成一种力”的忧郁和悲哀。这种忧郁和悲哀所给予我们的，绝不仅仅是忧郁和悲哀，而是刺激、催促、鞭策和鼓舞，而是沁入肺腑的健康的情绪感染，而是渗透了思想的艺术享受；它把我们引入了严肃的深深的思索，它为我们打开了心灵的窗扇，使我们看见了更多的东西，联想到更多的生活现象，从而去探究它的根源。但是就是这种忧郁和悲哀，诗人也没有被它限制住或淹没掉。对祖国的热爱、对人民的坚强信念和凝视着远方的眼光，总是像明朗灿烂的阳光一样透过忧郁悲哀的轻纱薄雾而喷射出来，使我们的心灵在沉重地感到忧郁时会突然豁亮开朗充满了兴奋和欢愉。我们读着诗集《北方》和《旷野》，差不多从里面的每一首诗中都能感到这一点。

“——中国的乡村，虽然到处都一样贫穷，污秽，灰暗，但到处都一样地使我留恋”（《秋晨》），诗人在诉说着被“灾难与不幸”“贫穷与饥饿”折磨着的北方的时候，仍然说：“我爱这悲哀的国土，一片无垠的荒漠　也引起了我的崇敬”，诗人骄傲地振奋人心地歌颂着我们的祖先：“——这土地是他们所开垦　几千年了　他们曾在这里　和带给他们以打击的自然相搏斗，他们为保卫土地　从不曾屈辱过一次，他们死了　把土地遗留给我们——我爱这悲哀的国土，它的广大而瘦瘠的土地　带给我们以淳朴的言语　与宽阔的姿态，我相信这言语与姿态坚强地生活在大地上　永远不会灭亡”；在《旷野（又一章）》中，诗人最后这样吐露他的心情、展现他的灵魂：

我的胸中，微微发痛的胸中，
永远地汹涌着
生命的不羁与狂热的欲望啊！
而每天，
当我被难于抑止的忧郁所苦恼时，
我就仰卧在山坡上，
从山毛榉的阴影下
看着旷野的边际——
无言地，长久地，
把我的火一样的思想与情感
溶解在它的波动着的
岩石，阳光与雾的远方……

也许有人认为这是一种无可奈何的、甚至不健康的情绪，然而我们却从这里感到了诗人的深刻的思想，感到了溶解在这思想里的坚强的乐观的感情，这正是诗人的健康的深沉的哀愁中散发出来的“使心神振作”的“一种特别的爽气”。只有把自己的灵魂紧紧地深情地贴在祖国的土地上，只有把自己的创作生命真正植根于人民和历史的土壤中，只有深切地感受着生活、乐观地看着历史的未来、听着人民的明天的诗人，才能写出这样深刻的作品来，而这样的作品所表现的思想感情和诗人写《向太阳》《火把》的情绪又是多么的相通啊！正是从这种相通中，我们才能正确地理解诗人气质中沉静的深思和沸腾的热情的特殊结合，才能正确地理解诗人情绪中深刻的忧郁和青春的欢愉的特殊结合。

我们的诗人就是这样地，把“个人的痛苦与欢乐……融合在时代的痛苦与欢乐里”① 而生活着歌唱着的。

任何一个诗人，如果他够得上称为真正的诗人的话，总是热爱人民、热爱生活的。他恨，是恨反动的统治者，是恨罪恶的制度，是恨黑暗社会的不公道的一切；他忧郁悲哀，是因为人民受苦受难。而人民是不朽的，生活是一定要变好起来的，人类的明天一定是美好幸福的，所以诗人也总是乐观的、对人民的未来充满了信心的，即使在最痛苦最困难的时候，他也不会完全绝望，他总是看着明天，总是向往着黎明，总是憧憬着未来的。所以在过去的时代，往往同是一个诗人，他有时悒郁哀伤，有时又欢笑歌唱，有时他的歌声满含哀愁，有时他的歌声又那么激昂高亢，甚至在同一个时候，诗人也会唱出两种不同的调子。而这两种调子都是生活的音响，同样表达了时代的感情和人民的声音。正如我们前面所提到的，艾青就是这样。他在自己所写的《诗人论》中这样要求和解释诗人的感情：

更富有狂热，更善于冷静，憎恨得更深，爱得更固执……

具有感情之最宽伸缩度，而非优伶。

了解了这一点，我们才能了解为什么他的缪斯在同一时期唱着不同音调的歌，忽儿在悲哀的北方和薄雾弥濛着的旷野吹着忧郁的芦笛，忽儿又奔向火轮似的太阳跑上高高的山顶吹起振奋人心的战斗的号角，忽儿像孤独的手推车“以唯一的轮子发出使阴暗的天穹痉挛的尖音”“彻响着北国人民的悲哀”，忽儿又变成熊熊的火把和沉洪的钢铁般的声音，燃烧着、鼓舞着千百万读者的心灵……

现在，我们就来看看他在抗战初期写的另外一些诗篇，看看《他起来了》《吹号者》《愿春天早点来》《黎明的通知》和不朽的长诗《向太阳》《火把》等等，这些诗热情地强烈地歌唱了我国人民和我国青年在抗日救亡的时代暴风雨中追求革命追求光明的战斗情绪，表达了他们摆脱苦难渴求自由愿意为祖国的独立解放事业献身的精神要求。这些诗在当时是鼓舞

① 艾青：《诗论·服役》九，人民文学出版社 1954 年版。

人民前进的战斗的号角，现在和将来也永远具有感召人鼓舞人的强大的艺术力量和不朽的美学价值。这些诗代表了诗人的感情个性和艺术风格的另一个重要的本质的方面，成为诗人整个创作中最光辉、最重要、最有力量的艺术珍品。

《他起来了》可以看做是《煤的对话》和《复活的土地》的发展，诗中洋溢着诗人的完全摆脱了忧郁的乐观情绪和民族自豪感，显然，这里面的“他”，绝不仅仅是指一个战士，诗人是把“他”当做“从几十年的屈辱里”站立起来的中华民族的形象来熔铸和歌颂的，所以，在日本侵略强盗面前：

他起来了
他起来
将比一切兽类更勇猛
又比一切人类更聪明

因为他必须如此
因为他
必须从敌人的死亡
夺回来自己的生存

站立在读者面前的是一个多么坚强伟大的反抗形象啊！在那民族危难的年代里，作为一个中国人读着这样的诗，谁不会激动兴奋而精神抖擞呢？谁不会热血沸腾而产生战斗的欲望和行动呢？

1939年春天，战争艰苦地进行，不屈的中国人民前仆后继地抗击着敌人的侵略，儿子死了，父亲补上，丈夫死了，妻子顶上，一个战士倒下了，另一个接替了他冲上去，在血与火的斗争中，在硝烟弥漫、喊声震天的前线，出现了多少可歌可泣的壮烈事迹和多少平凡而又不平凡的英雄啊！我们的诗人的沸腾的情绪和燃烧的心灵也卷在这伟大的斗争风暴中，这时候，他献出了用他的心血、他的灵魂和他的全部激情写成的著名诗篇《吹号者》。

《吹号者》歌颂一个在战斗中光荣牺牲的普通的号手，每天早上他总是最先醒来，惊醒他的“是他自己对于黎明的过于殷切的想望”，“是黎明所乘的车辆的轮子，滚在天边的声音。”当他看见“黎明——这时间的新嫁娘啊，乘上有金色轮子的车辆，从天的那边到来”的时候，他就“开始以原野给他的清新的呼吸”以他自己“对于丰美的黎明的倾慕”吹起嘹亮的起床号，世界上的一切都承受了这黎明的号声的召唤——林子醒了，河流醒了，村野醒了，旷场醒了，“穿着灰布衣服的人群，从披着晨曦的破屋中出来”——

于是，他离开了山坡，
又把自己消失到那
无数的灰色的行列中去。

就这样，他每天都自豪而又谦虚地履行着时代给他的神圣的职责。虽然“当他用自己的呼吸摩擦了号角的铜皮使号角发出声响的时候，常常有细到看不见的血丝，随着号声飞出来……”虽然因此他的脸“常常是苍黄的……”但他始终是愉快的，精神饱满的，内心充满了只有那种对自己的使命充分了解和无限热爱的人才能具有的骄傲和自豪。这里，我们不但看到了一个热爱祖国的战士的形象——一个忠于职责的吹号者的形象，而且看到了诗人自己的形象，看到了属于诗人，也属于吹号者，也属于每一个愿意为祖国争取自由幸福、争取光明和胜利而献出一切的人的，一种伟大的精神，一个高尚的美丽的灵魂。所以当“残酷的战斗开始”，他中弹倒下的时候，我们觉得他不会死，他没有死——

他倒在那直到最后一刻
　都深深地爱着的土地上，
然而，他的手
却依然紧紧地握着那号角；

我们看见，“在那号角滑溜的铜皮上，映出了死者的血和他的惨白的面容；”但是

也映出了永远奔跑不完的
　带着射击前进的人群，
　和嘶鸣的马匹，
　和隆隆的车辆……
而大阳，太阳

使那号角射出闪闪的光芒……

听啊，

那号角好像依然在响……

是的，“吹号者”没有死，他活在我们的血液里，活在我们的斗争的火焰里，活在我们人民奋不顾身地冲锋陷阵的喊杀声中……

听啊，那号角的声音好像每天都随着黎明的金轮向我们滚来……

正如从《孤帆儿闪着白光》中，我们感到了莱蒙托夫渴求风暴的火热的战斗性格，也感到了俄国19世纪三四十年代进步贵族青年那种冲击着庸俗社会的叛逆情绪；从艾青的《吹号者》身上，我们也看到了诗人自己和我们时代人民身上存在着的一种闪闪发光的精神。诗人在吹号者的形象中融入了他的形象、他的灵魂和“他自己对于黎明的过于殷切的想望”。诗人在吹号者的形象中艺术地概括了为“深深地爱着的土地”而战斗的中国人民的崇高感情和战斗精神。

就这样，《吹号者》以其高度的艺术典型化技巧、精心独创的构思和深刻感人的思想力量，成为艾青创作中最光辉、最有代表性的诗篇之一。

为了我的烦忧

我希望：

春天

它早点来

等路旁吐出一点绿芽时

我将穿上芒鞋

去寻觅温暖

——《愿春天早点来》

如果说，《愿春天早点来》还只表现出一种孤寂的漠然的期待，诗人从“冬日的林子”走出来，还处在“池沼依然凝结着冰层，山上依然闪着残雪的白光”的环境里而感到了“瑟缩的凉意”，诗人的希望是美好的，明朗的，却也给人一种飘忽的软弱的感觉，那么，《黎明的通知》就不同了，诗人以抑制不住的满腔热情和充满信心的洪亮的歌声报告了黎明的即将来到：

我从东方来
从汹涌着波涛的海上来

我将带光明给世界
又将带温暖给人类

……

请叫醒一切爱生活的人
工人，技师以及画家

请歌唱者唱着歌来欢迎
用草与露水所掺合的声音

请舞蹈者跳着舞来欢迎
披上她们白雾的晨衣

请叫那些健康而美丽的醒来
说我马上要来叩打她们的窗门

……

请他们准备欢迎，请所有的人准备欢迎
当雄鸡最后一次鸣叫的时候我就到来

请他们用虔诚的眼睛凝视天边
我将给所有期待我的以最慈惠的光辉

趁这夜已快完了，请告诉他们
说他们所等待的就要来了

从这样的诗里，我们特别灼热地强烈地感到了时代的脉搏的跳动，感到了诗人的艺术灵魂里所燃烧着的火焰和他的战斗感情中所放射出的光辉。这样的诗，会使痛苦的感到轻松，会使困难的充满信心，会使失望的重新坚信理想，会使在暗无天日的牢狱里坚持斗争的人们兴奋地看见了光明；这样的诗给予人们的是力量和鼓舞，是清新的愉快的充满了爽气的艺术感受，它唤起人们心灵里最崇高、最美好的感情，它使人精神振作，朝气蓬勃，热爱生活，愿意为使生活变得幸福美满而英勇斗争。这是真正的诗，不朽的诗。这样的诗，产生在 1940 年前后，产生在“战争的岁月……它艰苦地前进”（《除夕》）的时候，不但显示了诗人艺术上风格上的发展，也说明了诗人在思想上的跃进和成熟。不是与人民保持着越来越深密的联系，不是投身在火热的现实斗争中，不是走在时代的前面高瞻远瞩地望着未来，是写不出这样的诗来的。诗人艾青当时虽然还没有到延安，但他处在斗争的漩涡里，保持着高度的政治热情。正是饱满的政治热情和沸腾的斗争生活给了他无限的灵感和诗。

当然，在这些诗里面，最重要的，更充分地显示了诗人的感情力量和思想光辉的，是政治抒情长诗《向太阳》和带有浓厚抒情气息的叙事长诗《火把》。这两篇长诗是诗人创作道路上两座金光灿烂的纪念碑，是诗人创作中永远独放异彩的两个艺术高峰。

《向太阳》写于 1938 年，正是全国人民在中国共产党领导下，唱着“起来，不愿做奴隶的人们”与日本帝国主义展开你死我活的战争的第二个年头。这首长诗以“海洋一样开阔的胸襟”和“海洋一样开阔的气魄”，以热烈的跳动的旋律和光明的最强音唱出了诗人灵魂深处的歌声，唱出了诗人对抗战的满腔热情的歌颂、期望和胜利的信心。在这首诗里，诗人就不是“像月亮一样，宁静地凝视着　旷野的辽阔与粗壮”〔《旷野（又一章）》〕，而是满怀着激动的自豪的感情，以热情的喜悦的眼光看着战斗的祖国和人民。我们看见诗人迎着“真实的黎明”，跟着“群众的歌声”来到街上，他向街上的警察、菜贩、清道夫和“棕色皮肤的年轻的主妇”激动地深情地道了早安，他想起了昨天，想起“我在世界上用可怜的期望喂养我的日子”的昨天，想起自己“用呆滞的眼睛看着这国土的没有边际的凄惨的生命”和“用迟钝的耳朵听着这国土的没有止息的痛苦的呻

吟”的昨天，想起“我曾狂奔在阴暗而低沉的天幕下的没有太阳的原野”，“流着温热的眼泪”“哭泣我们的世纪”的昨天，但是

现在好了

一切都过去了

我们看见诗人揩干了眼泪，赞美着“比处女　比含露的花朵　比白雪　比蓝的海水”都更美丽的太阳，诗人看着“初升的太阳　照在我们的头上”“照着我们的从很久以来到处都蠕动着痛苦的灵魂的田野，河流和山峦……”诗人笑了，诗人和人民一起唱出了欢欣的昂奋的壮美的歌：

我们仰起了沉重的头颅

从濡湿的地面

一致地

向高空呼嚷

“看我们

我们

笑得像太阳！”

诗人继续在大街上前进着，他看见“比拿破仑的铜像更漂亮”的伤兵的“真实的姿态”，他看见“那些幸福的象征”的背着募捐袋“唱着清新的歌”的少女，他看见那些每一步前进都发出“缓慢而沉洪的呼声”的工人，他看见那些雄壮地操演着、唱着“我们要用闪光的刺刀抢回我们的田地”的士兵。在这一天里，在这个城市里，在这条街上，他好像看见了整个的祖国，看见了自己的坚强不屈的祖国为战胜侵略者而忙碌着、操练着、歌唱着。于是他好像看见一切——曾经痛苦和不幸的一切都沐浴在温暖的阳光下，于是诗人听见太阳对他说了：

“向我来

从今天

你应该快乐些呵……”

岂止快乐些啊！诗人的心由喜悦而激动而燃烧，诗人的汹涌澎湃的感情沸腾到顶点了：

这时候

我对我所看见　所听见

感到了从未有过的宽怀与热爱

我甚至想在这光明的际会中死去……

“诗人的‘我’，很少场合是指他自己的。大多数的场合，诗人应该借‘我’来传达一个时代的感情与愿望”[①]。《向太阳》就是这样，它通过诗人的“我”，通过诗人的鲜明的个性和个性化的感情体现了、传达了时代的感情与愿望。

钢铁般的语言和开阔的雄健的气魄，战斗的燃烧的感情和独创的豪迈的风格，具有巨大概括性的生动的壮伟的画面和最集中地传达出激动人心的思想情绪的强烈的音响，这一切就构成了长诗的金光闪闪的艺术特色。

这里附带指出一点，长诗的最后一句“我甚至想在这光明的际会中死去……”和《太阳》（1940年4月）一诗中的“我们愿意为向你飞而折断了翅膀，我们甚至愿在你的烧灼中死去”一样，是诗人的感情达到饱和点时的一种必然的浪漫主义情绪，正表现了诗人对光明对太阳的梦寐不忘的强烈追求和他歌颂祖国人民的战斗的激情，是乐章中最强最响的音符。这绝不是什么突然“消沉”或“厌世”的表现，在十多年前吕荧这样理解[②]，已经很不妥当，但十多年后叶丁易还这样分析就更不应该[③]。对于诗，对于诗人和诗的情绪，我们必须贴切地感受，深入地体会，不能作简单的庸俗的理解。对于艺术，如果首先不是去感受它、体会它的整个情绪和精神，而只是简单地冷冰冰地断章取义去“裁判它”，那是只能得出各种各样奇怪荒谬的结论来的。

《火把》是诗人艾青运用叙事诗结构创造的伟大乐章。如果说，在1939年所写的《他死在第二次》中，诗人由于生活经验的限制，没有创造出农民出身的普通士兵鲜明活泼的诗歌形象，诗人的主观抒情和他的艺术形象没有互相渗透地血肉不可分地结合起来，那么写于1940年的《火把》就不同了。在《火把》中诗人创造了明朗的丰满的诗歌形象，在这里诗人的主观抒情和形象的塑造得到了高度的天才的结合，人物形象生动地以其独具的个性表达着诗人的主观抒情，而诗人的主观抒情又使得人物形

① 艾青：《诗论·服役》十，人民文学出版社1954年版。

② 参见吕荧：《人的花朵》，泥土出版社1945年版。

③ 参见丁易：《中国现代文学史略》，作家出版社1955年版，第352页。

象更丰富饱满、更有声有色，诗人显示了他的把叙事和抒情最大限度地结合起来的优异才华。要对这样光彩夺目的诗篇作比较全面深入的分析探讨，应该另写专文，这里只能略为提到诗人怎样通过他的独创性结构充分抒写了时代情绪和时代精神。

长诗通过一次规模很大的火炬游行表现人民群众的强大的抗战力量，并写出了脆弱的知识分子怎样在热火朝天的群众斗争的洪流里受到锻炼和教育。诗人不是通过主观的“我”来直接抒写这次游行，而是通过两个女知识青年的感受来展现出这次游行的全部规模和声音色彩，同时也就以这样一场轰轰烈烈的群众游行的巨大画卷为背景，巧妙地十分引人入胜地写出了一个进步的有爱国热情而相当脆弱的典型少女——知识青年唐尼，写出了她的少女的心的激荡，她的爱情的悲欢，和在现实感召下及伙伴帮助下的她的思想感情上的成长。

长诗以唐尼的伙伴李茵来邀唐尼去参加游行开始，以唐尼“带回了火把”、母亲惊喜地劝她“来睡吧，天快要亮了”为结束。开头的越来越紧张的戏剧性的对话，中间的强烈的急骤的旋律和唐尼回到家里后的意味深长的抒情的结尾，显示了诗人的新颖的巧妙的构思，构成一个独创的完整的艺术结构。

从第一章两个少女的对话里，读者就清楚地看见了认识了其中的一个——长诗主角唐尼的形象；她的梳子“夹在《静静的顿河》里”，她的粉盒“压在《大众哲学》上”，她的口红“躺在《论新阶段》一起”，伙伴来催她快去快去，她老是打扮不完。显然，这是一个以思想进步为时髦而又不大实际、缺少锻炼的知识青年。她很纯洁，却也很脆弱；她为爱情的痛苦流着悒郁的泪水。但是，诗人在她眼前展开了伟大时代的伟大场面，在这“洪流般的火把摆荡”的夜晚里，在这“一个火把接着一个火把，无数的火把跟着火把走”的夜晚里，我们看见她睁大了眼睛，看着，喊着，奔跑着，忏悔着，终于，她认识了“感伤并不能把我们的命运改变”，认识了“世界上有比家属更高的感情”，认识了“只有反抗才是我们的真理”。她变得“坚强起来了”。我们觉得她在一个晚上“坚强起来”并不突然，这是符合于现实的一种大胆的浪漫主义想象，因为她是参加在一个多么声势浩大的“火的队伍”中啊：

我们来了　举着火把　高呼着
用霹雳的巨响　惊醒沉睡的世界

我们是火的队伍
我们是光的队伍

人愈走愈多　队伍愈排愈长
声音愈叫愈响　火把愈烧愈亮
我们的脚踏过了每一条街每一条巷
我们火光搜索黑暗
把阴影驱赶
卫护我们前进

我们是火的队伍
我们是光的队伍

这队伍多末长啊　多末长
好像全中国的人都已排列在里面
我们走过了一条街又一条街
我们叫喊一阵又歌唱一阵
我们的声音和火光惊醒了一切
黑夜从这里逃遁了
哭泣在遥远的荒原

诗人就这样，用火热的重叠的诗句和急骤的跳动的旋律，表达了抗日战争初期使侵略者震惊、使汉奸卖国贼发抖的人民群众的有组织的斗争，人民群众在暗夜中高举起无数的火把排山倒海地前进，这是任何力量也不能阻挡的一个伟大民族的战斗和创造的洪流……我们感到诗人的诗行就像是“一阵暴风雨”，就像是“煽起火焰的狂风”，就像是“一种要把世界劈成两半的宣言”，就像是“一种使旧世界流泪忏悔的力量”：

这是矿石的声音

这是钢铁的声音
这声音像飓风
它要煽起使黑夜发抖的叛乱

这样充分表达了时代精神和人民情绪的巨大诗章，是永远具有激动人心的艺术魅力的，是永远具有震撼灵魂的思想力量的，是永远能够唤起人们的战斗情绪和创造精神的。

必须指出，《向太阳》和《火把》是深刻的现实主义作品，同时也是富于革命浪漫主义色彩的。这两首长诗在艺术构思和典型化手法上当然还有一些不同，但我们可以特别明显地看出它们之间有这样一些不可忽视的共同的艺术特色：诗人运用丰富的想象把伟大时代的音响集中在一个乐章中，把群众斗争的集体的感情形象集中在一个画面上，在这里，诗人的飞驰的浪漫主义想象和题材的现实性、纯朴性以及主题的真实性结合在一起，对宏伟巨大的场面、对粗犷豪放的激情的描写和对人物内心世界的细致深入的抒情刻画结合在一起，诗句的钢铁般的力量、雷霆般的音响和最微妙的内在的旋律交织在一起。这些特色，应该说就是诗人从《太阳》《黎明》开始的革命浪漫主义情感和色彩的发展，应该说就是诗人的创作向社会主义现实主义迈进了一步的标志。这两首长诗，就其全部艺术光辉所包含、所体现的思想的深刻性和主题的积极的战斗的意义，就其思想深度和艺术高度所表现出来的诗人的生活态度和思想立场，以及就其从现实的高处看现实并尽可能地展现斗争远景的艺术手法等方面来说，都是包含了社会主义现实主义的因素，具有了社会主义现实主义的特征的。可以这样说，虽然当时诗人还没有完全具备共产主义世界观和无产阶级立场，但他的艺术才能和政治热情的全部力量使他的创作成就超过了他的思想水平，为我们写出了最早地、明显地带有社会主义现实主义特色的诗歌。

粗略地分析了艾青抗战初期的诗以后，我们不能不回过头来同吕荧讨论一下对艾青诗作的评论问题。吕荧在《人的花朵》一文中，用由一些古怪的词句装饰起来的理论对艾青和田间的创作作了不恰当的评论；在谈到艾青时，他从诗是“人底真挚，人底单纯”这种似乎很玄妙深奥而实际上是超阶级的资产阶级观点出发，把所谓“人的世界”和“诗的世界”割裂开来，他认为“人的世界”是“喧嚣污脏的”，艾青的成就在于他突破了、摆脱了“人的世界”而创造了进入了“寂静的素洁的诗的世界”。“在‘诗的世界’里，诗人底忧伤的灵魂寻找到了安慰与温暖，在‘人的世界’里所受的创伤也得到了医治”。而这“诗的世界”到底是什么呢?吕荧从长诗《向太阳》中摘引出一些诗句，说“诗人‘把自己关在精神的牢房里，四面是灰色的高墙，没有声音’；诗人‘沿着高墙，走着又走着’，如此地歌唱着”。这就是所谓“素洁的诗的世界”。我们知道，诗，就是时代的感情和人民的声音。“诗的世界”应该是而且必须是“人的世界”的反映，离开了“人的世界”，与“人的世界”割断了联系，是不可能有什么“诗的世界”的。艾青的诗之所以好、所以动人、所以引起强大深刻的影响，就在于它在一定程度上从诗人特定的角度表达了人民的情绪，表达了人民的和时代的悲愤、忧郁和希望。艾青的诗正是以其与“人的世界”、与人民的生活斗争的血肉相连而取得了艺术生命的。尽管还有弱点和缺点，但诗人毕竟是用他的芦笛吹出了人民的声音。

吕荧非常欣赏和赞美艾青的诗的忧郁色彩和哀愁情绪。但是，他并没有对这种色彩和情绪的真正意义和特殊内容有什么正确的了解和阐释，而是加以夸大和曲解。他说：“……诗人的生命，正如他的诗篇一样，沉浸在一种忧郁质的感情的海里，哀伤、苦痛、‘迟钝’、‘呆滞’……”于是，对诗人歌唱光明、表达欢乐情绪、赞颂反抗斗争的祖国人民的那许多诗篇，也就百般挑剔和加以曲解，或者寻找里面的缺点加以夸大，或者割取里面的某些字眼来证明诗人的“忧郁质的感情”；甚至干脆就说这样的诗写失败了，说“诗人本质的风格的方向是不在这一方面的”。(好像诗人的本质的风格的方向就是在孤独与寂寞中“哭泣我们的世纪”!)例如，《他起来了》这首诗，只要是神经正常、感官健全的人都可以看出是歌颂站起来反抗侵略的祖国人民的，而吕荧却说这首诗的主人公“他”“不像是一个‘勇猛’‘聪明’的战士的形象，倒更像是一个疯狂的杀人者的形象”。中国人如果不愿当奴隶而奋起反抗就成为“疯狂的杀人者”了！这是多么可怕的论调！又如，《火把》《他死在第二次》《向太阳》等长诗都是以群众斗争的壮烈场景和诗人赞颂火把、太阳的火热情绪感动和鼓舞着我们的，而吕荧却认为《火把》中的“演说”与“火把”，《他死在第二次》中的某些群众斗争的片断和场景，《向太阳》中的太阳，都不是“真实的形象”，而不过是“一些憧憬境界的抽象的景物”。他甚至公开说：“在诗人的叙事诗的发展上，这是一个相当有害的倾向。”这种评论的可笑是显而易见的。然而正是从这些地方，我们更加感到了诗人艾青的战斗者的性格和感情力量，更加感到了他的诗篇的深刻的思想内容和政治意义。

第三章

快起来，快起来
快从枕头里抬起头来
睁开你的被睫毛盖着的眼
让你的眼看见我的到来

让你们的心像小小的木板房
打开它们的关闭了很久的窗子
让我把花束，把香气，把亮光，
温暖和露水撒满你们心的空间。

——《太阳的话》

1941年3月，在敬爱的周恩来同志的亲切关怀和直接安排下，艾青从重庆到了他日夜向往的革命圣地——延安。

到延安以后，他参加了延安文艺座谈会和整风学习，经历了“一次大改造”，开始“采用民歌体写诗”，“创作的风格起了很大的变化”①。可以这样说，延安时期是诗人艾青的思想感情和艺术风格处于错综地急剧地变化发展的“过渡时期”。

在延安，诗人的创作没有抗战初期那么多，但也还是给我们留下了相当数量的作品，如诗集《反法西斯》中的大部分，诗集《献给乡村的诗》中的一部分，长诗《雪里钻》和《索亚》及其他一些短诗。这些诗，有的还流露出一点旧的情绪，有的由于诗人急于对时事表示态度而在艺术上

① 艾青：《艾青选集·自序》，开明书店1951年版，第2页。

显得比较粗糙，但总的说来，还是以其新的内容、新的声音和变化中的风格色彩标志了诗人创作上的新阶段。

延安时期艾青创作的最大特色就是更直接地参加了战斗，更及时地反映了生活斗争的本质的主要的方面，反映了国内外的重大政治事件。“如正义的指挥刀之能组织人民的步伐，诗人的笔必须为人民精神的坚固与一致而努力。”[①]“诗必须成为大众的精神教育工具，成为革命事业里的宣传与鼓动的武器。”[②]诗人艾青一直是在他的这种理论的指导下进行写作的，从抗战初期我们就充分看出了诗人把他的作品当做战斗武器这一特点，那质问周作人的交织着惋惜和谴责的响亮的声音（《忏悔吧，周作人》），那一句逼一句地追问和号召日本士兵“掉转枪口”的充满了国际主义感情的正义的诗篇（《反侵略》），那对汉奸卖国贼汪精卫和他的党徒的满腔愤怒的威严的审判（《通缉》），都是当时在广大读者心中振响着、起过很大作用的。到延安以后，由于思想感情的进一步发展变化和成熟，诗人在他的岗位上、在他的创作中就更加表现出前所未有的强烈的政治热情，诗人几乎把他的全部诗作都献给了重大的政治主题——献给了对革命领袖和解放区的新人新事的歌颂，献给了对伟大的社会主义国家苏联和苏联英雄的歌颂，献给了对日本帝国主义，对希特勒强盗和一切汉奸卖国贼的谴责控告。当希特勒疯狂地叫嚣占领莫斯科、美丽的苏维埃国土在战火中燃烧的时候，诗人号召全世界劳动人民“拖住希特勒的尾巴　让红军的枪托　瞄准它的前额击死它！”（《拖住它》），而对英勇地打击着法西斯德寇的苏联党、红军和苏联人民，诗人热忱地遥致敬礼，并满怀信心地预祝他们获得伟大的胜利（《敬礼》）；当国民党反动派把打日本的枪口对准边区的时候，诗人又以他的全部激情号召边区人民起来保卫“中国民主政治的苗圃”，“革命的理想的花园”（《起来，保卫边疆》）：

起来吧，全边区的人民！
起来吧，所有的留守部队！
起来吧，全边区的共产党员！

---

① 艾青：《诗论·诗的精神》三，人民文学出版社 1954 年版。
② 艾青：《诗论·诗到街头》，人民文学出版社 1954 年版，第 2 页。

"有武器的拿起武器，
没有武器的
就用我们的双手和头颅"
……
无论什么样的敌人，
无论披着什么外衣的阴谋诡计，
都将要粉碎在我们的面前！
起来！起来！起来！

这样的诗，虽然在艺术上还显得有点粗糙，但可以感到诗人的热情是饱满的，燃烧的，在那庄严的时刻，在那民族危难的年代，这战斗的高昂的声音，这对敌人怀着无限愤恨和蔑视而对人民充满了无限信心的声音，曾经像号角、像战鼓一样鼓舞着人民走向胜利的斗争。

我们的诗人和人民和战士们一起呼吸，一起经历着战争的考验和胜利的欢乐，一起感受着敌人的残酷无耻和正义力量的潜在的不可战胜，所以他的诗篇里鼓动着一种强大的使人振奋前进的感情力量。任何诗人，当他和人民完全结合的时候，当他每天都要为人民的痛苦、欢乐而抑制不住地歌唱的时候，他的灵感也就越来越丰富，他的作品也就具有了更高的美学价值，他的语言也就具有了更巨大的思想艺术力量。让我们再一次来朗诵《向世界宣布吧》：

我们曾经受过多少痛苦，耻辱，压迫，
我们也曾经流过无数的血，
一年又一年地过去了，
殉难者临死时把希望交给我们，
直到今天，灿烂的日子终于出现；
多么真实而明确，强烈而美丽，
就像初升的太阳滚动在澄碧的空中……

这骄傲地歌唱边区、歌唱民主、自由和幸福的声音，这自豪地向全世界宣布边区人民已在毛主席、共产党领导下摆脱了痛苦、耻辱和压迫的声音，曾经使多少个在暗夜里呻吟的忧郁的灵魂看见了光明和希望，又曾经召唤了鼓动了多少个渴求自由民主的年轻人奔向延安……记得 1946 年蒋介石撕毁停战协定那一天，当我还是一个11岁的小学生的时候，在白色恐怖统治下的祖国西南边疆的一个普通小学校里，一位老师在课堂上低声地而又激动地向我们朗诵了这首诗，许多同学立刻用歪歪斜斜的字体把它抄在白绵纸的笔记本的后面："……这里没有蹲在垃圾堆上寻找食物的失业者，没有卖尽劳动力之后伸出手来求乞的老人，没有在街灯下向行人装着媚笑的妓女；没有母亲沉重的叹息，妻子轻声的咽泣——因为这里没有饥饿，没有不能申诉的冤屈，没有'失踪'的儿子，没有不留字条就不见回来的丈夫……"从那一天起，多少颗幼小的心灵里就种下了光明和理想的种子……

我们还应该提到诗人用凝练的语言写下的歌颂人民领袖的著名诗篇《毛泽东》：

毛泽东在哪儿出现，
哪儿就沸腾着鼓掌声——

"人民的领袖"不是一句空虚的颂词，
他以对人民的爱博得人民的信仰；

他生根于古老而庞大的中国，
把历史的重载驮在自己的身上；

他的脸常覆盖着忧愁，
眼瞳里映着人民的苦难；

是政论家、诗人、军事指挥者，
革命者——以行动实践着思想；

他不断地思考，不断地概括，
一手推开仇敌，一手包进更多的朋友；

"集中"是他的天才的战略——
把最大的力量压向最大的敌人；

一个新的口号决定一个新的方向：
"一切都为了法西斯主义之死亡。"

这首诗是1941年11月在延安召开的边区参议会上写下来的。这里面凝结着诗人歌唱革命、歌颂领袖的全部激情，贯注着人民对领袖的朴实的亲切的热爱和崇敬。全诗振响着英雄颂歌的铿锵有力的音调，形成一种独特的雄健朴实的风格，显示了诗人卓越的艺术概括才能和创作风格上的变化。

在论述艾青延安时期的创作时，我们不能不谈到他的几首长诗。一般人认为明显地代表着他创作上的新特色、新风格的是《索亚》，但实际上这首诗是失败的尝试。我们不打算在这里作具体分析，只想指出：长诗的失败除了感情和生活的原因——即诗人对人物的灵魂和性格缺乏深切的具体的感受以外，也由于诗人片面地追求"大众化""口语化"，追求所谓"民歌体"和通俗易懂，而显得生硬、啰唆。民歌形式当然绝不意味着结构松散和语言啰唆，但在诗人匆促地片面追求之下，却出现了这个毛病。

我们鼓励诗人学习民间歌谣、创造新的民族形式，使自己的作品更容易为人民所乐于接受，我们主张诗人必须为了适应新的生活题材而随时变化他的形式。在艺术的创造上，诗人自己的理论是完全正确的："为了多辟几条路，必须多向没有人走过的地方走去。"但任何一个诗人在他前进的道路上总不能是跳来跳去的，他必须从自己的生活基础和才能特征出发来选择和逐渐地变化他的形式，他必须随着自己的艺术个性和感情品质在现实生活中的发展而相应地变化自己的创作风格。这样，只有这样，他才能得心应手地掌握新的形式，他才能在学来的或者创造的新形式中保持着和发展着**自己独具**的特色，他也才能在**自己的道路**上健康地稳步地走向艺术的高峰。当然，艺术的创造永远是一个战胜失败、探索新形式、表现新内容的过程，艺术家的使命就是大胆地为了表现生活而向没有人走过的地方走去；但这一切必须从艺术家原来的风格基础和艺术个性出发。一个把自己的艺术生命深深植根于人民生活的土壤里的诗人，不能为了创造一种新形式而抛弃过去的一切重起炉灶。艾青的《索亚》的失败和田间的《赶车传》的失败差不多，其主要原因之一，就是诗人急急忙忙地、生硬勉强地去学习、模仿或创造一种新形式，而这种形式和诗人过去的形式接不上来，诗人还不能很好地掌握它，它还不能成为诗人的艺术个性的合身的衣服。显然，艾青当时是受了那种所谓“民歌体”“格律化”“大众化”（指形式上的）等等，就是民族形式和民族风格的错误理论的影响的，于是为了使自己的作品具有“民族形式”和“民族特色”，就拼命地追求通俗易懂的“民歌体”，追求形式上的“大众化”。学习“民歌体”是好的，注意“大众化”，必要时让自己的诗“格律化”一些也是对的，但不顾条件的片面追求和生吞活剥的采用就只会招致失败。并不是“民歌体”的就是好诗，并不是“大众化”的才能表现新的主题题材，更不是“格律化”了的才为人民所喜闻乐见。诗人完全有权利、完全应该发展自己的形式风格和艺术特色。当艾青不是生硬地学习“民歌体”、片面地追求“大众化”，而是从自己的艺术个性和风格基础出发，用发展了的自己得心应手的形式来表现新的生活主题和战斗题材的时候，他就获得了重要的成就。这里我们举出诗人在延安创作的另一首长诗《雪里钻》。

《雪里钻》是一首引人入胜的叙事诗，同时又是一首激动人心的抒情诗。像《向太阳》和《火把》等诗所表现的一样，诗人在这里发挥了他的把叙事和抒情融洽无间地结合起来的艺术才能。诗人用简洁、洗练、清新、美丽的语言，讲述着一个战斗的故事，在这看来很随便而实际上是独具匠心的讲述中，诗人生动地写出了一场不大不小而十分紧张的战斗，诗人怀着自豪的感情歌颂着我国人民反抗侵略者的英勇斗争，同时更重要的是，诗人通过整个战斗环境和战斗气氛所烘托出来的战马“雪里钻”的形象，表现、赞美和歌颂了一种不屈不挠的战斗性格。在侵略者的铁蹄践踏着祖国大地的时候，这种性格不但每一个士兵和人民具有，就是每一匹战马也都具有，而我们的诗人把它集中地突出地而又生动鲜明地表现在“雪里钻”身上了。我们读后，心目中不但留下一匹英勇骠骏的马的生动形象，而且留下了一个鼓舞人心的值得效仿的活的性格。这里，诗人显示了他的把某一事物或动物形象化拟人化的诗的技巧，诗人显示了他那“给一切以性格，给一切以生命”（《诗论》）的艺术才能。

当然，典型必须通过个性来表现。个性越突出、越鲜明，典型性也就越广泛和深刻。离开了生动的个性也就没有了典型。艾青的长诗《雪里钻》的成功首先就在于，他用饱和着赞赏的感情的极简洁清丽的笔墨写出了马的形象和马的个性。我们看：

像年轻人看见漂亮的女人似的，
心里激荡着欢喜。
这黑马骏秀而机敏，
乌黑发亮的身体，
像裹住了黑缎似的光滑；
两只耳朵直竖着，
像两个新削的黑漆的竹筒；
四条腿直立着，
稳定像四根钢柱；
脚蹄洁白，干净，
好像上面沾满了白雪。

它肃静地站在夜色里，
全身的黑毛映着雪光，
好像随时都在警戒着；
假如不是它的耳朵在翻动
和它的眼睛在闪睐，
你会以为它是一个
为纪念英雄而铸造的马像。

我国清代诗人兼批评家袁枚说过这样精辟的话："诗宜朴不宜巧，然必须大巧之朴；诗宜淡不宜浓，然必须浓后之淡。"艾青的《雪里钻》正是具有了这种"大巧之朴"和"浓后之淡"的技巧和特色的。结构是严密的、紧凑的，不像某些叙事诗那样松散。语言是朴素的、明朗的，富于散文美的，却不如《索亚》那般拖沓和缺乏诗意。整个诗应该说是很"大众化"了，但诗人是按照自己的特色写下来的，没有受什么形式的限制，没有故意在模拟什么形式，所以显得很自然、很美，而且独具风格。只有这样的形式、这样的笔触才能表现出这样的气氛和这样的马，只有这样的马才能载着诗篇的主人公、载着诗人的全部感情和读者的情绪去参加出生入死的战斗，"像一阵旋风卷过山谷似的勇猛"，"在祖国的平原上　广阔

的被凌辱的土地上　奔跳着，急驰着”，吼叫着，穿过密密的枪林弹雨而毫无恐惧，陷进冰窟里后又终于“从冰层上跃起冲过炮火的浓烟，向前面的马队追赶……”当它和整个队伍被逼到漕河岸边的时候，我们为它担心，当“它的后左腿　突然陷进冰窟里，两条前腿被冰一滑　跪下了”的时候，我们更为它担心，不禁和它的主人一齐发出“完了！”的惊叫，然而就在这时，我们也相信它会跃起来的。果然，它终于又跃起前进了。我们的神圣的正义的战争就是这样，不但人民要顽强抵抗，山川草木也要顽强抵抗，不但战士们一个个英勇不屈充满信心，就是战马也都是像雪里钻一样英勇不屈充满了信心的。艾青的长诗就这样，把诗人自己的感情、把战士和战马的感情融而为一而创造出生动的诗歌形象，歌颂了这样一个勇敢顽强的充满了胜利信心的战斗集体和战斗性格。这是一首歌颂抗日战争的史诗，也是一首歌颂战马的抒情的赞歌。诗人说：“对于这民族解放的战争，诗人是应该交付出最真挚的爱和最大的创作的雄心的。为了这样，我们应该羞愧于浮泛的叫喊，无力的叫喊。”[①] 的确，从《雪里钻》里我们就感到了这最真挚的爱和最大的创作的雄心，而诗人是用巨大的雕塑般的感性形象把它表现出来的。

“一首诗像一个人格，必须使它崇高与完整。”[②]《雪里钻》如果只写到第四节即雪里钻从冰层上跃起赶上了队伍也是勉强可以的，但诗人并没有在这里停住，而是写了一节非常朴素、优美而意味深长的抒情结尾：

我回到了我们驻扎的村庄。
团长已坐在拂了雪的石板上，
他为欢迎我而站立起来，
走到雪里钻的旁边，
伸手摸着在冒出白气的嘴。
他的脸映着春天的阳光。
他笑了：那末平静，那末温暖
好像一切都不曾发生……

① 艾青：《诗论·技术》二三，人民文学出版社 1954 年版。
② 艾青：《诗论·美学》一，人民文学出版社 1954 年版。

这意境，这气氛，饱经风霜的团长的映着阳光的脸和轻松的笑，战胜了死亡胜利归来的记者和战马的想向团长说什么而没有说出来的神气……简直就是一幅绝好的画。我真希望我们的画家来为艾青的《雪里钻》作几幅插图，像苏联画家为特瓦尔朵夫斯基的《华西里·焦尔金》作插图一样，而根据长诗的这一抒情结尾所作的插图，可以预期是不会亚于涅普陵采夫的《战后休息》的。

艾青诗创作中的光彩夺目的革命浪漫主义特色，在延安时期，得到了发展。这，我们可以从《太阳的话》《给太阳》《风的歌》《时代》《野火》等一系列作品中看得出来。过去有人认为这些作品，特别是《时代》和《野火》等，是诗人的风格还没有完全变过来、旧的语言风格和表现手法还残留着的标志和痕迹，好像这些作品在形式上不为人民所需要、必须加以改造似的，这是把诗人的艺术特色和形式风格的发展作了简单化的庸俗化的理解。延安时期艾青的创作风格是处于不断的变化发展中的，不是也不应该要求它变成一种统一的定型的一成不变的形式和风格。在我们的时代，诗人只采用一种形式写作是不够的，只具有一种定型的风格也不大可能。我认为艾青的上述作品不是需要“改造”或改变（不论就其表现手法还是语言风格），而正是应该作为诗人创作中的重要的光辉的特色加以发扬的。现实是丰富多彩的，时代在飞跃前进，我们的诗人要忠于时代，反映现实，就不能老唱一个调子，不能只穿一件衣裳、只用一种形式和手法。人民需要容量巨大的长篇叙事诗来赞颂伟大的斗争和英雄人物，人民也需要各种各样短小的抒情诗来唤起和点燃人们心里潜藏着的诗的感情。严格的现实主义诗篇能够深深打动人心、教育人民，革命浪漫主义的作品也同样能够在人们的“心里作巢”、鼓舞人民向光辉的理想前进。有时，那种燃烧着浪漫主义激情、带有浓厚的浪漫主义色彩的作品——当然是扎根在现实生活的深厚土壤的基础之上、渗透了现实主义精神的——往往更能感动人，往往具有更强大的震撼灵魂的艺术力量。因为人民是善于作大胆的幻想的，我们的时代就是充满了幻想和实现幻想的奇迹的时代。艾青是深深懂得这一点的，所以他写了对国内外重大政治事件表示态度的那许多政治诗，写了歌唱社会主义国家、歌唱民主自由和人民领袖的那许多深刻有力的革命现实主义诗篇，同时又运用他的丰富的奔驰的想象和飞翔的幻想写下了《给太阳》《时代》《野火》《风的歌》等等革命浪漫主义的诗篇，这些诗也许有人认为是“知识分子气的”、是“不通俗”“不大众化的”，然而它们却是使人百读不厌的、具有不朽的艺术生命的作品。艾青在《诗的形式问题》一文中谈到民族形式问题时说：“有些人写的诗，没有中国诗的情调……看不见中国人民的思想感情，……假如在作者名字下面加上一个译字，我们就会以为是外国人写的，因为它们没有中国的气味。我自己就写过不少这类的诗。”（《诗论》）这如果是指诗人早期的某些少数的诗篇那还可以，如果是指更多的被人认为不通俗的那些诗，如果是指从《大堰河——我的保姆》开始一脉相承地发展下来的，包括《时代》《野火》等等的那些“狂野的、特殊独创而美丽”的诗篇，那我们就不能同意诗人自己的看法了。我们知道，《吹号者》《向太阳》《火把》等正是作为这类诗的光辉的高峰突起在诗人的创作道路上的。我们知道，所谓民族形式和“中国的气味”是不能仅仅从格式、语言或题材来决定的，这里面最主要的是诗人的思想、感情和情绪。我们在艾青的诗中（包括早期的诗）并不是“看不见中国人民的思想感情”，而是深刻地感受到了中国人民的思想感情的。何况，诗人所采用的形式、语言和风格也并非从外国搬来，而是他自己的呢？

我站立在低矮的屋檐下
出神地望着蛮野的山岗
和高远空阔的天空，
很久很久心里像感受了什么奇迹，
我看见一个闪光的东西
它像太阳一样鼓舞我们的心，
在天边带着沉重的轰响，
带着暴风雨似的狂啸，
隆隆滚辗而来……

——《时代》

在这些黑夜里燃烧起来
更高些！更高些！

让你的欢乐的形体
从地面升向高空
使我们这困倦的世界
因了你的火光的鼓舞
苏醒起来！喧腾起来！
让这黑夜里的一切的眼
都在看望着你
让这黑夜里的一切的心
都因了你的召唤而震荡
欢笑的火焰呵
颤动的火焰呵

听呀从什么深邃的角落
传来了那赞颂你的瀑布似的歌声……

——《野火》

等一切生物经过长期的坚忍
经过悠久的黑暗与寒冷的统治
我又从南方海上的一个小岛起程
站在那第一只北航的船的布帆后面
带着温暖和燕子、欢快和花朵
唱着白云的柔美的歌
为金色的阳光所护送
向初醒的大地飞奔……

——《风的歌》

从这些诗里，我们呼吸到一种美好生活的春天的气息，我们听见了人类理想的欢乐的声音，我们听见了光明世界的激动人心的喧响，我们看见一个伟大的时代正“带着暴风雨似的狂啸，隆隆滚辗而来”，我们看见人民所憧憬的幸福生活就像光芒万丈的太阳一样从东方升起，“这样的真实，不容许怀疑”……是的，诗，这就是诗呀！“它像太阳一样鼓舞我们的心”，它像欢乐和理想一样永远活在我们的心中、活在我们的灵魂里、活在我们的鲜红的血液里和力量的火焰中……

必须指出，艾青的浪漫主义是那种渗透了现实主义精神的积极的浪漫主义，诗人的想象和幻想不是像云彩一样飘在空中的东西，而是植根于现实、从现实出发的。它的基础和土壤就是根据地人民的自由愉快的丰富多彩的斗争生活。杜布罗留波夫说：“诗人的价值是在于：善于捉摸并且表现存在于事物本性中的美，而不是在于：让自己来幻想出一种美丽的东西。”① 自然和生活包含着无穷无尽的诗意和美，用不着诗人借想象和夸张来打扮它，装饰它。只有那种脱离现实、生活空虚的诗人才无可奈何地借贫乏的想象去粉饰生活。艾青当然不是这样的诗人。他用自己的整个灵魂拥抱着自然，他用自己的全部感情感受着生活。他熟悉它，了解它，爱它。所以他能够运用各种典型化手法表现出、揭示出它的价值、它的诗意和它的美；所以在他的诗中，自然界和人，日月风云和人的情绪愿望和人的思想感情才这样巧妙地和谐地交流在一起；所以从他的诗里，我们才能感到这样强烈的生活气息，才能听见时代的金轮飞旋的声音……读着这些诗，我们感到诗人在伟大时代面前的激动，我们感到诗人沐浴在新生活中的兴奋和喜悦，我们感到诗人对光明对理想的渴慕、追求、向往和呼唤，我们感到了洋溢在每一字句中的是一种完全拂去了忧郁的新鲜的欢畅的情绪。不必看写作年月，我们就可以确定这些诗写于什么时候和什么样的社会条件下。这，应该说是诗人延安时期创作发展的一个光辉的方面，是诗人创作的最可宝贵的特色，也是诗人的艺术才能的一个重要特征。

我想，如果在这里初步明确一下革命浪漫主义和现实主义的关系和区别，对于我们更好地理解艾青诗歌的特色、他的创作风格和艺术手法的多样性，是大有必要的。

作为一种创作方法，革命浪漫主义即积极的浪漫主义是有它的独立生命和独特使命的，它不同于现实主义，它不能为现实主义创作方法所包括、所代替。相当长的时期以来，人们误解了高尔基关于现实主义和浪漫

① 〔俄〕杜勃罗留波夫：《杜勃罗留波夫选集》上卷，新文艺出版社 1955 年版，第 432 页。

主义的关系的名言，而引申出把革命浪漫主义包括在附加在现实主义方法中的结论，把浪漫主义和现实主义混为一谈。于是浪漫主义就成了现实主义（或社会主义现实主义）创作方法的一个部分或一个方面，这是不妥当的、不科学的，是忽视了甚至取消了革命浪漫主义本身的具体特征的。马克思主义美学认为，现实主义和革命浪漫主义是相通而不相同的，是互相联系而又各有差别的。就忠于现实、积极地反映现实这一点，二者是一样的，这是二者相通的前提和基础，也就是从广义上说许多浪漫主义作品属于现实主义范畴的原因；但就反映现实的具体手段和独特方法上看，二者就存在着不可忽视的重要差别。现实主义方法要求作家严格地按照现实的面貌来塑造艺术形象、表现生活真实，浪漫主义则要求作家从现实出发，以生活感受为基础，运用丰富的想象或幻想创造不一定符合现实面貌的艺术形象，把现实生活中人民的理想和愿望形象地表现在美丽的艺术的想象中，即艾青所谓的“给一切以性格”，“给思想以翅膀”，让它像雄鹰一样在空阔美丽的艺术天空中飞翔，让它像海燕一样永远飞掠在人类精神的无边无际的海洋上……

我们并不否认，现实主义也是需要夸张和想象的，没有一个作家能不运用想象或夸张而创作出真正深刻伟大而富有诗意的作品，现实主义的典型化的过程就是一个概括和想象的过程。但从严格的意义上说，现实主义的想象和浪漫主义的想象是有差别的，它们的性质、范围和特征是不相同的。高尔基说：

> 神话乃是一种虚构。所谓虚构，就是说从既定的现实底总体中抽出它的基本的意义而且用形象体现出来——这样我们就有了现实主义。但是，如果在从既定的现实中所抽出的意义上面再加工——依据假想底逻辑加以推想——所愿望的、所可能有的东西，这样来补充形象，那么我们就有了浪漫主义，这种浪漫主义是神话底基础，而且它是十分有益的，因为它帮助激起对于现实的革命态度，实际地改变世界的态度。
>
> ——《苏联的文学》

这里很清楚地指出了现实主义和浪漫主义的重要差别，指出了浪漫主义想象比现实主义想象具有更大的幅度和更广阔的范围。现实主义写人就是人，写太阳就是太阳，写大鹰写海燕就是大鹰和海燕，而浪漫主义则必须“在从既定的现实中所抽出的意义上面再加工”，“依据假想底逻辑加以推想”，浪漫主义可以把自然界的事物“人格化”“拟人化”，可以充分运用象征手法（不是象征主义），可以赋给花鸟虫鱼或日月星云以典型的意义和人的性格。这个，我们只要读读近代许多大诗人的作品就可以明白了。

雨果可以叫皇袍上绣的蜜蜂飞起来，变成“慷慨的女工人”和勇敢的女战士向拿破仑第三扑上去，“狠命地抓住他”“把他赶走”①；高尔基可以把一只海燕当做“胜利的预言家”，用它来呼唤革命的风暴，可以通过一只受伤坠入海底的鹰那么出色地歌颂了渴求自由、光明和战斗的性格，可以借“少女与死神”的故事比《浮士德》更有力地表现了爱战胜死的伟大主题；马雅可夫斯基就更妙，他把太阳叫下来和他坐在一起喝茶，而成为那么一对引人入胜的“永远向光明”的朋友和兄弟……再看我们中国吧，郭沫若竟可以“立在地球边上放号”或者变成一条“天狗”要把日来吞了，把月来吞了，把一切的星球来吞了，把全宇宙来吞了；而艾青也可以变成太阳进到普通人民的家里给他们带去花束、亮光、香气和温暖，或者化身为黎明向人民发出自由解放的日子即将来到的通知……为什么能够这样呢？因为这是诗，而且是革命浪漫主义诗。诗人们出色地充分地运用了革命浪漫主义的手法。显然，如果说这类的诗，如果说雨果的《皇袍》或郭沫若的《女神》，如果说高尔基的《海燕》《鹰歌》《少女与死神》和马雅可夫斯基的《一次奇绝的遭遇》，是现实主义诗篇，显然就不确切，就没有显示出这些诗篇的鲜明的艺术色彩和特殊的创作方法。

自然，说浪漫主义想象比现实主义想象具有更大的幅度和更广阔的范围，绝不意味着现实主义想象是贫乏和狭窄的，也绝不意味着浪漫主义比现实主义更高级。这是两种创作方法的不同特点和不同要求决定了的。两者同样是反映现实的强有力的艺术方法，理论上固不能厚此薄彼，实践中作家虽然可以只采用这一种，却不能因此轻视别人采用那一种。而且，正因为现实主义不但不排斥反而充分允许运用想象和夸张，而浪漫主义也无

① 〔法〕雨果：《雨果诗选》，人民文学出版社1955年版，第52页。

论如何是必须渗透了现实主义精神的，是必须从现实出发来反映现实的，所以二者的差别并不是对立性的、互相排斥的，而是具有互相补充的极其密切的联系的，所以许多现实主义作品都带有或多或少或浓或淡的浪漫主义色彩，而这些作品往往更有生气、更富于诗意，所以许多现实主义作家和诗人，为了更好地更多方面地反映现实、激起人民争取实现美丽理想的斗争意志，常常是同时采用两种方法。这样的作家诗人在古今中外都是举不胜举的，艾青就是我国现代文学史上比较突出的一个。他的《向世界宣布吧》《毛泽东》《悼罗曼·罗兰》《时代》《野火》《风的歌》等等，是同一时期写的，显然前一类是运用现实主义方法，后一类却是浪漫主义诗篇，但都从不同角度反映了时代的人民的思想感情，同样是深刻有力的具有活泼的艺术生命的诗篇。这里，我们就看出了艾青本时期创作发展的一个特色，看出了诗人的艺术风格和创作手法的多样性。在我们党号召百花齐放、百家争鸣，提倡运用各种方法和各种风格展开社会主义创作竞赛的今天，着重指出艾青创作上的这一特点，是特别有意义的。

毛泽东同志早就说过，要给文艺家“以创作真正革命文艺的完全自由”①。毛泽东同志说的是“完全自由”，当然也应当包括采用不同的创作方法的自由。只要创作的是革命文艺作品，是为人民所需要的作品，则不论采用什么创作方法，都应当给予鼓励、肯定和支持。我们提倡社会主义现实主义的创作方法，我们非常需要继承和发扬革命现实主义的战斗传统，但革命浪漫主义的创作方法也是创造各民族的社会主义文艺所绝对必需的，绝不应当把它当做“异端”加以排斥。我们的文学艺术目前之所以特别显得色彩单调、缺乏生气和枯燥无味，原因之一就是大家（包括艾青这样得心应手地运用过浪漫主义方法的诗人）都放弃了或者不敢大胆采用这一方法。这是很遗憾的事情。我们希望艾青和其他的作家诗人们都更快更早地来弥补这一缺陷，为人民创造出许多独放异彩的浪漫主义作品来！

“诗人应该为了内容而变换形式，像我们为了气候而变换服装一样”②，这是艾青的理论，也是他的创作实践的经验和准则。从抗战初期的创作

① 毛泽东：《在延安文艺座谈会上的讲话》。

② 艾青：《诗论·形式》四，人民文学出版社 1954 年版。

中，我们就看出了他很善于为内容变换形式，到延安以后，新形式的采用、风格的变化和创作手法的多样性就更为显著。他写了街头诗，写了句子短促有力适于朗诵的朗诵诗，写了《时代》《野火》那么些浪漫主义的作品，他也开始采用过去没有尝试过的民歌体。

就短诗说，我们如果拿《毛泽东》《太阳的话》这样的诗和他的前期的诗作如《透明的夜》《芦笛》等比较一下，就会发现很大的不同。这不同不但表现在思想内容和感情情绪上，也表现在语言上、格式上和整个创作风格上。试举《太阳的话》为例：

打开你们的窗子吧
打开你们的板门吧
让我进去，让我进去
进到你们的小屋里

我带着金黄的花束
我带着林间的香气
我带着亮光和温暖
我带着满身的露水

快起来，快起来
快从枕头里抬起头来
睁开你的被睫毛盖着的眼
让你的眼看见我的到来

让你们的心像小小的木板房
打开它们的关闭了很久的窗子
让我把花束，把香气，把亮光，
　温暖和露水撒满你们心的空间。

这是充满了喜悦和欢乐的优美动人的歌声，它像一阵清新的春风吹开了我们的心灵的窗扇，吹进我们的灵魂的深宫，唤起我们内心最美好、最高尚的感情。诗人变成了太阳的化身，太阳就是他，他就是太阳，太阳和他融为一体。我们读着这一行行的素美的透亮的诗句，我们是置身在一个多么幸福的境地呀——太阳和诗人要“把花束，把香气，把亮光，温暖和露水”，把生活的全部声色味撒满我们的心的空间……这样的诗，和诗人以前的作品《太阳》《向太阳》一样，是洋溢着浓烈的浪漫主义情绪的，所不同的是，这情绪有了更进一步的发展。这些诗在形式风格上，也由于诗人创造性地学习了“民歌体”而具有了全新的特色。

在叙事诗方面，《雪里钻》是诗人探索和创造自己的新形式的成功的里程碑。这首诗当然体现了与《他死在第二次》和《火把》大为不同的新风格，这种更为朴素、明朗而独放光彩的风格，标志了诗人创作上的可贺可喜的新发展。诗人在《诗论》中说过：“不要迷信形式。路是人的脚走成的；为了多辟几条路，必须多向没有人走的地方走去。”从他延安时期的作品中，我们更明显地感觉到，诗人不断地在实践他的这种理论。

我们的诗人不断地在新的道路上、新的创造中向新的形式风格和新的艺术成就探索着前进。

我们的诗人在新的天地里生活着、歌唱着、前进着。新的思想、新的感受、新的生活气息像水分和阳光一样，使他的创作更有生气、更有力量、放射着更闪闪夺目的光辉……

总括起来，抗日战争时期（1937—1945年）是艾青的艺术开花结果、多产丰收的时期，是他的创作从高峰跃向高峰的光荣的时期。这时期的作品充分地卓越地表现着诗人的黏附在祖国土地上的忧愤而乐观的诗的灵魂，表现着诗人的不断地成长起来的光辉的战斗的诗的才能和诗的个性。这时期诗人的创作特色可以大致归纳为如下几点：

第一，由于与人民联系的日益深入和巩固，创作题材日益广泛，作品的生活内容和思想意义也就更为丰富深刻而表现了更强烈的时代情绪和时代精神；

第二，抗战初期由于诗人还奔波在苦难的土地上，生活在苦难的人民中间，所以感情个性和艺术风格就有了两种表面上不同而实际上密切联系的表现，到了延安后，这种表现才得到了统一的发展；

第三，作为诗人创作发展中的一个重要方面的就是革命浪漫主义手法的采用，这，我们在《生命》《黎明》《太阳》《煤的对话》等早期诗作中就已看到，但到了本时期，从《黎明的通知》《向太阳》《给太阳》《吹号者》《太阳的话》《时代》《野火》《风的歌》等一系列作品中，我们就看见了更熟练、更有力的运用。如前所述，革命浪漫主义是表达美好理想和欢乐情绪、向人民昭示美好未来的强有力的艺术手法，是我们新生的社会主义文学艺术发展道路上一条光彩夺目的红线，诗人在这方面的独创性的发展也就具有了特别重要的意义；

第四，在语言方面，这时期欧化毛病已逐渐克服，特别是到延安以后，由于努力实践毛泽东的文艺方针，努力学习民间诗歌艺术，也由于生活和情绪的变化，诗人形成了他的刚健纯净、朴素明朗的语言风格。

第四章

新的年代冒着风雪来了，
大路上扬起了一阵笑声……
……
不要辜负这个伟大的时代，
这是一个英雄辈出的时代；
不要辜负我们伟大的祖国，
我们都是她的光荣的子民——
让我们胜利接连着胜利，
让我们永远在胜利中前进……

——《新的年代冒着风雪来了》

喝酒要喝葡萄酒，
干杯要干牛角杯；
生活在社会主义时代，
我们要纵情歌唱……

——《牛角杯》

从1945年抗日战争胜利到解放初期这七八年间，艾青创作道路上出现了这样一个情况：为抗战胜利而激情地欢呼过一阵后，诗人似乎沉默了，解放战争三四年间几乎没有写，据他自己说是因为行政工作忙，逻辑思维多。直到1949年、1950年访问了苏联，才又抑制不住地重新歌唱起来，歌唱苏联，歌唱和平，歌唱斯大林……这些诗差不多都收在《欢呼集》和《宝石的红星》两个集子中。从这些诗中，我们看出诗人还保持着一定的政治热情，我们看出诗人在沿着毛泽东的文艺方向稳步前进。如果说，延安时期诗人的风格还处于不断变化中，由于一面经受改造，诗人还只是开始尝试新的形式和新的创作方法——社会主义现实主义创作方法，那么，现在我们就看见一种新的独特风格已经形成，诗人已经为我们创作出像《宝石的红星》这样通过美丽的民族形式闪耀着社会主义思想光芒的作品。

柯仲平在中国文学艺术工作者第二次代表大会上所作的《创造社会主义的内容民族形式的诗歌》的报告中说："从五四，特别是中国共产党诞生以来，在工人阶级和共产党的领导和影响之下，中国新诗歌和其他文学艺术中，或先或后地产生了社会主义现实主义因素和倾向。从毛泽东同志在延安文艺座谈会上的讲话以来，新诗歌和其他新文艺中的社会主义现实主义的因素更加发展，方向更加明确了。"我们从艾青的诗创作的发展中——特别是本时期的诗中可以看出这一点。

说"新诗歌……中的社会主义现实主义因素更加发展，方向更加明确"，当然首先是指诗人的思想立场和感情品质的质的变化和由此而来的作品的思想内容的不同，而这，是我们在艾青延安时期的作品中就看到了的，只不过到了本时期这种变化更加显著罢了。这时期，艾青的世界观，他的思想立场和感情品质，不用说与写《大堰河》时有了很大的不同，在形式风格方面，也有了迥然两样的差别。他在《艾青选集·自序》中说："我曾尝试了许多诗体，较多的是采用所谓'自由诗体'，努力把自己所感受到的世界不受拘束地表达出来。直到近年，为了接受中国诗的民族传统，才竭力使自己的诗格律化。"当然，如我们在上一章所指出的，不应该把民族传统狭隘地理解为就只是诗的"格律化"，但对于艾青来说，有时"格律化"是会带来一些好处的，会使他的诗更简练明朗，更带有民族色彩。我们从《欢呼集》和《宝石的红星》这两部诗集——特别是《宝石的红星》中，就看出这种“竭力使自己的诗格律化”的努力，是取得了值得注意、应该肯定的成绩的。可以这样说，这两部诗集在诗人的整个创作中是占着重要地位的，它们标志着诗人的创作风格的新变化，标志着诗人在创造社会主义内容和民族形式的诗歌中跨出了一步。

《欢呼集》共收了艾青1945年到1950年间写的短诗十首，除前三首《人民的狂欢节》（在诗集《春天》中改为《狂欢的夜晚》）、《人民的城》和《欢呼》是1945年、1946年写的外，其余都是解放初期的作品。《人民的狂欢节》表现了诗人固有的政治热情，诗人的感情和人民的沸腾的欢乐情绪完全融合在一起：“‘日本投降了！’没有什么话比这更动人！更美丽！有人在点燃火把，有人在传递火把；有人举着火把来了，拿着火把的都出发了……一个、两个、三个、四个……愈来愈多了……愈来愈多了……”“人群，到处都是人群！感激传染着感激，欢喜传染着欢喜；”“所有的门都打开，迎接欢乐，款待欢乐，欢乐是今天夜晚最高贵的客人……”“忧愁被锣鼓赶跑了！阴影被火光吓退了！锣鼓更响了！火把更亮了！天地合抱了！笑呀！叫呀！奔呀！跳呀！舞蹈呀！拥抱呀！没有人能抑住自己的感情！人人的心都像火把一样燃烧……”诗人就这样用燃烧的诗句，写下了气势磅礴奔流直泻的感情，写下了宣布日本无条件投降的那个难忘的夜晚——人民的狂欢节！诗人不是冷冰冰地记录现象、叙述事实，也不是把他的抒情仅仅停留在表面的热闹场面上，仅仅表达出这样一种欢乐的情绪，而是把他的感情透入了事物的本质，诗人激动地写道：

这是中国人民
用眼泪换来的欢乐，
用血汗栽培的花果，
这是毛泽东同志、朱总司令
八路军、新四军带给我们的幸福！
这是斯大林元帅
伟大红军带给我们的幸福！

这样几句如果单独抽出来看很像是标语口号，但在诗人的磅礴的诗篇中却是有力量的诗句，不但表明了诗人的思想立场，也表现了诗人对抗战胜利的正确的深刻理解，表现了诗人的感情和祖国人民的感情的深刻联系。诗人用纯朴的语言，说出了人民心里的激动、欢乐和感激，说出了每一个经历了抗日战争的人都会感觉到的朴素而伟大的历史真理。在诗创作中我们坚决反对公式化、概念化、标语口号化的倾向，我们反对诗人用枯燥的议论和空泛的叫喊代替真正的诗，但是我们并不一般地反对诗人在作品中直接表示他的立场和看法——即发一些所谓“议论”，如果这种议论是被感情的激流冲涌出来，如果这种议论是诗人的奔腾的感情的“画龙点睛”似的自然的解释和结论，如果这种议论可以使诗篇所表现出来的思想更加明确和深刻，如果这种议论是诗篇的感性形象的跃进、深化和升华……那么，它就成为诗章中有力量的不可缺少的音符。

《欢呼》以气吞山河的雄大气魄向马克思列宁主义的党、向毛泽东同志、向英雄的人民武装、向伟大的祖国人民和春天一般灿烂的未来和“民主、强盛、繁荣、自由、幸福的人民共和国”一口气喊出了68个欢呼，这首诗以其充沛的感情和强烈的思想力量深深地打动人心。读着它，我们会想起郭沫若的《晨安》，两位诗人对“年轻的祖国”“新生的同胞”（郭诗）的热爱歌颂，他们的崇高的充满英雄气概的自豪感，汹涌澎湃的革命浪漫主义情绪和海洋一样宽阔的胸怀是多么的相似啊！当然，两位诗人歌唱的时代不同，两首诗的主题内容和时代特征也存在着很大的差别。郭沫若的诗表现了五四时代那种冲决一切藩篱要求自由解放的反帝反封建精神，从那对古今中外许多伟人伟迹和壮丽河山的激情的问安中，我们好像听见了一股生气勃勃的创造的战斗的力量随着20世纪时代的车轮振奋人心地滚滚而来，但也由于历史条件的不同，郭沫若当时还只能在“明迷恍惚的旭光”中向“年轻的祖国”祝福问候：“黄河呀！我望你胸中的冰块早早溶化呀！”而艾青写《欢呼》时却沉浸在残酷战斗后的胜利的欢乐中，他从解放区的美丽现实看到了祖国人民的胜利的今天和幸福的明天，他的欢呼和郭沫若的问安显然就大有区别了。只要想想《北方》《乞丐》《雪落在中国的土地上》那些诗章，只要想想浸透在诗人早期作品中的那种深刻的忧郁和沉重的悲哀，我们就会更深切地体会到诗人在人民的自由和胜利面前是多么的兴奋和激动，我们就会更充分地感受到鼓动在这“像狂风”“像海啸”的欢呼声中的，是多么真挚强大的感情力量！

诗人把这首诗的名字作为他解放后第一部诗集的名字，在最近出的十年诗选《春天》中又把它作为第一辑的标题，这是很有意义的。一方面，因为这种为人民的光荣的胜利和美好的未来而欢呼的情绪贯穿在本时期的每一首诗中，成为诗人本时期的感情情绪的基调；另一方面，这也表明了诗人对新时代的态度和他要积极歌颂新的现实的愿望与热情。是的，这是一切帝国主义碰得焦头烂额的时代，这是祖国人民翻身解放从胜利走向胜利的时代，这是社会主义共产主义的精神力量和物质力量的光芒照亮全世界的时代，这是诗的时代，歌的时代，科学、艺术、友谊与和平的时代：

诸天哪
应当欢呼
大地啊
应当快乐
众山哪
应当发声歌唱

——《旧约·诗篇》（《欢呼》诗前所引）

《欢呼集》中的其他诗篇大都是献给反对侵略战争、保卫世界和平的主题的，这是关系到全人类命运的一个重大主题。我们知道，1949 年、1950 年、1951 年这些年头正是美帝国主义实行马歇尔计划、发动侵朝战争、叫嚣第三次世界大战越来越厉害，一次空前规模的毁灭性的战争威胁着全人类的时候，我们的诗人把他的歌声首先献给了保卫和平的伟大事业，这是非常可贵的，正表现了他保持着战斗的政治热情。

这里面，在中华人民共和国诞生前一天（那时诗人在苏联）写的《保卫和平》一诗，歌唱了和平生活的可贵可爱和保卫和平的重大意义，“为了这个和平，我们交付了千百万生命；只有这个付出了这样大的代价的民族最理解和平的价值；只有经历了漫漫长夜的噩梦的人才最爱这宁静的清晨……”所以诗人用他的良心——也就是人民的意志和愿望号召：

用我们一切的力量制止战争！

诗人对人民的力量、对保卫和平的事业是充满了信心的，诗中表现了诗人对和平敌人的高度蔑视，更充溢着祖国人民的英雄的豪迈的爱国主义感情：

而我们——
我们是无数。
我们是除了罪犯之外的全体。
我们是普天下的人民。
我们不要战争!!

但假如有那末一天,
战争真的来了,
我们将毫无恐惧。
……
我们的机警的枪械,
和满怀仇恨的子弹
和愤怒而沉默的炸药
所有一切武器
将等待着任何一个
侵入我们国土的敌人……

《我想念我的祖国》是《欢呼集》中值得着重提到的一首诗。这首诗是艾青特地为他在《欢呼》一诗中不止一次地欢呼过的“未来的共和国”——中华人民共和国的诞生而写的。那时他正在莫斯科。这首诗可与抗战初期写的《我爱这土地》对照起来读。两首诗表现同一主题,但情调、风格和感情色彩是不同的,我们可以看出两首诗所反映的不同的时代特征和诗人的主观世界、感情个性的变化发展,可以看出社会主义思想因素在诗人创作中的增长。显然,写《我爱这土地》时,诗人还没有“真正看见了光明”[①],他还不能站在工人阶级的立场上,运用马克思主义观点来看祖国人民的苦难的今天和光明的未来,因此“眼里满含泪水”的形象虽是动人的、崇高的、无限忠诚的,但却不能算是工人阶级革命战士的形象,而《我想念我的祖国》就有了显著的不同。我们看:

莫斯科多么好,

① 艾青:《艾青选集·自序》,开明书店1951年版,第3页。

莫斯科多么美；
但是，请宽恕我：
我常常想念我的祖国，
她是我们大家的母亲，
离开她的日子愈久，
对她的想念愈深沉。

诗篇一开头就把读者引入了无限深沉的爱国主义情绪中。这种感情，每一个离开过祖国的人都是体验过的，没有离开过祖国的人也完全可以体会和理解；诗人通过自己的个性感受，把它深刻而生动地表现出来了。我们感到，诗中站立着诗人自己，但又绝不仅仅是诗人自己，而是一个平凡而又伟大、朴实而又崇高的爱国者形象，每一个忠诚的热爱祖国的人都能从他的身上认识自己，提高自己。我们在诗人的《我爱这土地》及其他许多早期诗作中看见过感到过这个形象，但这回看见的与过去大大不同了：过去我们看见他脸上满布忧愁，眼里满含泪水，他相信祖国的光明的未来，却又看不见这个未来；现在就不同了，他不再忧郁了，他激动地满怀信心地歌唱着，欢呼着："礼炮震动着整个地壳，全世界都庆贺新中国的诞生！从此我们和黑暗告别，太阳在东方徐徐上升……"他从幸福美丽的莫斯科看见了祖国的明天：

莫斯科多么好，
莫斯科多么美，
我在窗口看着街上，
街上是欢乐的、前进着的人群；
很久，很久，我沉于遐想，
从美丽的莫斯科，
我看见了
祖国的灿烂的远景……

《欢呼集》中的十首诗在形式风格方面是不很一致的，这我们只要把《保卫和平》和《亚细亚人，起来!》对照起来读，或者拿《欢呼》《我想念我的祖国》和《国旗》比较一下就可看出。

《国旗》是一首歌词，用简短精练的语言写出了自豪的深刻凝练的爱国主义感情——“我们爱五星红旗　像爱自己的心　没有了心　就没有了生命　我们守卫它　它是我们的尊严　我们跟随它　它引我们前进”——这样的诗句，当我们看见庄严美丽的国旗时就会自然地背诵出来，它会使我们激动地骄傲地想起许许多多东西、想起祖国人民的过去、现在和未来，它就是蕴藏在每一个公民的灵魂里的共同的感情。诗人用短短的几句，就把这种感情点燃起来了，这里显示了诗人高度的艺术概括技巧。在《欢呼》和《我想念我的祖国》中，诗人却借欢乐情绪的自然的奔流来表达歌颂革命、歌唱祖国的主题，感情的奔放、形象的丰富和意境的辽阔，显示了另一种典型化手法和创作特色。

从这种风格上的不完全一致和形式上、手法上的不尽相同，我们看见了诗人向新的途程、新的表现方法不断地探索的努力和前进的脚印。总是不满足于某种固定的形式和形成了的风格，总是不局限于一种典型化的艺术手法，总是不知疲倦地在探求着什么、摒弃着什么、吸收和发现着什么，这正是诗人艾青的一个最可宝贵的特点，是他的创作适应新的现实和新的任务而不断变化发展、不断获得新成就的重要保证。当然，诗人的这一特点和他的成功，又一次地说明了，我们的作家艺术家们，为了多方面地反映现实生活、表达时代感情，无论如何不应该被一种形式和手法限制住、束缚住，而必须不断地向新的形式风格探索前进，必须充分利用现实主义（广义上说）给予我们的选择和创造各种典型化手法、各种形式、各种风格的自由。

《宝石的红星》是艾青1948年到1953年间的诗集，共收20首短诗和一个组诗，大部分是诗人访苏期间写的对苏联的热情赞颂，另外有一些是献给我们的国际友人和世界和平运动的，组诗《播谷鸟集》（在诗集《春天》中改为《播谷鸟》）写老解放区的农村新景，童话诗《春姑娘》也是反映新农村的生活面貌的。

播谷鸟一叫，春天就来了。于是在这“春雷响过　雨也下过　翻了身的人　快种谷！”的叫声中，在这《播谷鸟》的总标题下，我们读到了一束美丽的鲜嫩的诗草，它像是昨天晚上才冒出地面承受了一夜的雨露，如今沐浴在春天早晨的温柔的金色的阳光中，它散发着田野的清芬，它散发着这片翻了身的土地的芳香，它散发着被一阵“春雨”沐浴过的农村的清新的气息……

的确，从个人的兴趣来说，我是更为喜欢《播谷鸟》这组诗的，诗人用朴素短小的形式和像刚从海里捞出的珍珠一样明亮可爱的语言，歌唱着老解放区的农村生活，那声音像一条小河在平静的原野上潺潺地流过，从这温柔、优美的声音中，我们听见了新的农村（虽然还不是社会主义或半社会主义的农村）的欢乐，我们听见土车“大声地笑着　从村庄到野地　从野地到村庄　咯隆隆　咯隆隆”地滚过，我们听见过去年年春天哭叫着“地主吃饱　农民受饿”的播谷鸟如今快乐地催“翻了身的人　快种谷！”我们听见喜鹊一大早起来就迎着金色的太阳向农民祝贺：“日子好了　恭喜！恭喜！”啊，在这块诗人曾经为它哭泣过的土地上，如今庄稼人在愉快地自由自在地劳动着、唱着内心涌出的欢乐的歌……

杨柳青了
草也绿了
花也开了
鸟也叫了

马跑着
耙向前
向前

两只白蝴蝶
从地里
飞过……

地多么宽
地多么广
耙飞跑着
飞跑着
来来
往往

耙上的人
一边吆喝
一边唱歌
“东方红
太阳升……”

——《耙地》

喜鹊站在树巅
最早看见太阳
它哑着嗓子说
“太阳出来了！
太阳出来了！”
长长的尾巴
一翘一翘……

——《喜鹊》

这是多么美丽生动的画面啊！古人所谓“诗中有画”，这应该算是最好的例子了！从这样的诗中，从这样的谐调明净的语言和洗练清丽的风格中，从这样沉浸在和平的欢欣的气氛中的令人神往的田园境界中，我们看见了诗人的纯熟的技巧，我们感到了诗人的灵魂的明亮、芳醇和甘美。具有这样的灵魂，他才能对生活有着这样充满了爱的具体细致的感受，也才能写出这样的诗来。

当然，《播谷鸟集》这组诗，在反映新农村（即指当时农民刚分了地而反动派还没有消灭的农村）的深刻性和丰富性方面，我们是感到不满足的。诗人为了加强感人的气氛，把农村田园生活写得太平静了。虽然整个情绪毫无疑问是健康的，给人欢乐、引人向上、使人热爱我们的生活的，甚至我们还听到一阵欢送青年农民参军的锣鼓声（《送参军》），但总还是觉得缺少更强烈的激情、更深刻的思想和沸腾的变化中的农村生活斗争的音响。这个缺点，显然是和诗人的思想水平和感情上的缺点有关的，我在后面还要提到。

另外，这一组诗在形式上、风格上，是或多或少地受了五四时代的诗人康白清、刘大白等的某些影响的，这一点，我们只要读读康白清的《草儿在前》《朝气》《和平的春里》[1] 就可以看得出来，但诗人显然不是在模仿谁，而是在吸收前辈的优点消化为自己的东西。我们知道，艾青给予同时代诗人——特别是后起的诗人如郭小川、贺敬之、蔡其矫、公刘、周良沛、朱丹、邵燕祥等——的影响是很明显的，但他自己也是受了五四时期新诗歌和同辈诗人作品的某些影响的，这正说明他像一棵树扎根在祖国的土壤上、扎根在时代文化潮流的深处，说明诗人是作为时代的儿子、作为我国社会主义文化建设队伍中杰出的一员成长起来的，他是有所继承又有所发展、有所吸收又有所创造地在自己的道路上前进着。

诗集《宝石的红星》中，最吸引读者的是那些歌颂世界上第一个社会主义国家——苏联的篇章。读着这些清新的优美的诗，我们走进了一个令人向往的美妙的诗的世界，而这就是诗人所清楚地看见了的“祖国的灿烂的远景”。在这里，幸福、爱情像鲜花一样到处开遍，和平、友谊像空气一样洋溢在每一个角落里，人类最美好最崇高的感情在这里奔放着，世界上最悦耳最动听的歌声在这里荡漾着，每一个普通人民——也就是诗人长期以来所憧憬的“明天”在这里成了活生生的现实。

诗人以他的全部智慧和热情歌颂了这一切：

火车冒着一阵阵白烟，
国际列车从湖边经过，
少女在路旁遥遥招手，
欢送东方的来客到莫斯科……

——《车过贝加尔湖》

《宝石的红星》之所以相当受读者欢迎，不仅仅因为里面的大部分诗篇都是歌颂苏联、歌颂人人向往的社会主义生活的，内容和题材不能最后决定作品的成败和艺术价值；这里还有一个相当重要的因素，那就是诗人艺术技巧的更加成熟和形式风格上的创造性发展。由于努力接受中国诗的民族传统（包括以郭沫若、闻一多、康白清、刘大白等人为代表的“五四”新诗的传统），由于努力学习我国无限丰富的民间诗歌在表现手法各

① 参见臧克家编：《中国新诗选》，中国青年出版社1956年版，第24—26页。

方面的长处，更由于生活给予诗人的教育、诗人对生活的热爱和透入本质的了解，这个集子里的诗明显地具有了多方面表现出来的健康明朗、朴素优美的新风格（这风格在延安时期的《太阳的话》等诗中已开始显露出来）。这些诗的清新、生动和抒情歌式的优美，它们的构思的巧妙新颖和技巧的高明，它们的语言的精练、明快和单纯美，都是诗人创作发展中的重要特色和在探讨新形式方面的值得注意的成就。

送我一枝巴库的玫瑰——
带着含情的一瞥，
翠绿叶，粉黄花，
沁人心肺的清香……

想念阿塞拜疆，
巴库名城在海上，
油井的吊车像森林，
飘来石油的芬芳……

留恋幸福的土地，
到处都是宝藏，
花朵开遍原野，
人民长乐永康。

——《巴库的玫瑰》

一早起我就歌唱，
像树上的鸟儿一样；
这支歌多么柔美，
流露了无比的欢畅……

为什么我这样高兴——
唱来唱去一刻不停？
不是为了别的事情，

有朋友从远方来临。

——《有朋友从远方来临》

这样的诗，与诗人早期的作品如《当黎明穿上了白衣》《阳光在远处》和《黄昏》等等比起来，不但思想情绪大有不同，形式风格也完全两样了。Л. 托尔斯泰说：“我确信在人类语言中真正美的，只有单纯的美，这是我素所不知的。”罗曼·罗兰说：“……简洁，单纯，明白……荷马艺术的要素。”这种“单纯”“简洁”“明白”，是只有当诗人具有了高度的艺术技巧而又思想成熟、感情深刻的时候才能达到的。只有当诗人非常熟悉生活，拥有它，热爱它，并认识了它的本质，才能达到这种语言的和风格的“单纯美”。

可以毫不夸张地这样说，艾青的《宝石的红星》中的大部分诗作都是具有了“简洁，单纯，明白”这些“荷马艺术的要素”的。

再如《春姑娘》：

春姑娘来了——
你们谁知道，
她是怎样来的？

我知道！
我知道！

她是南方来的，
前几天到这里，
这个好消息，
是燕子告诉我的。

你们谁看见过，
她长的什么样子？

我知道！
我知道！

她是一个小姑娘，
长得比我还漂亮，
两只眼睛水汪汪，
一条辫子这么长！

她赤着两只脚，
裤管挽在膝盖上；
在她的手臂上，
挂着一个大柳筐。

她渡过了河水，
在沙滩上慢慢走，
她低着头轻轻地唱，
那声音像河水在流……

把春天人格化，比做一个漂亮的有个性的小姑娘，写得这样亲切可爱，这样温柔优美，这样和谐自然，这是多么独创的天才的诗的想象！这样的诗，不仅是少年儿童最优秀的读物，也是成人读者的不可多得的精神食粮。读着它，我们感到无比的欢畅和清爽，心里充满了春天的喜悦和幸福，充满了对生活对自然的无比热爱，真像是诗人一下子“把花束，把香气，把亮光、温暖和露水撒满了我们心的空间……”

如前所述，通过把大自然的某一事物人格化，来表现自己的思想感情，这是艾青常用的一种浪漫主义的典型化手法，我们在《太阳的话》《风的歌》《煤的对话》《黎明的通知》等等诗篇中就已经看到了这一手法的成功运用，但这一首《春姑娘》显然又别具风格。就内容、格调和思想情绪上来看，我们也可以发现，这样的诗与过去用“旧的感情”[①] 写的那些“献给乡村的诗”有了多么大的不同，这是诗人所处的社会环境和他所写的现实生活不同的反映和表现，同时也是诗人的世界观和生活经历所引起的他的创作倾向和艺术风格的不同。

① 艾青：《献给乡村的诗·自序》，北门出版社1946年版，第1页。

应该声明，上一章我们把《向太阳》《火把》等诗称为最早地、明显地带有社会主义现实主义特色的诗歌，这里又把《欢呼集》和《宝石的红星》两个集子基本上划入社会主义现实主义诗歌作品中，并不只是从作品的主题题材和内容着眼，也不仅从作者的思想立场着眼，而是从诗篇所表现出来的整个创作倾向和艺术色彩来看的。这当然只是作为一种初步意见提出来，在诗歌中乃至整个文艺领域中明确地区分五四以来的作品，哪些具有社会主义现实主义因素，哪些是真正的社会主义现实主义作品，这还是文艺科学中新的课题，解决这样的问题必须通过深入细致的艺术分析，任何的教条主义、公式主义和粗枝大叶的作风都只能得出一些错误的庸俗的结论。

上面我们较多地肯定了艾青这段时间的两个诗集和他歌唱新生活的责任感，但事实上他的创作实绩和他自己的主观愿望比起来，和时代的要求比起来，是差得很远的。我们对他这些年的创作已经感到很大的不满足，因为正如他自己所说的："这是一个伟大的时代……对于我们祖国来说，是一个辞别了严冬的、刚刚进入初春的时期。"① 但我们从诗人这时期的作品中只是略微闻到一点春天的气息，仅仅从诗人歌唱苏联的篇章中看到了苏联人民的春天，而我国人民辞别严冬，进入初春的沸腾景象却看不到，而祖国大地上万象更新、百物欢唱的声音却听不到。诗人没有进一步深入生活挖掘现实从而写出更多反映祖国人民现实斗争的作品来，诗人这时期的作品比抗战时期是大大地减少了，而这为数不多的作品中直接歌唱祖国人民的生活斗争的又屈指可数，特别使我们诧异和不满的是对决定全国人民命运和历史发展的伟大的中国人民解放战争，诗人简直没有反映。对于一个诗人，我们不是要求他什么都写，不是要求他一个人反映一整个时代，他的创作的题材范围是由他的生活基础和艺术个性所决定的。诗人艾青在解放初期把多数诗作献给和平主题，访苏后带回许多社会主义的赞歌，这已经很不错，值得读者鼓掌欢迎；但另一方面，对于艾青这样一位有相当丰富的生活经验而且一直参加在现实斗争中的杰出诗人来说，我们就感到很不满足。为什么老解放区人民的生活诗人没有加以热烈的歌颂

① 艾青：《春天·后记》，作家出版社 1955 年版。

呢？为什么诗人没有让自己的笔也参加伟大的人民解放战争，让自己的火热的诗句和战士们一起参加淮海战役和渡江战役去追歼残余的敌人呢？为什么全国大陆基本解放后，诗人也没有像庆祝抗战胜利一样更热烈地和全国人民一起“欢呼”起来呢？难道行政工作忙、较多地去从事“逻辑思维”就是全部理由，就能够作为全部理由吗？艾青是无法回答这些责问的。从这里，我们预感到了后来使诗人创作面临危机和政治热情低落的一些因素的萌芽。

第五章

我以为：没有理由可以怀疑，我能为社会主义歌唱，参加革命就是为了实现社会主义。

但在我前进的道路上存在着危机，这种危机，我有信心去克服它。

——艾青：《在中国作家协会第二次理事会议（扩大）上的发言》①

解放几年来，在老一辈的诗人中，艾青还算是创作得最多的一个。但这些作品不论就数量和战斗性说，都还不能令人满意，特别是近三年来，诗人唱得越来越少，而且越来越使读者失望，我们感到诗人的政治热情低落了，诗人落在了飞跃前进的现实斗争的后面。的确，在歌颂我们祖国的光辉灿烂的社会主义事业、歌颂我们一日千里地向社会主义飞奔的英雄人民的这一伟大任务面前，艾青没有表现出应有的积极性和热情，他甚至沉默了，甚至避开了这一任务。诗人的创作中产生了严重的问题和危机：这就是与沸腾的现实生活的远离和政治热情的低落。

如上所述，从艾青解放初期的诗作中我们就看出了这样一点，诗人以最大的热情歌颂了苏联，也把自己的“脱了毛羽的鹅毛管”投向了和平的敌人，但对我们翻身后的人民的生活斗争和新人新事却反映得非常单薄和

① 见《文艺报》1956年五六期合刊。

微弱，我们解放后的人民的沸腾的斗争生活、人民的困难和欢乐、人民的愿望理想和内心感受到底怎么样，诗人好像没有感受到，至少是没有深切地感受到。这是诗人艾青——作为一个“新中国的诗人”艾青，在解放初期的创作中已经表现出来了的严重的不足。这不足在近三年来不但没有弥补起来，反而有了发展，于是我们就再也没有听见艾青的激动人心的歌声了。伟大的宪法颁布了，诗人没有歌唱；第一个五年计划公布了——根治黄河开发黄河的伟大计划开始实行了，诗人没有歌唱；随着抗美援朝斗争的伟大胜利和各种社会改革运动的胜利，祖国人民在党和毛主席的领导下，正以排山倒海之势向社会主义跑步前进，全国农村和城市都经历着深刻的根本的变化，诗人的那站在双尖山下面的故乡已不“像一个衰败的老人”了，城市不再是农村的吸血鬼而是农村的亲兄弟了；城市和农村都将用钢铁和马达的声音齐声歌唱着人民的幸福和理想，这是多么激动人心的现实呀！而我们的诗人还是没有歌唱！诗人到他熟悉和爱恋着的农村去了，却只写了反映抗日战争的《藏枪记》，诗人回到他久别的家乡去了，却只带回一首情绪绵绵的《双尖山》，诗人到每天都处于激烈斗争中的英雄辈出的海防前线去了，却只给我们带回一首民间故事诗《黑鳗》……这是为什么呢？为什么诗人没有为我国人民的热火朝天的社会主义建设和丰富多彩的现实生活而深深激动、而高声歌唱起来呢？为什么诗人到了海防前线、曾经和我们年轻而坚强有力朝气勃勃的海军生活在一起，却无动于衷呢？为什么诗人生活在大踏步跨进社会主义的沸腾的北京城里却只看见资本家扭秧歌而写不出诗来呢？……

正如人们所指责的，这首先是因为他的政治热情低落了，他的感情个性和艺术灵魂没有在火热的斗争中得到熔炼而成长起来，他那种关心一切、善于从生活中获取转瞬即逝的诗情诗景的才能没有在新的社会条件下成长起来。诗人自己说：“在抗战时期……早晨醒来，脑子上像沾满了露水”，而“现在有时像是一块柚子皮”。这主要是因为抗战时期诗人一直保持着饱满的战斗的政治热情，诗人心中一直燃烧着强烈的诗的感情、燃烧着那种一个革命诗人必不可少的干预生活、歌唱生活的激情，而现在，诗人却渐渐失去了这一些，渐渐失去了对一切生活现象和一切新鲜事物都保持着无限丰富的热情的那种感受性和战斗性……

现在我们就从艾青近年的三部长诗《藏枪记》《黑鳗》和《双尖山》谈起，来看看诗人目前创作中的主要问题，对他提出一些希望和要求。

《藏枪记》副标题为“江南抗日游击战争纪事诗之一”，写抗战胜利后，在蒋介石军队恐怖统治下一位老大娘为游击队“藏枪”的故事，诗中出现一位在苦难的生活和艰辛的斗争中成长起来的革命母亲杨大妈。杨大妈的事迹是相当动人的。她为了革命，为了收藏她的儿子、游击队员杨小虎留下的两支枪而受尽苦刑，但始终坚强不屈，死也不把枪交给敌人。这是一个富有现实教育意义的英雄史诗的题材。但遗憾的是，艾青没有能在丰厚的生活素材基础上运用叙事诗的典型化手法成功地处理这个题材，长诗《藏枪记》以其严重的散文化倾向向读者宣告了它的失败。

《藏枪记》的散文化（这里的“散文化”这个词是借用的）表现在两方面：一是语言的缺乏诗意和散文化，一是结构的散乱和题材的未经很好提炼；而后者，是造成散文化和长诗失败的最根本的原因。语言的缺少诗意和散文化，首先是从结构散乱和题材未经提炼来的，语言的散文化并不在于它没有韵脚（《藏枪记》的诗句倒是一般都押了韵的）或缺乏别的形式上的特点，而首先是在于它的内容，在于它所表现的思想和所包含的感情是否典型和深刻。这一点，诗人自己并不是不知道，他在《诗的形式问题》（《诗论》）一文中说过这样的话：“诗的散文化……是诗人对新事物的感情，选择题材和艺术修养上都存在着问题。”可惜他在《藏枪记》的创作中正好犯了这个毛病，正好暴露了他“对新事物的感情”“存在着问题”。

我们先看语言。随便抄几句吧：

> 乡公所把她送到县政府，
> 县政府把她送到公安局，
> 关了四个月才把她放回家，
> 到了家看不见丈夫，
> 媳妇流着眼泪告诉她：
> “前几天县上来了人，
> 又把公公给抓走啦！”

强盗要他把枪交出来，
他说儿子回来他不在，
有枪没有枪他不知道，
说的是实话不是抵赖；

这个老头实在太老，
又像是痴又像是呆，
过了不久就病了，
只好把他放出来。

这与最普通的散文有什么区别呢？这算什么诗呢？老实说，听一位艺人或者农民老乡说故事都会比这个生动些！而《藏枪记》全篇差不多都是用这样的语言叙述出来的，只不过大多数诗行都押了韵罢了。别林斯基说："如果有一篇作品能够被称为'智慧的、真实的、深刻的、但却是散文化的'，艺术就不会从这里取得任何胜利。这样的作品有如一个面貌丑陋而心灵却伟大的女人，你可以对她表示惊讶，但爱她却是不行的；只要有一点爱情，也比很多的惊讶使人更为快乐，无论是对那个女人或由她引起惊讶的那个男人而言。"[①] 又说，真正的诗应该这样："它既表现一些东西，发展了某种世界观；又首先是以诗而出现！"[②] 而艾青的《藏枪记》却正是这样一篇"散文化的"不是"以诗而出现"的作品。像读着《赶车传》为田间的失败难过一样，我们为艾青感到痛心。

《藏枪记》结构有些混乱，题材未经很好的提炼，缺少叙事诗所特有的不可或缺的"一种戏剧的安排"（别林斯基）。一开始作者就向我们介绍杨大妈，并引出一位李大娘来告诉她"咱们的队伍走了"的消息，但却没有点明这是在什么时候，读者一看以为是抗战时期日本人来"扫荡"，队伍就转移了，因为看不到任何抗战胜利后蒋介石抢夺胜利果实的气氛，读到第三章的最后，长诗都读了一半了才从杨大妈的回忆里知道，原来是"刚刚打走了日本鬼，马上来了蒋匪军"。这还不算，从第一章我们就知道

① 转引自〔俄〕普希令：《普希金抒情诗集》，查良铮译，新文艺出版社1955年版，第358页。

② 同上，第359页。

两支枪是杨大妈的儿子杨小虎转移前交给杨大妈的，但后来引出了许多跟枪发生关系的人物，这些人物有的是为了替杨大妈分藏一支长马枪而牺牲的（杨明纲），有的是作为曾和杨小虎在一个小组的同志而接受了杨大妈所藏的枪的（延富），有的是曾和杨明纲关在监狱里受了杨的嘱托解放后回来取枪给杨大妈的；这些人物都像影子一样仅仅为了故事需要出来闪了一下就不见了，而我们所关心的杨大妈的儿子却再也没有信息，作者没有再写他，也没有向我们交代他的下落，杨大妈也好像并没有想念她的儿子，只是有时想想儿子的伙伴杨明纲……为什么不把情节组织得更紧凑一些，安排得更有戏剧性一些呢？为什么不把题材更好地加以提炼，集中地写出几个有个性的人物呢？为什么不通过巧妙的构思和叙事诗的独特的典型化手法把杨大妈这一伟大母亲的形象写得更鲜明突出、更有血有肉呢？显然，这里面就不仅仅是技巧问题或创作手法的问题，而首先是思想感情和生活基础的问题了。我们感到诗人不是用燃烧的全部激情、不是用饱和着强烈爱憎的笔墨来写敌人的残酷和人民的英勇崇高。这个毛病，甚至对于像《黑鳗》这样写得比较成功的民间故事诗也给予了不好的影响。

在《春天·后记》中，艾青说：“从《藏枪记》开始，我想试验以民歌的风格来写一些叙事诗。”但《藏枪记》是失败了的，而长诗《黑鳗》在新形式的采用上，在民歌风格的试验上，却是一个成功的可喜的跃进。郭小川同志说：“这首长诗并没有能把黑鳗和陈全追求自由幸福生活的精神强烈地表现出来。如果拿《黑鳗》和阮章竞的《金色的海螺》比较就可以看得出来，前者感动人的力量还不如后者。”① 这个意见基本上是正确的，但太笼统了一些，而且不全面，把《黑鳗》和《金色的海螺》比较而得出“前者感动人的力量还不如后者”的结论也显得不够严肃。我们认为《黑鳗》虽然还存在较严重的缺点，虽然还暴露了诗人思想感情上的弱点，但无论如何是有力量的，代表了艾青的新成就的作品。

作为一部“以民歌的风格”写的民间故事诗，《黑鳗》是成功的，不论在语言上、在音律上、在结构上和情调上，都是成功的；但作为像艾青这样一位社会主义时代的诗人创作的作品，长诗就使人感到不满，就暴露

① 见《文艺报》1956年第3期。

了较大的缺点：这就是诗人没有站在更高的思想水平上，以忠实于传说为前提对传说进行合理的必要的加工，诗人把他的两位主人公写得太软弱了，他没有突出他们的战斗的性格，没有表现出陈全、黑鳗在恶劣的环境下的积极的追求自由幸福的个性的形成和发展。我们对长诗《黑鳗》作评价，必须估计到这两方面。而我们肯定《黑鳗》，首先是从长诗在运用新形式方面获得成功并给诗人的创作带来新特色这一点出发的。

《黑鳗》的语言朴素、清新、优美、自然，既不造作，也不噜苏。这是我们读第一遍第一章时就欣喜地感觉到了的。随便抄一段吧：

就在一个晚上
天上没有星光
陈全跳上小船
从此开始流浪

他到过几个小岛
个个都是荒山
他一点也不灰心
笛子作他的伙伴

他记得老人告诉他
在这个大海的东方
好像水上的翡翠鸟
有绿岛飘浮在海上

那是一个仙岛
处处都是宝藏
棵棵树像珊瑚
晚上发出异光

他相信老人的话
天天向天边瞭望

想寻找那片乐土
采集岛上的宝藏

船离陆地越来越远
海上突然起了风浪
布帆也被海风撕烂
带的干粮都已吃光

他既不能再向前走
也不能回到陆地上
他的力气已经用尽
再也没有办法可想

全诗都是用这样清丽的语言写成的，这难道还不能算是诗人在语言运用上、在民歌风格的试验上的成功吗？

如果说《索亚》的形式显得和诗人的艺术个性有些格格不入，因而使诗人首先在语言上、在结构上即在整个新形式的创造上失败了，那么长诗《黑鳗》就大为不同，由于有了《雪里钻》的成功经验和《藏枪记》的过分散文化的有益的经验教训，更由于以诗集《宝石的红星》为代表的诗人近十年来语言风格和创作特色的变化发展，掌握和创造《黑鳗》这样的民间故事诗形式就有了基础，就比较得心应手。再加上诗人对传说是热爱的、对人民的苦难的昨天是特别熟悉的，我们在长诗中就看到了那许多生动感人的场面，如第四章写陈全刚到黑浪山第一次看见黑鳗，第六章写陈全吹笛子诉说渔民的痛苦生涯和第九章写黑鳗、陈全在老妇人家里的会见谈心，都是有很强烈的吸引力和感染力，表现了人物的个性化的感情特征的。黑鳗因为陈全挨了渔王狗腿子的打而忧愤成疾，陈全到老妇人家里去看望她，两人互述身世、互诉衷情，当陈全说到“要是活着就只有受苦，倒不如到海底找龙王……”的时候，聪明美貌而勇敢坚强的黑鳗马上劝他：

黑鳗说“你年纪轻轻
快别胡思乱想

活着再受苦
也比死了强”

她一说完就咳了几声
房子里静得没有声音
她的手捏着陈全的手
眼睛看着陈全的眼睛

这里我们看见了黑鳗对生活的热爱、对幸福的渴望和顽强的求生的意志，我们看见了她的美丽的灵魂和闪光的个性，我们也看见了她和陈全的阶级友爱和高尚、深挚的爱情。

长诗的结尾也处理得很好，写得非常优美动人，具有抒情歌的余音缭绕的旋律和余意无穷的情调。

这些都是长诗《黑鳗》值得肯定的地方，从这些地方我们看见了诗人的才能的发扬，看见了在掌握民歌风格方面的他的努力和他的进步。这也就是我们说长诗代表了艾青的新成就的根据。

但另一方面，长诗还存在着较大的缺点，这主要表现在人物形象的刻画上。不是说长诗主人公简直没有个性，也不是说人物没有给读者留下若干生动的印象，如果这样，那就不会产生感染力，也就不会有上述那些成功之处了。在人物形象刻画上的主要缺点在于：诗人没有表现出他的长诗主人公的性格的发展，没有突出人物性格中积极的光辉的不但能唤起读者同情而且能唤起崇敬的方面。劝陈全“活着再受苦　也比死了强”的黑鳗，应该是既善良、温柔又勇敢坚强的，但她和陈全面临着的三次斗争和三次考验，诗人却差不多都用外力、用第三方面的因素来为他们打破难关。第一次，渔王的狗腿子把陈全打翻到水里还不许他上来，黑鳗跪倒在渔王面前“抱住渔王的腿”“苦苦哀求”，渔王见她美丽又见“那些渔夫也都走拢来　一个个握紧了拳头”才“悄悄地走了”。第二次，她和陈全结婚没有通过渔王，渔王大怒，把他们双双绑到“人人叫它鬼门关”的大后山。手脚被捆住了，两人都没有办法，眼看着死亡的阴影渐渐拢来，结果是“半夜忽然有声音”，来了林妈，才把他们救出。第三次，两人逃出黑浪山向对面幸福的仙岛划去，却很容易地被后面追来的人抓回去丢入舱底，又是不得吃喝、不见阳光，是一个渔夫帮了他们，冒着性命危险打开舱板给他们送饭送火，才有了火烧渔王的痛快结局。当然，并不是说表现人物的反抗斗争都要他自己单干、自我奋斗，这样倒是违反生活真实的，也不能突出人民对主人公的同情和整个诗的典型环境，但如几个最主要的难关都让主人公在那里等待外力帮助，那就无法表现出人物的可贵可敬的战斗性格和不屈不挠的坚强意志，读者对他也就只能限于同情了。我们知道，悲而不壮不烈的戏往往没有悲壮的戏那么感动人。对于一个怯弱的不抵抗的牺牲者，我们也会同情他，也会产生对扼杀他的暴力的憎恨，但我们心里总还觉得有点不够“那个”：你为什么这样不争气呢？

这一点在对陈全的处理上表现得特别明显。按照他的生活经历和个性特征，陈全应该是比黑鳗更有反抗性和斗争性的，他十多岁时就因杀死了一个催税的狗腿子才逃出来到处流浪，但在和黑鳗一起经历的几次考验中，他都是很简单地几乎毫无反抗地成了失败者和牺牲品。

让我们看看陈全的三次“斗争”吧：

第一次——“大胆的陈全站起来　咬着牙齿看看渔王　把笛子插在腰带上　想一拳打倒这渔王　渔王做了一个暗示　两个跟班扑向陈全　陈全忽然弯下了腰　腿一软就滚下渔船”。

第二次——“陈全黑鳗正在一起　忽然来了渔王的跟班　什么道理也不说　就把夫妻来拆散　两条绳子捆住四只手　四个人牵走了两个人……”

第三次——“陈全一听心就跳　知道有人在追赶　他拼命用力向前划　但小船已来到身边　小船上跳下来四个人　两个追陈全两个追黑鳗……追陈全的划到陈全身边　一个朝陈全打了一拳　陈全正想往水里钻　另一个已拖住了他的脚跟”。

看，曾怒发冲冠地杀死过催税小吏的陈全，竟变得这样软弱、这样毫无抵抗力了！我们真有些为他抱屈！为什么这样处理呢？为什么把他写得这样束手待毙呢？

也许有人会问，是不是要诗人把传说中的人物写成像朝鲜战场上的英雄那样。我当然不是这个意思。有各种各样的人物，有各种各样的性格，也有各种各样的反抗者和牺牲者。诗人完全有权利选择和刻画这样的而不是那样的人物性格。但无论如何，他必须写出“典型环境中的典型性格”，必须使形象和性格统一与完整而独放光辉。像黑鳗和陈全这样的性格是不突出不鲜明不完整的，甚至是有些不够统一的；诗人轻轻地放过了在矛盾斗争最紧张最尖锐的时候刻画人物的机会，诗人怀着一种平静的心情老叫读者深深同情的人物软弱无力地挨打挨骂束手待捕，成为失败者和牺牲品。这就削减了作品的感染力，削减了作品的思想意义和美学价值。这，我认为正是诗人艾青思想感情上的弱点在《黑鳗》中的反映和表现。对于我们时代的诗人，当他不是那么积极热情地干预生活、不是在心里燃烧着熊熊的火焰的时候，他是很难创造出强大有力的富有生命的人物形象和艺术作品来的。

遭到读者一致非难的《双尖山》，更突出地暴露了诗人的思想感情赶不上时代的严重危机。

如果不管诗的情绪是什么样一种情绪，不管这种情绪会给人什么样的感染、感受和刺激，会使人引起什么样的联想的话，那么《双尖山》的确是一首很富有诗意的抒情诗，是一首抒发诗人个性感受的颇为不错的感怀诗。难怪诗人自己很喜欢它，认为很久以来没有写出这样的诗了。打开诗人最近自己编的十年诗选《春天》，我们从第一辑《欢呼》中找到了这首诗。显然，诗人是把它当做欢呼祖国的新生、欢呼社会主义的春天的作品来看待的。

我们看，一开头，诗人的柔婉流畅的笔调就吸引了我们，把我们带入了一种诗的意境：

是什么鸟在窗户外面
唱着，唱着，唱着，
在早晨的清静的空气里，
它的歌声这样嘹亮而又圆润。
这歌声引起了我的记忆，
我在家乡双尖山的峰顶，
也听见过这迷人的歌声……

然而这是怎样一种意境、怎样一种情绪呢？诗人把我们带回了他的家乡、他的童年、少年和中年，原来这意境、这情绪我们从诗人过去的诗中已经很熟悉了，我们想起了“用自己的嘴抚自己的创伤　在寂寞的哀鸣里　期待着伴侣的来临”的水鸟（《水鸟》)，我们想起了用“纯真的歌声”“去唤醒每个沉睡的灵魂”的那只鸫（《鸫》)，我们更想起了诗人早年告别家乡时写的那些诗句：“早晨的阳光照在石板铺的路上，我的心在怜悯我的村庄，它像一个衰败的老人，站在双尖山的下面……”(《少年行》)。而现在站在我们面前的双尖山，给人的印象仍然是：“那巨大而忧郁的影子，谁看见了都会感到不安”；诗人以一种思绪绵绵的不健康的心情倾听着鸟儿的歌唱，看着“像一根飘动着的线，把几个山村连接起来”的“一条新辟的路”，看着“发出淙淙的声音”“像一条银蛇滑进了草丛”的“一泓清泉”和那“在朦胧的天边”“蜿蜒在原野上”的“一条浅灰色的江水”……

这是一种幽闲的恬静的旁观者的感情，这是一个没有斗争、缺少变化、没有激动人心的建设音响的深山古寺一样的世界，虽然诗人也略微提到，再过几年“在那辽阔的原野上，将出现高压线，在青青的山岗上，也将建立起伐木厂……”但是勉强得很，并没有改变整个意境和不健康、不开朗的情绪。我们在诗里听不到毛泽东时代的欢笑喧腾的声音，听不到经过伟大的土地改革后正向社会主义飞奔前进的新的“双尖山”的脚步声。

有人说，解放几年来，由于教条主义、庸俗社会学的影响，由于简单的忽视艺术特征的赶任务和诗人们脱离生活斗争等等原因，出现了许多公式化概念化的作品，这些作品的共同特点就是：用公式化的构思、空洞的议论和政策条文的解说，代替了诗的思想、诗的感情和诗的感性形象；用标语口号和概念化的推理，代替了诗人自己独具的个性感受。而艾青的作品中却没有这样的毛病，曾经泛滥一时的诗创作中的公式化概念化倾向，对我们的老诗人没有什么影响。这是对的。至少近几年在艾青笔下很少出现有公式化概念化毛病的作品。像《双尖山》的感受和情绪就是诗人自己的、非常个性化的，但问题在于：这是什么样的感情、是什么样的个性感受。我们认为：从《双尖山》中表现出来的诗人艾青的感情个性是被时代拉在后面了。

诗人的感情个性必须与时代、与飞跃前进的现实一齐成长起来。这样，歌唱伟大的时代、完成教育人民的任务才会成为他的艺术灵魂的本能的内在的强烈要求，他的作品才会成为真正有力量的思想性和艺术性高度结合的作品。我们不需要公式化概念化的好像是赶任务实际上却不能完成任务的作品，但我们也不需要有艺术感染力而思想情绪却赶不上时代的诗篇。诗人必须比读者站得更高、看得更远、听得更多、感受得更深刻，这样他才能完成时代的子孙和人民代言人的任务，才能创造出真正有力真正优秀的诗篇来。而《双尖山》却告诉我们诗人正在失去这一最重要的特点。我们承认，《双尖山》的情绪并不是很落后、很不健康的，诗人面对新时代新农村的喜悦还是透过诗句隐约可见的，只是作为欢呼祖国的春天、欢呼社会主义时代的诗篇，我们就觉得缺少最主要的东西，缺少强烈的声音和鲜明的色彩，缺少振奋人心的强大深刻的艺术力量。我们觉得：诗人并没有比读者站得更高、看得更深更远。

再看看诗的结尾吧。

从下面的山谷里，
升起了白雾，
风吹在脸上
显得很阴凉，
“细雨湿衣看不见，
闲花落地听无声”，
快下山吧，
雨越来越密，
路越来越滑，
走这样的石级，
真该当心啊！

究竟是什么鸟
在那树林里，
唱着，唱着，唱着，
好像在叫唤什么，
好像在诉说什么，
下雨了也不停；

连声音也湿了……

这是什么意境呢？这是什么情绪呢？这里面究竟暗示着什么，诗人要告诉读者什么呢？是的，“究竟是什么鸟”在唱啊！这样的声音，这样的情调，这样的结尾，要不是后面注明了日期，我们会以为诗人是在大堰河的时代就打好了草稿。

最近艾青对《双尖山》作了一些修改[①]，删掉了“路越来越滑，走这样的石级，真该当心啊!”等句，最后一句“连声音也湿了”也改为“对山野倾诉衷情”。这当然是好的，修改后比原来是要好一些，也说明诗人愿意接受意见和他思想感情上有了不同，我们可以猜想如果现在要他来写《双尖山》就不会写成这个样子。但就《双尖山》这首诗本身说，我觉得修改后整个情绪情调并没有变化，个别字句的修改和删节，是无法改变浸透了全诗的情绪的。修改只能改动字句甚至结构，至于感情情绪是改不掉、改不动的，除非全部重写。而且修改后的最后一句与前面的“好像在叫唤什么，好像在诉说什么”，似乎有点重复，显露出不统一、不谐调的涂改过的痕迹。

说到这里，我们不能不想起诗人早在1941年写的《村庄》一诗中所许下的诺言，那忧愤、沉洪而充满了力量的诗句，我们是背得很熟的：

要到什么时候我的可怜的村庄才不被嘲笑呢？
要到什么时候我的老实的村庄才不被愚弄呢？
……
什么时候人们生活在那里不会觉得卑屈，
穿得干净，吃得饱，脸上含着微笑？
什么时候，村庄对都市不再怀着嫉妒与仇恨，
都市对村庄也不再怀着鄙夷与嫌恶，
它们都一样以自己的智力为人类创造幸福，
那时我将回到生我的村庄去，
用不是虚饰而是真诚的歌唱
去赞颂我的小小的村庄。

---

① 见艾青：《春天》，人民文学出版社1956年版。

这样的时候已经来了，诗人“愿它早点来”的春天已经来了，诗人也迎着春风沐着“春雨”回到生他的村庄去了，我们是多么希望他唱出春天的欢乐喧腾和新农村的生活之歌来呀！然而在《双尖山》里我们却听见了这样一种被雨水“湿”透了的声音。我们不能不很难过地告诉诗人：你叫我们失望了！

以上比较简略地分析了艾青近年创作的三首长诗，指出了他面临着的危机和问题；但这种危机和问题也不仅仅存在于他一个人身上，而是老一辈诗人普遍地面临着的。时代跑得太快，对旧社会感受特别深的诗人们的感情，就难免被飞跃前进的革命现实抛在后面。我们知道，思想改造是一个很复杂很痛苦的长期的过程，而整个感情的变化和发展就更是远不能和革命形势的发展相比，所以不少曾经热情洋溢地歌唱过的诗人，近几年来在社会主义现实面前却张不开嘴巴或者喉头嘶哑、战鼓潮湿了。这并不是什么很奇怪的、难以理解的现象。当然，我们不能用这个“时代性”的原因（如果可以这样说的话）来原谅某些诗人的长期沉默或热情低落，诗人们也不能用这个来为自己的看不见写不出辩护、遮羞，但我觉得批评家们也不应该一味指责、求之过高过急；不应该老在那里简单地抓住一点斥骂。这样是不解决问题的，是不能令人信服的。有些诗人唱不出来并不是都为了“脱离政治”或“热情衰退”，有些诗人是张开了嘴巴却唱不出来的，有些诗人唱出来了却是一阵不堪入耳的噪音或人人听厌了的标语口号。这就要求我们对每一个诗人作具体研究，对那些好的或不好的作品做具体分析，这样来找出诗人们写不出写不好的共同的和不同的原因。我们应该在指出诗人们感情上的弱点和创作上的危机的同时，充分地肯定诗人们新的努力和哪怕是很微小的发展。对于艾青，我们正是应该抱这样的态度。

艾青创作中暴露了弱点，道路上存在着危机，这是他自己也承认了的，但近年来他的创作并不是毫无发展，并不是没有写出过一些有热情的好诗，像政治诗《献给亚非会议》《寄广岛》以及《把奸细消灭干净》《什么“芽子”》，像在莫斯科“为年轻的人们而写”的《写在彩色纸条上的诗》和1954年从欧美带回来的组诗《南美洲的旅行》，虽然屈指可数，却也表现了诗人一定的政治热情，特别是像《写在彩色纸条上的诗》《献给亚非会议》和组诗《南美洲的旅行》更应该说是不可多得的好作品。我们反对那种片面的指责，反对那种不作具体分析的人云亦云的全面否定的倾向，好像既然诗人的："政治热情低落了"（是比较过去低落而不是没有！）他就不可能写出一首感动人的好诗，他的作品就必须全部否定。过去一年对艾青的某些批评中是有这样的倾向的，我认为这种批评态度是值得考虑的，是不公允的。对于这样一位有才能有成就的诗人，我们对他的不满首先是在一种严格要求的基础上产生的，而我们对他的批评、对他的希望和要求，也是以无限地相信他"能为社会主义歌唱"为前提的，这不仅仅由于他写出过光辉的诗篇，同时也由于他的创作道路上只是产生危机，而并没有毫无热情才能衰退的表现。解放后他写得少了，而且也遭到了越来越多的不满，但他并没有搁笔，还写出了《欢呼集》和《宝石的红星》两个集子中那许多优秀的和较好的作品，还写出了上面我们提到的那样一些政治诗。所以我们要全面地有说服力地评论诗人的创作和近年来产生的问题，就不能不在分析《藏枪记》《双尖山》等失败的作品的同时，还应该谈谈《南美洲的旅行》等标志着诗人的创作并非毫无发展的诗篇。虽然即使从这些诗篇中也还可以看出诗人在写到过去的事情，写到人民的苦难就深刻动人，而写到新的生活斗争就不免概念化，但它说明：我们的诗人毕竟是在歌唱着、前进着，他没有躺在过去的作品上睡觉。

组诗《南美洲的旅行》（七首）写于1954年七八月间，最初发表在同年11月号《人民文学》上，收入诗集《春天》时增加了《维也纳》和《致巴勃罗·聂鲁达》两首。这些诗（《维也纳》例外）从国际主义的立场上抒写了殖民地黑奴在种族主义和殖民主义双重压榨奴役下的苦难生活，同时也歌颂了黑人的积极健康的乐观坚强的个性，揭示了资本主义恶魔的实质和殖民地人民与殖民主义者的尖锐对立，而诗人自己是作为一个正义的形象，作为一个从血泊里诞生的伟大国家的公民，作为摆脱了帝国主义奴役高举着和平大旗前进的六万万"中国人"的代表出现在诗篇中的，所以诗中虽然没有直接写到南美洲人民的反抗斗争，但可以看出诗人是在以自己祖国的胜利斗争鼓舞南美洲人民的，诗中充满了社会主义的人道主义精神，充满了对殖民地人民的深切同情和对殖民主义种族主义的嘲讽、蔑视和仇恨。当然，对南美洲人民争取独立自由与持久和平的火热斗争没有反映应该说是组诗的不足，但如果诗人由于旅行时间的限制及其他人为原因不能观察得更多更深，如果不把这组诗当做全面地反映南美洲人民的生活斗争的作品来看，那么诗人只写了南美洲人民被压迫被侮辱的一面也就可以理解，也是需要的，无可厚非的。我们不能向诗人提出他办不到的要求，不能要求诗人写他没有看到、没有感到或者很不熟悉的东西，因为那样只能使他根据思想原则推断想象而制造出干巴巴的概念化的作品来。我们可以希望诗人更多地注意那一方面，但不应该因此就贬低了他出色地反映了这一方面的作品的美学价值和战斗意义。

《南美洲的旅行》几首中，给读者印象最深的要算《一个黑人姑娘在歌唱》《自由》和《在智利的纸烟盒上》。后两首通过新颖的构思尖锐地讽刺了资本主义制度下的自由的虚伪，深刻地揭示了资本主义的反人道、反自由的实质。诗人抓住了在南美随时随地可以见到的两样东西——美元和纸烟盒——加以抒写和讽刺，这里可以看出诗人捕捉日常生活中最富特征性的现象的敏锐眼光，可以看出他的独特的构思和典型化才能。美元上都刻着一个字——“自由”，这本身就是绝妙的讽刺，诗人把它写成引言放在诗的前面，于是诗篇一开始就用简短的几句道破了这自由的实质：“有了它，就有了自由；没有它，就没有自由。”“有钱可以上天堂，没有钱就要下地狱。”资本主义的所谓自由民主，资本主义的光怪陆离的形形色色以及所谓的“美国生活方式”，说穿了不过如此。在智利的纸烟盒上画着一个自由神，人们抽完烟也就把它丢掉踩在地上，这本来就像美元上都刻着“自由”一样，是人们司空见惯习以为常的了，然而我们的诗人却在这里发现了、捕获了深刻的诗：“……不管是事实，还是象征，自由神只是一盒纸烟。”《一个黑人姑娘在歌唱》是一首对黑人充满了热爱和了解的幽婉动人的颂诗，诗人歌颂了一个美丽的非常可爱的黑人姑娘，写了她的苦难的不平的命运，更重要的是写出了她的积极乐观的健康美丽的富有生命力的个性，而拿来和她对比的是她的小主人——一个白种小孩，这是很值得我们深思的：

一个是那样黑，
黑得像紫檀木；
一个是那样白，

白得像棉絮；

一个多么舒服，
却在不住地哭；
一个多么可怜，
却要唱欢乐的歌。

从这个鲜明的对比中，可以看出诗人的强烈的分明的爱憎，可以看出诗人是真正懂得并且爱着黑人姑娘的性格和她的美丽的灵魂的。当然，从这里我们也看出了诗人用柔和的歌声赞美黑人的顽强的灵魂和欢乐的性格的技巧。这是艺术性很高的作品，也是战斗性很强的作品，这是对使美丽的灵魂得不到应得的欢乐的制度——是对资本主义、种族主义和殖民主义的愤怒的战斗性的控诉。我们再读读《黑人居住的地方》和《怜悯的歌》吧！——这控诉的声音是会使殖民主义的恶魔颤抖的！

郭小川说："艾青这些年来的诗大多是不强烈的，缺乏政治热情，对人民常常只限于同情。就说《南美洲的旅行》吧，这是政治诗，但从诗中只看到人民被压迫被侮辱的一面，没有表现出人民的火热的斗争和反抗的一面。"① 从《南美洲的旅行》怎么能看出诗人对人民"只限于同情"呢？难道愤怒地控诉了帝国主义的无耻、虚伪和罪恶就叫做对人民"只限于同情"吗？我觉得，在这一点上，郭小川是不够严肃和冷静的。

《献给亚非会议》写于1955年4月，可以说是近几年来我国出现的最有力量的政治诗之一。我们有许多政治诗都是由于光是拼命地喊叫标语口号或者大发议论而失败了的，也有些政治诗是因为诗人的议论说教与诗中的感性形象游离或重复而显得无力。艾青的《献给亚非会议》却不是这样，诗篇以一连串生动感人的感性形象展开了他的思想，然后诗人才用"亚洲人、非洲人团结起来"的充满信心的号召更充分地完成了他的主题思想的表达。诗人写了亚非人民的苦难和不平，更写了亚非人民的反抗斗争和今天的胜利的道路。当然，能够写得这样凝练、深切，这是和诗人"曾经走过这一条路"，看到过、经受过这一切分不开的，但也正是从这里

① 见《文艺报》1956年第3期，第27页。

产生了更巨大的震撼灵魂的感情力量：

一路上风景虽然很好
却好像走进了地狱一样
到处看见人们低着头
好像有很重的石头压在背上

一个港口又一个港口
个个港口都是一样
海面停着庞大的舰只
大炮把脖子伸得很长
……
那些大轮船忙着装货
起重机整天在喧嚷
一直到装得快要沉了
才高叫着驶向西方……

这里面凝结着亚非人民的多少血泪啊！它会使我们回忆起数说不尽的痛苦和不平，它会使尚未摆脱奴役的人民燃烧起斗争的愤怒的火焰。这是诗啊，真正的诗！这样的诗的力量和容量是很难用几句话说得出来的。

最后我们还要提到《写在彩色纸条上的诗》。说艾青并没有才能衰退的趋向，仍保持着歌唱生活的一定的热情，这是最好的最有力的例证。真是写得太好了，许多读者可能都背下来了，但我在这里还是不能不占点篇幅抄几段：

二

你的鼻子像百合
你的嘴唇像花瓣
请摘下绸制的假面
让我看看你的眼睛

眼睛是灵魂的窗子
从它们看见你的心
你的眼睛是纯朴的
你有一颗纯朴的心

三

你有你的依林娜
我有我的娜塔莎
你们要到河边去
而我们却更爱树林

我们游憩在树林里
生活比传说更美丽
蓝色的灯、红色的灯
使树林充满了神秘

五

和平像一片蓝天
和平像一片绿茵
而时间啊是蜜酒
我们是喝蜜酒的人

和平是你的
和平是我的
是我们大家的
谁也不能碰的

这是诗人的灵感在生活中爆出来的美丽的光焰，这是像珍珠宝石一样透明的闪光的语言。“眼睛是灵魂的窗子”，这是多么智慧、多么优美的比喻，这里面有着多少真实、多少生活、多少诗！读着这样的诗，真像是喝蜜酒、饮甘露一样。这是诗人1954年8月在莫斯科参加苏联第十三届青年联欢晚会后写下来的，记的是联欢晚会上的情景和感受，但意义比这个深刻广泛得多，诗人写下了生活在社会主义国家里年轻人的生活的幸福、欢乐和甜蜜，写下了我们的童话般的节日生活的闪烁的诗意，写下了我们的和平、我们的青春和“充满了神秘”的树林……这样的诗将永远像“彩色的纸条”飘扬在我们的节日般的生活里，飘扬在我们的青年的心灵里……

诗人必须忠于自己，忠于自己的个性，忠于自己的风格，忠于自己的创造道路和艺术事业，因为他的这一切都是为了人民为了时代，因为他的这一切都是为了更好地、更充分地反映人民的愿望和时代的感情。诗人必须沿着自己的路走上艺术的高峰，诗人必须按照自己的方式来表现生活真实，诗人必须自始至终保持自己独具的艺术风格和创作特色。没有鲜明的个性和个性化感情的人是不可能成为诗人的。我想，恩格斯所说的“风格就是人格”[①] 的名言，也应该这样来理解。诗人的风格和特色是要变的，而且是不可能不变的，但它是随着所反映的生活的不同、随着历史时代的发展而从旧的基础上变出来的，他变后必须仍然是诗人自己的，仍然是这一个诗人的，而不是那一个诗人的。诗人必须永远处于积极热情的追求和探索中，必须每天都有所获得、有所发现和创造，但他不能为了赶时髦或好奇，而随便把别人（包括古人和今人）的衣裳穿在自己身上，把别人的桂冠戴在自己头上。艾青就是这样，他就是沿着自己的道路踏踏实实地走过来的，他一直保持着自己的风格（虽然是发展中的、多样化的）、自己的艺术个性和创作特色。他的道路像许多著名诗人的道路一样，并不是很平坦的、直线的，他在创作上不止一次地碰到过困难、失败和问题，但他总是能够跨过这一切昂首前进，从一个成就到另一个成就。近年他的确是面临着危机了，个人生活上的某些问题也给他的创作带来一些影响，然而如我们上面所分析的，他并不是完全丧失了政治热情，他还是不断地写出新的作品、好的作品。我们对他不满只是在于，他一面在探求着尝试着新

① 参见〔法〕让·弗莱维勒选编：《马克思、恩格斯论文学和艺术》，王道乾译，平明出版社1954年版。

的艺术形式和风格，一面却由于种种原因放松了对现实生活的积极热情的战斗性追求，他似乎渐渐地脱离了政治斗争、脱离了沸腾的现实生活。

我们对艾青的才能是充满了信心的。作为一个诗人，艾青正处在他的才能的成熟期。有的诗人比较善于写气势磅礴、热情奔放的“自我之歌”，有的诗人则擅长于写感情细腻的抒情小诗，有的诗人善于运用叙事诗的形式创造英雄人物的形象，有的诗人则又善于借动人的感怀诗抒发自己的个性感受点燃读者的心灵，而艾青，我们觉得，他是这些都比较擅长的，他是《大堰河》《我爱这土地》的作者，又是《向太阳》《火把》的作者，他是《雪里钻》《黑鳗》的作者，又是《春姑娘》《播谷鸟》的作者，他是《献给亚非会议》《南美洲的旅行》的作者，又是《写在彩色纸条上的诗》和《给乌兰诺娃》的作者。诗人的才能是多方面的，诗人的感情是丰富多彩的。只要他努力改造自己、深入生活，他毫无疑问会给我们写出许多歌唱社会主义的好诗来的。

当我们听到诗人在伟大的时代任务面前表示决心的时候，当我们听到诗人满怀信心地说：

> 在我前进的道路上存在着危机，这种危机，我有信心去克服它。
>
> 我以为：没有理由可以怀疑，我能为社会主义歌唱

的时候，我们是多么的激动和兴奋啊！

是的，我们希望，同时也完全相信，诗人艾青今后会克服他的缺点，为社会主义而放开喉咙响亮地歌唱起来！

因为他说过：

> 我生活着，故我歌唱。

因为他说过：

> 我们创造着，生活着；生活着，创造着；生活与创造是我们生命的两个轮子。

1956年5月—10月　武汉—昆明

诗人的青春

——喜读艾青近作

在这个茫茫的世界上
我曾经为被凌辱的人们歌唱
我曾经为受欺压的人们歌唱
我歌唱抗争，我歌唱革命
在黑夜把希望寄托给黎明
在胜利的欢欣中歌唱太阳

——《光的赞歌》

由于大家知道的原因，我们熟悉的有深刻影响的杰出诗人艾青，在沉默了21年之后，最近又以他特有的激情和深沉的歌声，开始歌唱了！

是粉碎“四人帮”的伟大历史性胜利，使得以艾青为代表的一批被错划为右派的有才华的诗人，有了重新登上社会主义诗坛的可能。但我们仍然应当感谢《文汇报》编者，是他们早在1978年春天，在具有深远历史意义的关于真理标准问题的大讨论开展以前，就敢于冲破20多年来的不成文的“禁令”而“为天下先”，最早发表艾青的作品。人们在阔别20余年之后，在1978年4月30日的《文汇报》上，看到了“艾青”这个名字，读到了他的诗篇《红旗》：

火是红的，
血是红的，
山丹丹是红的，
杜鹃花是红的，

石榴花是红的，
初升的太阳是红的；

最美的是
　在前进中迎风飘扬的红旗！

是的，是他，是艾青，是我们熟悉的那位诗人。是他的风格，是他的声音，是他那火焰般炽热的激情。这首摆在报纸第三版左下角的诗，只有短短的几十行，而且还显然带有“试笔”“练嗓”的性质，并不算特别好，却引起了广泛的注意和强烈的反响。“艾青又出来了！”“艾青又开始发表诗歌了！”许多诗歌爱好者奔走相告。读者来信如雪片一般飞到诗人手里，不约而同地向诗人祝贺，并表达着大家共同的心情：“现在好了”，“你终于出来了”，“你还健在，你应该歌唱！”好比故人久别重逢，亲人死而复生，真是喜出望外啊！“红旗是火，是被压迫者反抗的火，是被剥削者愤怒的火，是普天下受苦人的火，是争自由、求解放的火”；“它那不灭的光辉，像火红的朝霞，即使被子弹打穿了，也决不会倒下；它敏感而又机智，具有战斗的性格，即使最宁静的时刻，也清醒地警惕着——像战马抖动鬃毛，在等待一声号令，随时准备跳出战壕，扑向烟火弥漫的战场……”人们朗读着，朗读着，心情是那样地激动和喜悦，他们为诗中“熊熊燃烧的火，越烧越炽热的火”所激动，更为艾青这样一位著名诗人的重新出现而万分喜悦。“这歌声很熟识。却已经好多年没有听见　好像是在梦里　好像离得很远　好像早晨的港湾　汽笛响在天边……”它是否就是我国社会主义文艺的灿烂春天重新到来的一个预兆呢？

从《红旗》开始，一年多的时间里，我们读到了艾青的《鱼化石》《电》《垦荒者之歌》《是谁——》《互相被发现》《钢都赞》《静悄悄的战线》《在浪尖上》《光的赞歌》《致日本文化使者（二首）》《迎接一个迷人的春天》《雨伞》《镜子》《绿（四首）》《时间》《我爱她的歌声》等等近作。这些诗，虽然并非每一首都达到同样高的水平、引起同样热烈的反响，但它们的连续出现，却以无可辩驳的事实表明：我们年近古稀的著名老诗人艾青，不但仍然保持着他青年时代那种饱满的政治热情、旺盛的创造活力、出众的艺术才能，而且经过这20多年的磨炼和思考，诗人的思想更敏锐和成熟了！诗人的笔尖更犀利有力了！诗人的创作更深刻而多彩了！诗人的艺术生命更加朝气勃勃而大放光彩！于是我想到了这样一个题目:《诗人的青春》。

一

1975年11月6日，我国另一位著名诗人郭小川在党中央亲切关怀下得到解脱之后不久，曾在给我的一封来信中说："我觉得，我在创作上的青春，不在过去，而在未来。"诗人郭小川的一生是革命的一生，战斗的一生。从《投入火热的斗争》到《团泊洼的秋天》，标志着他在创作上的青春始终是光彩照人的。但面对未来，诗人雄心勃勃，他有着更宏大的志向和更壮丽的规划。可惜，正当诗人的思想和才能真正成熟、"四人帮"的封建法西斯统治也宣告结束、我国社会主义的历史新时期正在到来的伟大时刻，我们的诗人却不幸夭折，他的更加光辉灿烂的"创作上的青春"被夺走了！

当然，也有许多诗人，在十年浩劫、十年磨难之后，在被迫沉默了十年、廿年之后，总算熬过来了，闯过来了，终于唤回了、恢复了自己"创作上的青春"。贺敬之的《中国的十月》和《"八一"之歌》是那样地气势磅礴、激荡人心；李瑛的《一月的哀思》和《九月的汇报》是那样地感人肺腑、震撼灵魂；白桦的《阳光，谁也不能垄断》和《春潮在望》，张志民的《按照人民的命令》和韩瀚的《为真理而斗争》，柯岩的《周总理，您在哪里》和《我的爷爷》，公刘的《星》和《诗魂》，是那样普遍地激起人们心灵深处的层层波浪和阵阵回声；还有李季、光未然、臧克家、田间、严辰、邹荻帆、邵燕祥、蔡其娇、孙静轩、公木、苏金伞、胡昭、未央、梁上泉、周良沛等诗人，也重新按自己的方式开始歌唱，诗人们胸中青春的火焰又开始点燃起来。

在这群星灿烂的众多诗人中，在这百花初放的早春花园里，特别引人注意的是艾青和他的诗。我们决不应当为了紫罗兰的芳香而贬低玫瑰花的意义，不应当由于欣赏素馨兰的秀美而排斥牡丹花的富丽。同样，我们也没有必要和绝对不会为了充分肯定艾青的诗而低估其他诗人已经达到的可喜成就。但艾青和他的诗特别值得注意，则毕竟是理所当然的。因为：第一，艾青是诗歌界 1957 年被错划为右派分子的头号代表人物，20 多年来他在生活上的遭遇和精神上的痛苦是可想而知的，现在重新走上诗坛，究竟还能不能振作精神、重新焕发出当年那么一股子革命热情呢？这是大家都很关心的。第二，艾青在他的青年时代，在抗日战争时期，写过《吹号者》《向太阳》《火把》等许多强烈地体现了时代精神、反映了人民情绪的好诗，产生过广泛的影响，包括郭小川、贺敬之这样优秀的无产阶级诗人，都曾经深受艾青诗歌创作的影响。但到社会主义革命和建设时期，直至被错划为右派的 1957 年以前，由于种种原因，诗人却没有再写出超过民主革命时期的成就的、有巨大影响的作品；而现在，诗人又搁笔了 20 多年，要重新开始歌唱，会不会笔头生锈、喉咙沙哑？还能不能唱出真正代表人民的激荡人心的歌声呢？第三，人们一般认为写诗总是在青年时期，诗人创作上的黄金时代往往是在他年富力强的时候，像郭沫若这样以《女神》开一代诗风的大诗人，到年老以后都只能是“郭老不服老，诗多好的少”，而艾青，已经 69 岁，他还能唤回自己艺术上的火红青春，写出超过自己的好诗来吗？这些，都是广大读者所关心的。

所以特别引人注意之处就在于，艾青一年多的创作实践，对上述问题作出了令人满意、使人惊喜的回答。如果说，艾青在 30 年代写的以《大堰河——我的保姆》《太阳》《黎明》《煤的对话》等为代表的那些诗，就已经“以其深沉而奔放的感情、革命的浪漫主义情绪、感人肺腑的艺术力量和‘狂野的、特殊独创而美丽的风格’告诉读者：中国出现了一位真正属于人民的杰出诗人”。那么，40 多年之后，在又一次伟大的思想解放运动中，艾青重新开始的创作实践进一步雄辩地表明：这位诗人不仅仍不愧为一名真正属于人民的杰出诗人，而且他在思想上和艺术上都大大地前进了一步，达到了更加坚实、成熟和完美的境界。诗人像一棵大青树，又像一棵凤凰木，“树老根弥壮”，获得了更加旺盛、繁茂和壮丽的青春。

> 青春啊青春，
> 他可以在二十二岁，光彩照人，
> 也可以到八十八岁，花开似锦！

艾青距离88岁还有近20年。他在创作上青春焕发，他的艺术生命花开似锦，当然也就不算太稀奇。但，一个诗人，要在一生中，从青年到老年都保持旺盛的美丽的艺术青春，最根本的就看他是否能够始终保持“真正属于人民”的特色；就看他是否能够始终跟上时代前进的步伐，同革命共脉搏，与人民同呼吸；就看他是否能够始终坚持真理、代表人民，以战斗的姿态和高昂的激情，有胆有识并强烈深刻地表达出时代的精神和人民的心声。而要做到这一点，又是多么的不容易啊！

诗人艾青的难能可贵之处，他所以使我们突出地感到他仍然保持着、焕发着“诗人的青春”，就在于他一放开喉咙重新歌唱，便那样卓有成效地继承和发扬了五四文学的民主精神和战斗传统，那样深刻有力、那样新颖独到地概括了时代的精神，唱出了人民的心声。让我们共同来朗诵《在浪尖上——给韩志雄和他同一代的青年朋友》这首诗吧：

我把你介绍给别人：
“这是一个英雄。”
你却笑着否认：
“不是英雄，是韩志雄。”

自封的“英雄”当然可耻，
人民给你的称号最光荣——
你可以当之无愧的
是“天安门事件”的英雄。

诗人用看似平淡，实则如异峰突起、别开生面的开头，用朴朴素素而又高度凝练、耐人寻味的语言，开始歌唱“天安门事件”中的英雄人物韩志雄，和以韩志雄为代表的在“文化大革命”的“十二级台风”中成长起来的“新的一代青年”。韩志雄这样一个当“豺狼张牙舞爪的时候居然敢上去拔毛”的，“可以引为一代人的骄傲”的英雄，究竟是怎样产生和成长的呢？诗人没有直接写他的具体经历和成长过程，而是通过写他的时代，他的环境，通过大胆地深刻地反映“文化大革命”来揭示产生韩志雄的时代条件和社会原因：

野心在黑夜发酵，
情欲随权力增长；
自私与狂妄竞赛，
良心走进拍卖行；

聪明的变狡猾，
老实的变傻瓜；
谣言通行无阻，
真话倒要追查；

不知以破坏为手段
还是以破坏为目的——
好像是在玩魔术，
好像是在演杂技；

……

正义被绑着示众，
真理被蒙上眼睛，
连元帅也被陷害，
总理也死而含冤。

就是在那“好像不是战争，却都动用了刀枪”的“文攻武卫”战斗中，在林彪、“四人帮”一伙疯狂推行着“百分之百的虚伪，彻头彻尾的欺骗”的极“左”路线，干着“比宗教更荒唐，比谋杀更阴险”的反革命阴谋活动的日日夜夜里，韩志雄“从十岁到二十岁”，度过了他从儿童时期到青年时代最宝贵的十年，“被大风大浪，送到了一九七六年”。为什么“在‘反复辟’的烟幕里进行疯狂的掠夺”？为什么“奸诈的耀武扬威，忠诚的受到诬陷”？为什么“谁有威信打倒谁，跳梁小丑显神通”？为什么敬爱的周总理逝世了，竟下令“不准人民戴黑纱”“不准人民送花圈”？十年的动乱，十年的思考，十年的愤怒，终于汇成了天安门前的

"花的海、诗的海、泪的海"，终于爆发了丙辰清明的伟大革命群众运动。"韩志雄在天安门前一天一天地听朗诵诗篇——"，最后自己也终于射出了语言的子弹，举起了诗歌的旗帜，像燃烧的火炬，像闪光的宝剑，像响彻长空的惊雷……人民的英雄在人民斗争的海洋里觉醒了，成长了，奋起战斗了，他愤怒地写道："历史有纪念碑，历史有斩妖台，历史是裁判员，历史把人民的忠臣　刻在纪念碑上——永远怀念！历史也将把人民的奸臣　押上斩妖台——怒斩！"他把自己写的诗，"贴在纪念碑东面"，加入了由千百万人组成的擒妖打鬼的战斗行列。就因为这个，就因为他像成千上万普普通通的工人、农民、士兵和知识分子一样，写了一首沉痛悼念敬爱的周总理的朴实无华的诗，竟犯下了弥天大罪，触怒了那几个披着红色外衣的妖魔鬼怪，大祸便从天而降："这个青年工人被捕了，地点是列宁像的下面，时间是清明节前两天——夜晚十二点。"在列宁像的下面，真正革命的青年工人被抓进黑牢，无产阶级专政的铁拳，竟无情地落在了无产阶级和革命人民自己的头上！这是多么惊心动魄的阶级搏斗啊！这是多么严峻残酷的黑暗现实！烈火中纯金现本色，黑夜里珍珠闪异光。正是在这样昏天黑地的风暴袭击下，在如此尖锐复杂的斗争激浪里，我们的英雄昂首挺胸，气宇轩昂地高高站在敌人面前。他回答得多么坚硬："我愿坐牢一千年！"

这就是发生在20世纪70年代社会主义中国的"天安门事件"的一个侧面或缩影，这就是在光辉的马列主义红旗下魔鬼的丑恶表演和人民的浴血斗争，这就是"天安门事件"中我们英雄的人民和人民的英雄。诗人在《天安门事件》一节中，在愤怒地问了一连串"为什么"（"人民的总理死了，为什么不让悼念？为什么撕掉诗文？为什么撤走花圈？……"）和"是谁"（"……是谁在天安门前把'国会纵火案'重演？是谁把群众的革命行动污蔑为'匈牙利事件'？"）之后，对"天安门事件"的伟大深远的历史意义，作出了深刻、精辟的诗的概括：

"天安门事件"
是光明与黑暗、
民主与专制、
革命与反动的白刃战，

"天安门事件"
像乌云深处的闪电，
照出了鬼魅的原形，
画出了刽子手的嘴脸，

……

"天安门事件"
是最辉煌的诗篇；
是革命与反革命的分水岭；
是中国历史的转折点！

我们的诗人在时代的风暴中，在斗争的浪尖上，与人民同呼吸、共命运，和人民一起感受、一起遭难、一起忧愤和思考，而且由于他的社会职能和艺术个性，他甚至"比别人承担更多苦难，享受更多欢乐，爱得更火热，恨得更强烈；总之，富有更深刻的感受"①，因而他才如此准确生动、如此深刻有力、如此精彩独到地说出了人民的心里话，表达了人民的思想、人民的感情、人民对时代生活对政治事件的理解和愿望。越是代表人民发言的作品，越受到人民的欢迎；越是从人民内心深处流出的声音（或表达了人民内心深处的思想感情的诗句），越能够深入到人民的内心深处而永远具有激荡人心的思想艺术力量。

艾青自己说得好："诗人必须说真话。""诗人只能以他的由衷之言去摇撼人们的心。诗人也只有和人民在一起，喜怒哀乐都和人民相一致，智慧和勇气都来自人民，才能取得人民的信任。""诗人要忠于自己的感受。所谓感受就是对客观事物的反映。并不是每首诗都在写自己，但是，每首诗都由自己去写——就是通过自己的心去写。"②

① 参见〔俄〕别林斯基：《别林斯基选集》第2卷，上海文艺出版社1963年版，第465页。

② 艾青：《艾青诗选·自序》，《艾青谈诗》，花城出版社1982年版，第110、112页。

《在浪尖上》之所以在广大读者中引起那样强烈的共鸣和震动，之所以在朗诵会上博得一阵阵雷鸣般的掌声，使听众一次又一次地像海潮般汹涌咆哮起来，就因为它是通过“诗人自己的心去写”的，是深切地表达了诗人与人民的喜怒哀乐相一致的真情实感的，是以诗人的由衷之言大胆地响亮地喊出了人民的心声的。诗人用喊出了人民心声的肺腑之言摇撼着人民的心。艾青不愧为我们时代“真正属于人民的杰出诗人”。

艾青在他的《诗人论》中说过：“诗人以形象使一切抽象的变为具体，诗人是语言的艺术家，诗人的财富是语言。”“普罗米修斯盗取了火，交给人间；诗人盗取了那些使宙斯震怒的语言。”他在《在浪尖上》这首诗中使用的，正是这样一种足以“使宙斯震怒的语言”。而语言是思想的物质外壳，语言的尖锐、锋利、有分量，首先在于思想的敏锐和深刻有力，在于诗人对时代生活的独到的理解，精湛的剖析和惊人的胆识。诗人在长时期所见、所感、所想的基础上，通过独特的典型化的艺术构思，把深刻的揭露和热情的歌颂结合起来，把哲理的思考和典型的塑造结合起来，把精彩的思想批判和动人的艺术描绘结合起来，把极简练的叙事和最强烈的抒情结合起来，从而在高度概括而又显得波澜壮阔的时代背景上，突出了韩志雄这样一个英雄人物的高大形象和光辉品质，出色地完成了反映“天安门事件”和歌颂“新一代青年”的主题任务。这里，我们的诗人根据内容的需要，似乎创造了一种崭新的诗歌体裁：它既不是叙事诗，也不是抒情诗；既不是一般所谓的政治抒情诗，也不是一般意义的讽刺诗或哲理诗，而是叙事、抒情、讽刺、哲理的有机的巧妙的结合。

韩志雄是“天安门事件”中一位真实的英雄人物。诗人是在读了他的事迹又访问了他以后，写成这首诗的。当然，构成这首诗的形象和思想的基础的，绝不仅仅是韩志雄一个人的事迹。按照“四人帮”的谬论，“真人真事”是不能写的。可是我们的诗人却从这一“真人真事”出发，浮想联翩，深入开掘，调动了他几十年的生活经历和思想积累，运用集中概括、典型化的艺术手法和别具匠心的诗的构思，成功地、真实地塑造了这样一位当代英雄的典型形象。而且，诗人还围绕这一“真人真事”的题材，写了“文化大革命”，写了“天安门事件”，写了我们敬爱的周总理和人民对总理的爱、对“四人帮”的恨，更写了“毛泽东时代的青年”

“政治风暴浪尖上的海燕”——韩志雄的英勇斗争和崇高精神。诗人写道：

斗争远没有结束，
要把眼睛擦得更亮——
抛除一切宗教迷信，
冲出一切精神牢房！

不容许再受蒙蔽了，
不应该再被欺骗了，
我们要的是真理，
我们要的是太阳！

这样的诗，它不但使人感动，不但能引起读者的共鸣，而且还能启发人们进入深深的思考，思考时代、生活和人民的命运，思考我们的过去、现在和未来。德国大诗人歌德说过：“独创性一个最好的标志就在于选择题材之后，能把它加以充分的发挥，从而使大家承认压根儿想不到会在这个题材里发现那么多的东西。”艾青就是这样一位富于独创性的诗人。他选择了一个题材之后，总是能够把它加以充分的发挥。对“天安门事件”这个题材，对韩志雄这一“真人真事”，他通过《在浪尖上》开掘出、揭示出多么丰富的内容和多么深刻的思想啊！使你不能不惊叹和佩服诗人“会在这个题材里发现那么多的东西”！

二

或许有一天，总有一天
我们这个古老的民族
我们最勇敢的阶级
将接受光的邀请
却叩开那些紧闭的大门
访问我们所有的芳邻
让我们从地球出发

飞向太阳……

——《光的赞歌》

今年1月，正当来自全国各地的诗人们欢聚北京，谈论诗人如何担负起自己的神圣使命，畅谈诗歌如何唱出时代的最强音的时候，我们在刚刚出版的《人民文学》上读到了艾青的新作《光的赞歌》。如果说，《向太阳》《火把》是艾青在民主革命时期诗歌创作道路上的两座金光闪闪的纪念碑，那么，《在浪尖上》和《光的赞歌》就是社会主义时代，诗人创作中的两个新的艺术高峰。《光的赞歌》可以看做是社会主义时代的《向太阳》。当然，由于社会的前进、时代的发展和诗人的经历、感受的大大丰富，由于诗人在经过四十多年之后（《向太阳》作于1938年），思想上和艺术上的更加成熟，《光的赞歌》比《向太阳》有了更丰富的含义、更深广的内容和更巨大的概括力，艺术上也更加精辟和完美了。

世界要是没有光
等于人没有眼睛
航海的没有罗盘
打枪的没有准星
不知道路边有毒蛇
不知道前面有陷阱

世界要是没有光
也就没有杨花飞絮的春天
也就没有百花争妍的夏天
也就没有金果满园的秋天
也就没有大雪纷飞的冬天

光，光明，光辉，这是世界、万物和人类都离不开的东西，这是每个人一离开母体“就睁着眼睛追求”的东西，这是一种“没有重量而色如黄金”“它可望而不可即”“漫游世界而无体形”的“奇妙的”“不可捉摸的物质”。诗人俯视宇宙万物，纵观古今世界，畅想当今未来，运用形象思维的方法，一下子就抓住光的特点，在读者面前打开了一个无比深邃丰富、十分绚烂多彩的艺术境界。“光给我们以智慧　光给我们以想象　光给我们以热情　光帮助我们创造出不朽的形象……比风更轻的舞蹈　珍珠般圆润的歌声　火的热情、水晶的坚贞　艺术离开光就没有生命”。“山野的篝火是美的　港湾的灯塔是美的　夏夜的繁星是美的　庆祝胜利的焰火是美的　一切的美都和光在一起”。啊，光！伟大的光！不朽的光！神圣的光！美丽的光！它“不是固体，不是液体，不是气体　来无踪、去无影、浩渺无边”，但我们的诗人却把它写得如此准确而鲜明，如此生动而形象！

“形象思维的活动，在于使一切难于捕捉的东西、一切飘忽的东西固定起来，鲜明地呈现在读者的面前，像印子打在纸上一样地清楚。”①《光的赞歌》正是把光这样一种飘忽不定、难于捕捉、浩渺无边的东西，通过独特的艺术构思和生动的诗歌形象固定起来，鲜明地呈现在读者面前的。而且更重要的还在于，诗人绝不仅仅在写大自然的光，绝不是为写光而写光，他笔下的光有着更丰富的内涵和更深远的意义，它“诞生于撞击和磨擦　来源于燃烧和消亡的过程　来源于火、来源于电　来源于永远燃烧的太阳”，它“从不喧嚣、随遇而安　有力量而不剑拔弩张　它是无声的威严”：

> 它是伟大的存在
> 它因富足而能慷慨
> 胸怀坦荡、性格开朗
> 只知放射、不求报偿
> 大公无私、照耀四方

这光，既是大自然的光，“永远燃烧的太阳”放射出的光，也是真理之光，科学之光，人们的思想和理想之光。诗人在这里赞颂的是真理，是真理的太阳，是掌握真理、坚持真理和为真理而斗争的伟大的人。正因为这样，所以诗人紧接着就写到“有人害怕阳光”“有人对光满怀仇恨”，写到“历史上的所有暴君　各个朝代的奸臣　一切贪婪无厌的人”“凡是压迫人的人”“凡是剥削人的人”，都“千方百计想把光监禁　因为光能

① 艾青：《艾青选集·自序》，《艾青谈诗》，花城出版社1982年版，第112页。

使人觉醒”；更以百倍的热情歌颂人类历史上“最早出现的英雄”——“那最先去盗取火的人”：他以大无畏的革命英雄气概和勇敢献身精神，去打破“天帝”对光的垄断，让“光流传到人间”；“他不怕守火的鹫鹰 要啄掉他的眼睛 他也不怕天帝的愤怒 和轰击他的雷霆”。

诗人艾青是那样地善于从生活出发，从活生生的无比丰富的现实世界出发，通过具体的形象揭示时代生活的本质和社会发展的规律，又是那样地善于把抽象的东西，转化为具体的可感触的形象，把深刻的哲理融入诗的意境之中。他在运用生花妙笔从各个方面、不同角度，充分生动地、酣畅淋漓地表现和歌颂了光的伟大作用和神妙功能之后，却把笔锋一转，使诗篇的思想境界更上一层楼：

然而，比一切都更宝贵的
是我们自己的锐利的目光
是我们先哲的智慧的光
这种光洞察一切、预见一切
可以透过肉体的躯壳
看见人的灵魂

看见一切事物的底蕴
一切事物内在的规律
一切运动中的变化
一切变化中的运动
一切的成长和消亡
就连静静的喜马拉雅山
也在缓慢地继续上升

从而得出了“实践是认识的阶梯”“真理只能从实践中得以永生”的结论。诗人为自己规定了十分艰巨和宏大的任务，他不是像过去人们已千百次地重复过的那样，一般地歌颂一番光、光明和太阳，他是要通过对光的礼赞，通过围绕光的斗争，通过关于光的过去、现在和未来的抒写，来高度概括和深刻反映人类自有文明史以来，光明与黑暗、科学与迷信、智慧与愚昧、唯物与唯心、前进与倒退、革命与反动的生死搏斗，并鼓舞人心地展现前者必然要战胜后者的历史规律和客观真理。

《光的赞歌》所揭示的是深刻的社会本质，所追求的是巨大的思想深度和意识到的历史内容，所达到的是政治和艺术、思想和形象、哲理和诗情的完美的统一。

《光的赞歌》所概括的是无限丰富的大千世界和几千年人类历史的普遍现象和生活图景，所表现的是诗人几十年来对时代生活及其发展变化的独特感受和深刻思考，所完成的是很难用几句话加以概述的一个重大主题的艺术表达。《光的赞歌》也就是人类的希望和理想的赞歌，是推动历史前进的力量和智慧的赞歌，是科学和进步、革命和真理、光明和未来的赞歌。

《光的赞歌》不但表现了“我们从千万次的蒙蔽中觉醒，我们从千万种的愚弄中学得了聪明”的深切体会，表现了“经过了多少浩劫之后　穿过了漫长的黑夜　人类的前途无限光明、永远光明”的坚强信念，表现了“即使我们只是一根火柴　也要在关键时刻有一次闪耀　即使我们死后尸骨都腐烂了　也要变成磷火在荒野中燃烧”的那种为争取人类的光明前途、为实现革命的崇高理想而献身的伟大决心，而且还用最饱满的激情和最高昂的调子，讴歌了今天在光的召唤、鼓舞和激励下，我们已经开始的新的长征：

> 让我们以最高的速度飞翔吧
> 让我们以大无畏的精神飞翔吧
> 让我们从今天出发飞向明天
> 让我们把每个日子都当做新的起点

写到这里，我想起别林斯基在评价莱蒙托夫的长诗《童僧》时所说的一段话：“诗人吸取了虹霓的彩色，太阳的明亮，闪电的光辉，雷鸣的隆隆声，狂风的呜呜声，当他写这首长诗的时候，整个大自然向他提供了素材。诗人似乎是被丰满的内心感觉、生活和诗情形象压得不胜负载，只要抓到一个念头，就迫不及待地要写成一部作品，以便一吐积愫，——感情从他的灵魂里倾泻出来，正像燃烧的熔岩从火山向外喷射，豪雨从刹那间遮满灼热的天边的乌云里直滚而下，激流忽然冲决了堤坝，波涛汹涌，一直漫到很远的地方……”我们读《光的赞歌》也有这样的感觉，诗人的感情，如豪雨倾泻，如岩浆喷射，如波涛汹涌。所不同的在于：我们时代的无产阶级优秀诗人，由于有马列主义、毛泽东思想的显微镜和望远镜，对自己抒写的对象，对自己反映的时代，对整个社会生活的本质和历史发展的规律，有了更深刻的理解和更准确的把握，因而在他所创造的生动而美妙的形象中，渗透着更精辟的见解、更深湛的思想和更巨大的鼓舞力量：

我们在运转中燃烧
我们的生命就是燃烧
我们在自己的时代
应该像节日的焰火
带着欢呼射向高空
然后迸发出璀璨的光

对德国现代大戏剧家兼诗人布莱希特的戏剧，德国观众曾经有一句赞语："人们可以在看他的戏的时候思考很多问题。"真正深刻反映了时代精神和社会生活的好作品，都应当是这样的：它寓教育于娱乐之中，寓丰富深刻的思想意义于醉心迷人的美感享受之中，因而它必然是能够启发人们思考、激励人们前进的。它必然要启发人们思考生活，思考时代，思考人类的命运和祖国的前途，思考自己人民的过去、现在和未来……这样的作品一定是非常耐读、耐看的，读者和观众在阅读、观看它们时必然要引起和进入深深的思考，必然会情不自禁地在欣赏中思考，在思考中欣赏，从而领悟到远比作品字面上表达出来的要多得多的东西。艾青的许多诗就是这样。《光的赞歌》可以启发我们联想和思考多少问题！

思想渗透形象，形象大于思想。《光的赞歌》通过独特的艺术构思和绝妙的诗歌形象，为我们打开了多么广阔无垠的艺术天地，为我们概括了多少思索不尽的生活内容，为我们提供了多么激荡人心的思想力量啊！

三

她来了，真的来了，
你可以闻到她的芬芳，
你可以感到她的体温，

就连树上的小鸟也在歌唱，
就连林间的小鹿也在跳跃……
我们要拉响所有的汽笛，
　　来迎接这个新时代的黎明；
——《迎接一个迷人的春天》

在经历了“被欺骗的春天”“被流放的春天”和“呜咽啜泣的春天”之后，我们的诗人和人民一起，“终于突破了层层坚冰”，而“理直气壮”“扬眉吐气地”歌唱着，来迎接“久久盼望的”“万物滋生的季节”，“来迎接一个迷人的春天”！

诗人的感情，像“正在解冻”的河流，“可以无拘束地奔流了”！诗人的思想，像冲出牢笼的鸟儿，可以海阔天空展翅飞了！诗人的艺术生命和青春，像雪后逢春的花树，又可以舒枝展叶向阳开了！于是，我们不光读到了《在浪尖上》《光的赞歌》这样表现重大题材和主题的诗，读到了《钢都赞》《静悄悄的战线》《垦荒者之歌》那样反映工农业战线的火热斗争和劳动建设的作品，也读到了《鱼化石》《互相被发现》《伞》《镜子》《时间》等等富于哲理味的短诗和许多其他题材的新作。

高尔基在给一个青年作家的信中说过：“必须更接近生活，直接利用生活的提示、形象、画面，利用生活的颤动，它的血和肉。不要把自己集中在自己身上，而要把全世界集中在自己身上。……不要只作抒情诗人，不要把自己的灵魂关闭在您所做好的笼子里，——要敢于作一个幽默家、叙事诗人、讽刺家、十分愉快的人。必须取得一切，把一切交还给生活，交还给人们”。“诗人是世界的回声，而不仅仅是自己灵魂的保姆。”①

艾青正是这样一位诗人：他的诗都是从生活出发，从自己的经历和感受出发，“直接利用生活的提示、形象、画面”的，因而没有一丝一毫林彪、“四人帮”鼓吹的那种“样板诗”的帮腔帮调帮风帮气。诗人善于表现各种各样的生活内容，善于把看来很难入诗的题材写得诗意盎然，善于从生活的一切领域和各个方面发现诗，善于“把全世界集中在自己身上”。

① 〔苏联〕高尔基：《高尔基文学书简》上卷，曹葆华、渠建明译，人民文学出版社1962年版，第497—498页。

他是那样地善于从生活中“取得一切”，又“把一切交还给生活，交还给人们”。他是名副其实的、最完全意义上的抒情诗人，又“敢于作一个幽默家、叙事诗人、讽刺家、十分愉快的人”。他的诗，称得上是我们“时代的镜子”“世界的回声”：

你和风在一起
你和雨在一起
你和云在一起
你和奔流在一起

谁也没有看见你

看见的是你的作用
是你的精神力量
听见的是你的声音
和你的细微的呼吸

你无所不在

你发生于摩擦
你存在于运动
你带来光明与温暖
你的威力无比

而你却最驯服

……

自从发现了你
我们也发现了自己
在无限里上升

超越时间和空间

我们向未来飞奔

——《电》

这首诗的题目叫《电》，诗人是在写无影无踪的看不见的电，却写得多么生动形象、多么有声有色、多么动心迷人啊！真是“比想象更美”。而更重要的还在于，诗人是那样独具慧眼地从电这样一种在我们时代已司空见惯的东西里，找到、发现和挖掘出无穷的诗意。他是那样巧妙地把电形象地表现出来，更是那样巧妙地把我们时代无产阶级和革命人民所提倡、所尊崇的某种精神——为使人类幸福、生活美好、社会进步而默默无闻地贡献一切的思想境界和崇高品质形象化，他把对电的歌颂、对电的时代的歌颂和对发现电、掌握电、控制电的人们的歌颂，是那样自然而然地融合在一起。“自从发现了你，我们也发现了自己”，“我们向未来飞奔”。像“最好的蜜是从蜂巢中自动流出来的”（车尔尼雪夫斯基语）那样，从诗人心灵深处涌流出来的这些诗句，难道不正是我们“时代的强音”“世界的回声”吗?

当然，在我们的时代，在今天的世界，这“回声”必须是响亮的、高昂的、振奋人心的。它带着“钢的风、钢的雨、钢的雷霆、钢的电”，它带着“火的飞瀑”和“转炉吹氧所迸发的　玫瑰花般的钢的喷泉”，它带着“那火的声音、热风的声音、多少马达的声音、多少机器运转的声音”，“从四面八方汇集成永无休止的大合唱　我们时代的最强音”（《钢都赞》）。同时，这“回声”还必须是非常新颖、十分独特而使人耳目一新的。一部真正的艺术作品，一首真正的诗，必然是在内容上和形式上、在思想上和艺术上都有所突破、有所发明和发现的，哪怕只是一点点。否则根本就不能算艺术作品，不能算诗。屠格涅夫说得好：“在文学天才上……不过，我以为，也在一切天才身上，重要的是我敢称之为自己的声音的一种东西。是的，重要的是自己的声音。重要的是生动的、特殊的自己个人所有的音调，这些音调在其他每一个人的喉咙里是发不出来的……一个有生命力的、富有独创精神的才能卓越之士，他所具有的主要的、显著的特征也就在这里。”①

作为一个诗人，艾青朝气勃勃的光华四射的艺术青春的一个重要标志，就在于他今天仍然是、始终是按照自己的方式重新开始歌唱的，他始终保持着自己的声音，自己的独特的表达方式和艺术风格。不用说，在“经历了多少的动荡与不安”之后，“终于醒悟过来”的诗人，思想上必定比过去更先进、更深沉，艺术上也确乎是更提高、更成熟了；但他必须仍然保持着“自己的声音”、自己的特色，而且这深沉和成熟恰好就表现在：它使诗人自己的声音、自己的风格特色和艺术个性，更鲜明、更突出，也更富有独创性和生命力了。让我们读《静悄悄的战线》吧。我们已经读到不少反映油田建设、歌颂石油工人的好诗，它们都从不同的角度表现了石油战线的沸腾的战斗生活和石油工人的壮志豪情。可是诗人艾青到了大庆，面对以铁人精神热火朝天地大干快上的油田生活，他却感到这是一条“静悄悄的战线”，别开生面地写下了这样一首诗：“油田在哪儿，看不见——输油管埋在地下面。”

个个采油站像蜂房，
少男少女在看管；

他们像蜜蜂一样
为祖国酿造春天——
让所有的马达能唱歌，
让所有的车轮能飞转；

让远航的轮船能出港，
让战斗机守卫着蓝天，
让我们的日子像鲜花，
让我们的生活比蜜还甜……

原来诗人的观察和感受，没有停留在轰轰烈烈的热闹场面上，而是深

① 转引自《俄国作家论文学创作》第2卷，苏联作家出版社1955年版，第712、713页。

入到“埋在地下”的世界里去，深入到石油工人们的内心世界和感情深处去了。感受是独特的，构思是新颖的，语言是朴素的，意境是深远的。再如《互相被发现——题“常林钻石”》：

不知道有多少亿年
被深深地埋在地里
存在等于不存在
连希望都被窒息

一个姑娘深翻土地
忽然看见它跳出来
姑娘的眼和钻石
同时闪出了光辉

像扭开一个开关
在一刹那的时间里
两种光互相照耀
惊叹对方的美丽

依然是朴朴素素，似乎是信笔写来，毫不费力，却令人惊喜地歌颂了我们“物华天宝，人杰地灵”的社会主义祖国，使姑娘和钻石，使天、地、人都“同时闪出了光辉”。诗人热情洋溢地描绘金刚石这无价之宝如何的“光彩夺目”“亮晶晶”，却正好更突出、更动人地展现了“比钻石更辉煌的是姑娘热爱祖国的观念”。这样的语言，这样的风格，这样的表达方式和创作特色，我们感到正是诗人艾青自己的，是非常个性化的，是诗人过去的艺术个性的继续和发展，是独放光彩而绝对不会与别人的风格特色相混淆的。

艾青在《诗论》中说过：“一首诗的胜利，不仅是那诗所表现的思想的胜利，同时也是那诗的美学的胜利。——而后者，竟常被理论家们所忽略。”

“诗的美学”，并不是仅仅指语言风格、艺术手法和表现形式（虽然这些正是“美学”所赖以体现的东西，极其重要），它同时还应当包括内容，它应当是思想和艺术、内容和形式统一的结晶体，它应当是指这种结晶体完整地体现出来的艺术美。艾青的许多近作，所以那样地使人耳目为之一新，那样地具有一种迷人的艺术美，是既同它的内容、也同它的形式分不开的。而且，诗人在现实斗争中，所以能“强烈地既体会到真，又体会到善，并能在其中寻到生活与美，把它们在优美而明确的形象中表现出来”①，正是首先由于诗人的思想感情从种种宗教桎梏和精神牢笼中解放出来的结果。如果思想不解放，不能够勇敢地在马列主义的阳光照耀下去思考、去探索时代生活的奥秘，不敢去冲破林彪、“四人帮”极“左”路线所设置的种种禁区，不敢“冒着危险去批倒一切既有的偏见，而表现自己所想的东西”（罗丹语），那就既不可能写出《在浪尖上》《光的赞歌》这样的好诗，也不可能创作出《时间》《鱼化石》《镜子》《希望》《盆景》《盼望》《天涯海角》等等那许多耐人寻味的充满了优美的诗意和甜蜜的美感的作品。

恩格斯在谈到德国大诗人歌德的伟大成就时，曾着重指出：“歌德很不喜欢跟‘神’打交道；他很不愿意听‘神’这个字眼，他只喜欢人的事物，而这种人性，使艺术摆脱宗教桎梏的这种解放，正是他的伟大之处。在这方面，无论是古人，还是莎士比亚，都不能和他相比。但只有熟悉德国民族发展的另一方面——哲学的人，才能理解这种完满的人性，这种克服宗教二元论的全部历史意义。”② 19世纪德国资产阶级的诗人歌德，同20世纪70年代中国无产阶级的诗人艾青，他们的思想基础、所处的时代和作品的意义都很不相同，但由于林彪、“四人帮”疯狂推行对一切实行“宗教裁判”的封建法西斯文化专制主义和禁锢政策，使社会主义的中国在整整十年的时间里“好像进入中世纪”，所以是否能“摆脱宗教桎梏”、冲出精神牢笼，仍然是今天中国的诗人和作家、艺术家，是否能保持创作上的勃勃生机和青春活力的先决条件。艾青诗歌近作中的艺术美，首先就得力于诗人“摆脱宗教桎梏的这种解放”。

梦的朋友

---

① 〔俄〕杜勃罗留波夫：《杜勃罗留波夫选集》第1卷，辛未艾译，上海文艺出版社1962年版，第9页。

② 《马克思恩格斯全集》第1卷，人民出版社1975年版，第652页。

幻想的姊妹

……

像窗外的飞鸟
像天上的流云

像河边的蝴蝶
既狡猾而美丽

你上去，她就飞
你不理她，她撵你

她永远陪伴你
一直到你终止呼吸

——《希望》

时间是无情的
它要走，谁也不能挽留

时间是残酷的
它会撕碎纷披的花瓣

时间长着一副利爪
它会抓破娇嫩的脸

时间又是无私的
谁能驾驭它，就捷报频传

……

有的时间不能估价
有的时间一缕青烟

活着就要和时间赛跑
一切速度都在争取时间

——《时间》

吃了苦的，
才知道有甜的；
吃了甜的，
才知道有苦的；
要是我们不知甜、酸、苦、辣，
活着还有什么滋味？

——《“神秘果”》

这样的诗，是在思想和幻想、内容和形式的广阔天地中产生的，它与“三突出”“从路线出发”之类的帮文艺毫无共同之处，它与那种一切为了颂“神”、造“神”的千篇一律的“诗歌”毫不相干，它从生活的海洋里“吸取太阳的精华”，提炼人生的哲理，寻求还没有为人找到的新的形象、新的画面，最后结成了“璀璨如一片朝霞”的“粒粒真珠”。

100多年前，杜勃罗留波夫在《黑暗的王国》一文中说：“把最高尚的思维自由地转化为生动的形象，同时，在人生的一切最特殊、最偶然的事实中，完全认识它的崇高而普遍的意义——这就是到现在为止，还没有什么人能够达到的、使科学和诗完全交融在一起的理想。”① 这种理想，应当说我们时代无产阶级的优秀诗人们是达到了的。我们从艾青的许多近作中，就看到了这种科学和诗的完全交融。

好像蜂蜜一样甜
好像美酒一样醉人

---

① 〔俄〕杜勃罗留波夫：《杜勃罗留波夫选集》第1卷，辛未艾译，上海文艺出版社1962年版，第274页。

好像土地一样纯朴
好像麦苗一样青新

这歌声来自民间
有刚犁开的泥土的气息
好像烈火一样炽热
唱出了苦难和抗争

——《我爱她的歌声》

这首诗，诗人是献给他喜爱的一位歌手的，可能真有其人，也可能是诗人想象中的人物。用诗人抒写和赞美“她的歌声”的这些诗句，来形容诗人自己的诗，其实也是很恰当的。他的语言，他的感情，他的风格，和他那同思想内容有机结合的艺术形式上的美，他那独特的诗的艺术，正是“像土地一样纯朴”，“像麦苗一样青新”，“像烈火一样炽热”，又“像美酒一样醉人”的。

大海的馈赠
是无穷的

阳光下到处是
俯身可取的欢欣

海滩上的天真
浪花里的笑声

——《拣贝》

一个海员说
他最喜欢的是起锚所激起的
　那一片洁白的浪花

一个海员说
最使他高兴的是抛锚所发出的

那一阵铁链的喧哗

一个盼望出发
一个盼望到达

——《盼望》

今年春天，《诗刊》编辑部组织了以艾青为团长、雁翼为副团长的诗歌工作者海港学习访问团，从广州出发，到海南岛，到湛江，到厦门，到上海，到青岛，沿着海岸线进行了一个多月的参观访问。面对辽阔的大海，面对大海般气象万千的时代生活，诗人浮想联翩，胸中不断涌起海浪般澎湃的诗情，写下了许多珍珠般晶莹璀璨的小诗。他描绘了“所有的绿集中起来，挤在一起，重叠在一起”，“突然一阵风”，“所有的绿就整齐地　按着节拍飘动在一起”的海上奇观（《绿》），他发出“是海水变成泪？是泪流成海水？”的感慨，表达了“终有一天　海水和泪都是甜的”的美好愿望和坚定信心（《海水和泪》）。他又是那样愉快和宽舒地接受着“大海的馈赠”，记下了“海滩上的天真”和“浪花里的笑声”（《拣贝》）；更借关于“天涯海角”的抒情，表达了“地球是圆的，哪儿去找边？至于天——天外更有万重天”的深刻哲理。这一类诗，正如车尔尼雪夫斯基在谈到普希金“主要是一个艺术家的诗人”时所说的，“假使读者主要只在其中找寻内容，看来，他们就会要求过多；但是假使他们不去找寻，也并不要求，内容却会不经过他们的要求，而在无意中让他们看到，这个内容对他们来说是这样丰富，这样深刻，使得他们简直有点受不住这一份对不习惯的人来说是沉重的财富。”① 这财富，就是通过真正的诗，通过艺术的美，通过赏心悦目的美感享受，给予读者的那种不可代替的思想营养和教益。

法国大雕塑家罗丹说过：“美是到处都有的。对于我们的眼睛，不是缺少美，而是缺少发现。”② 他要求艺术家必须有“看得见美的眼睛”。我们感到，诗人艾青是有这样一双特别明亮的“看得见美的眼睛”的。不论

① 〔俄〕车尔尼雪夫斯基：《车尔尼雪夫斯基论文学》中卷，辛未艾译，人民文学出版社上海分社1965年版，第255页。

② 〔法〕罗丹：《罗丹艺术论》，人民美术出版社1978年版，第62页。

在垦荒者的队伍里，在钢都巨大的厂房里，或在海滩上，在“天涯海角”，在“一个个码头”，像“一个个珠光闪耀的凤冠”的夜航途中，在生活的一切领域，诗人都能在看到那些害怕光、毁坏美的丑类的同时，发现真、善、美，并用与之相适应的诗人特有的艺术形式，把它表现出来。我们的诗人，是美的发现者，也是美的创造者，美的珍藏家和卫护士。

作为内容和形式高度和谐统一的艺术美的结晶，我们不能不谈到诗人“致日本文化使者”的那两首短诗：《东山魁夷》和《小泽征尔》。这是献给日本当代的两位著名艺术家的。东山魁夷是把东西方绘画艺术的优秀传统和艺术技巧融会贯通之后，创造了自己的独特风格、成就卓著的当代日本画家，他的画在中国展出和发表，引起广泛注意和浓厚兴趣，受到美术界的赞扬。诗人用短短 24 行诗，写出了东山魁夷的绘画的风格特点和迷人的美，使人感到那“好像是幻觉，好像是梦境”的画面，如何让“自然赋有人的心灵”，使人看到“无论是林间的瀑布，湖沼中的倒影，初春的月夜，山峦的黎明，都浸透了画家的爱情”，甚至仿佛使人听到画家如何用“色彩谱写最美的歌声”。小泽征尔，则是著名的乐队指挥，在诗人笔下，他能够“把众多的声音调动起来，听从你的命令投入战争；把所有的乐器组织起来，像千军万马向统一的目标行进……”诗人是多么出色地通过一次演出成功的艺术描绘，写下了这位乐队指挥的神态和气魄，勾画出这位音乐家的风度和形象：

你的耳朵在侦察，
你的眼睛在倾听
你的指挥棒上
跳动着你的神经：

或是月夜的行军，
听到得得的马蹄声；
或是低下头去，
听得情人絮语黄昏；

突然如暴雨骤至，

雷霆万钧，
你腾空而起
从毛发也听到怒吼的声音。

你有指挥战役的魄力，
你是音乐阵地的将军！
紧接着最后一个休止符，
刮起了经久不息的掌声……

这样的诗，用朴素而明净的语言，用自然而洗练的句子，用亲切动人的水晶般的歌声，歌颂了日本文化使者，歌颂了来自人民、热爱生活，具有高度艺术才能的艺术家，也歌颂了中日两大民族的友谊，它“没有奇幻的、空想的、虚伪的、想入非非的东西；它整个浸透着现实；它没有给生活的面貌涂上脂粉，它只是把生活本然的、真正的美显示出来”①，把生活和反映生活的艺术的美，把人民和人民热爱的艺术的美显示出来。这是真正的艺术的美，也是真正的美的艺术。

在1978年12月中旬写的《艾青诗选·自序》中，诗人愤怒控诉和批判了文痞姚文元，早在20年前就对他的作品乱打棍子、乱扣帽子的恶霸行径之后，无限感慨地说：

像这样的一个流氓竟能如入无人之境地横冲直撞，成了“庞然大物”，骗取了我国文学艺术领域里生杀予夺之权这么长的时间，这件事难道还不值得我们深思吗？

可庆幸的是，这一切终算过去了。

如今，时代的洪流把我卷带到一个新的充满阳光的港口，在汽笛的长鸣声中，我的生命开始了新的航程。

其实，不光是诗人艾青，我们伟大的党，我们整个国家和英雄的各族人民，我们每一个普通的战士，都在汽笛的长鸣声中开始了新的航程。

可喜可贺的是，诗人艾青在新的航程刚刚开始的时候，就唱得这样勤

① 〔俄〕别列金娜选辑：《别林斯基论文学》，梁真译，新文艺出版社1958年版，第59页。

奋、这样好，就唱出了这么多充满青春活力的歌！他有了一个光辉的新起点。

他的近作，像《光的赞歌》《在浪尖上》《迎接一个迷人的春天》那样动人心魄的歌，是多么有胆有识地提出和反映着当代人民最迫切企求解决的重大问题，是多么激情洋溢地欢呼和讴歌着新时代的黎明，是多么强烈深刻地概括了时代的精神、表达了历史的要求，唱出了人民的心声！

他的近作，如《绿（四首）》《天涯海角（外二首）》《盼望》《盆景》《时间》等等诗篇，是多么别开生面地为我们揭示着生活的多方面的美，是多么巧妙地为我们展现着生活中蕴藏着的无穷诗意和深刻哲理，是多么令人惊喜地从无限丰富多样的世界中“取得一切”，又“把一切交还给人们”。

他的近作，那璀璨如粒粒珍珠的或长或短的抒情诗，是那样的朴素、自然而优美，是那样的单纯、明净而丰富，是那样地富于创造性、那样地注重诗艺技巧而又始终保持着诗人独具的艺术风格和创作特色……

当然，正如我们在文章开头已经提到的那样，艾青的近作，并不是、也不可能是每一首都达到同样高的水平；从对一位大诗人严格要求的角度，我们对他的近作也可以指出这样那样的不足、提出这样那样的缺点。但我认为，对于一位被迫停止歌唱20余年的诗人来说，艾青从一开始走上新的航程，就有了如此显著的成就，就表现出这样大的艺术家的勇气，继承和发扬了五四文学和四五文学的民主精神和战斗传统，就继续显示出那样多方面的才能，就重新焕发出如此灿烂的艺术青春，是多么的难能可贵啊！他的每一首从生活中来的独具风格的近作，同“四害”横行的那些用假话、空话、大话和废话拼凑起来的帮诗比起来，同那些颂扬神化迷信、帮助宣扬愚民政策的东西比起来，其思想意义和艺术价值，不知要高出多少万倍！

正是基于这样的认识，我抑制不住地为艾青的诗歌近作唱出了这样一篇“赞歌”。

我当然没有忘记，20多年前，自己由于对艾青的诗唱了“赞歌”，而受到文痞姚文元的批判和来自我们队伍内部的一系列粗暴批评。其实，在《生活的牧歌》中，我在唱“赞歌”的同时，对当时艾青由于政治热情低落等原因，而在创作上出现的危机和问题，是作了具体分析、提出了严格批评的。只不过自己不会搞“扣帽子”“打棍子”那一套“左”倾教条主义和形而上学的“批判术”，而是在指出诗人的缺点时，仍满腔热情地希望并坚信：

> 我们对艾青的才能是充满了信心的。……只要他努力改造自己、深入生活，他毫无疑问会给我们写出许多歌唱社会主义的好诗来的。
>
> ……
>
> 是的，我们希望，同时也完全相信，诗人艾青今后会克服他的缺点，为社会主义而放开喉咙响亮地歌唱起来！

20多年来的曲折经历和实践终于证明：诗人没有辜负我们的企望。他唱着高亢嘹亮的、优美动人的、丰富多彩的歌，前进在波澜壮阔的新的航程上。

我们希望，同时也完全相信，诗人从他光辉的新起点出发，会继续沿着自己的道路，攀上无产阶级艺术新的高峰。

我们希望，同时也完全相信，我们的诗人，会永葆他那充满活力的、光华四射的艺术青春。

1979年5月　昆明

给人民以最好的东西

——再谈艾青近作

我们应该给人民以最好的东西，最有创造性的东西。

——《诗的形式问题》

他所给予我们的
是他所最喜爱的
他以忠诚的心
唱出最美的歌声

——《彩色的诗》

古人说：诗无杰思知才尽。

我们读着艾青的近作，却有这样的感觉：诗人杰思如泉涌。

艾青不愧为我国当代的大诗人！他的才华和诗情，像一条结了20多年冰的河流，如今在春天的阳光下化冰解冻，便汹涌澎湃、奔腾不息……

在短短一年多的时间里，诗人光公开发表的诗就有100多首，这样高的数量和质量，这样大的创作热情和活力，在他从事诗歌创作40多年来也是空前未有的。

究竟是什么因素、哪些条件，使诗人艾青到他接近70高龄的时候，突然才情焕发、杰思如泉，源源不断地写出这么多好诗，在自己的艺术道路上掀起这样光华四射的创作高潮呢？

这一年多，我们的诗人走遍塞北岭南，北到大庆、鞍钢、北国边城，南到南海前哨，东到东海之滨，西随对外友协一个代表团访问了西德、奥地利和意大利。广阔多样、丰富多彩的生活，当然是触发诗情的不可缺少的条件和源泉。但我认为更重要的决定性的因素，还在于：我们国家的政治局面好转了，诗人的处境、地位、心情和感受不同了，他能够以时代的和国家的主人的姿态，自由地“和人民一起歌唱”了！我国社会主义文艺百花齐放的春天，真正到来了！

我们看到，诗人是那样兴奋、那样舒畅地冲出把他囚禁了多少年的精神牢笼，冲向“个人创造性和个人爱好的广阔天地”，冲向“思想和幻想、内容和形式的广阔天地”，冲向诗歌、艺术和美的广阔天地……

去年5月，我写了一篇《诗人的青春》，对艾青的部分近作初步谈了一点看法，表达了自己作为一个读者的由衷的喜悦之情。那以后，诗人又有许多新作发表。现在，就让我们到他开辟的诗歌创作的广阔天地里，继续探索吧！

一

1979年9月上旬，黑龙江文联、中国作协黑龙江分会和黑龙江人民广播电台，在哈尔滨联合主办了一个“艾青诗作朗诵会”。那天正好下大雨，主办单位担心去的人少，结果却完全出乎意料：人们冒着东北罕见的大雨，有的走很远的路，按时赶去听朗诵。整个大厅座无虚席。听众中有工人、农民、士兵、干部和知识分子，许多固然是诗歌爱好者，但也有不少是并不经常读诗的人。朗诵会并未安排其他节目，朗诵演唱的全是艾青的诗和为他的诗谱曲的歌子，然而观众却没有一个人早退。人们屏息静听，从始至终沉浸在一种艺术的美感享受和诗歌所唤起的激动情绪之中……

我远在数千里外的祖国西南边疆，未能去参加那次诗歌朗诵会。但从后来得到的朗诵“节目单”和友人来信中，也多少可以想见那别开生面、激荡人心的空前盛景。从《大堰河——我的保姆》（1933年）到《雪落在中国的土地上》（1937年），从《向太阳》（1938年）、《火把》（1940年）到延安发表的《黎明的通知》（1941年），从前年轰动诗坛的《在浪尖上》，到去年引起广泛注意的《古罗马的大斗技场》《知了歌》《听，有一个声音》等一系列新作，诗人艾青在他46年来的创作（包括被迫沉默的

20 年在内）中，唱的始终是时代的感情、人民的心声。能够在一个晚上，两三个小时内，听到一位大诗人近半个世纪所写的最有代表性的主要诗章，听到自己祖国、民族和人民的脉搏的跳动和斗争的呼唤，那该是多么令人神往的艺术享受啊！

人们所以如此喜欢艾青的诗，绝不是偶然的。人民喜欢那些深刻地反映自己的思想感情、强烈地表达自己的意志愿望的诗。人民热爱、感激和尊敬能大胆地及时地为自己说话的诗人。人民能从这样的诗人的作品中，更好地认识自己、认识自己的痛苦和欢乐、认识自己的苦恼和追求、认识自己的苦难和历程、战斗的道路和光明的未来，也认识自己的祖国和时代……

> 诗人要对当代提出的尖锐问题和人民一同思考，和人民一同回答。
>
> 人民对于善恶、对于真假、对于黑暗与光明都有鲜明的、毫不含糊的看法。
>
> “你说了大家心里的话。”这就是人民对诗人的鼓励和赞扬。[①]

30 年代、40 年代，艾青同灾难深重的人民，同争取民族解放而英勇奋战的人民“一同思考”“一同回答”，才写出了《雪落在中国的土地上》《我爱这土地》《煤的对话》和《火把》《向太阳》《黎明的通知》等等那许多表现人民情绪、反映时代精神的好诗，用自己独特的诗的语言和形式，说出了“大家心里的话”。

70 年代，当他有了重新发言、重新歌唱的条件以后，他立即进一步发扬革命诗歌的现实主义的战斗传统，“对当代提出的尖锐问题和人民一同思考”“一同回答”，于是便以空前的创作激情，写下了《在浪尖上》《光的赞歌》《盆景》《墙》《古罗马的大斗技场》《听，有一个声音》等等一大批反映社会主义历史新时期的人民情绪和时代精神的好诗，继续用自己独特的诗的语言和形式，说出了“大家心里的话”。而且随着时间的推移，由于社会的和历史的原因，诗人有了更丰富复杂的经历和感受，有了更广泛深入的长期观察和反复思考，他同自己亲爱的祖国和人民一起欢乐和痛

① 艾青：《新诗应该受到检验》，《艾青谈诗》，花城出版社 1982 年版，第 31 页。

苦，一起追求和斗争，也一同成长和成熟起来。我们感到，他的诗，他近两年创作的那些最精彩的篇章，比起他早年那些著名的代表作来，显得更丰厚和深沉了！

你们害怕我
因为我和真理在一起
你们仇恨我
因为我和人民在一起
……
我最爱光明
你们夺走了阳光
我最爱自由
你们把我关进牢房

你们不让我歌唱
我偏要大声地唱
我的歌你们不愿意听
我的歌是唱给人民的

这是“夜深人静的时分”，“在中国的上空”响着的“一个女人”的声音，这是中国共产党的好女儿、中华民族的骄傲、中国人民的光荣——张志新烈士，在最耻辱的时间、最黑暗的地点，面对最残酷、野蛮的封建法西斯匪徒，发出的震撼灵魂的声音。我们已经读到以《小草在歌唱》（雷抒雁作）为代表的一大批歌颂张志新的好诗，可是艾青的《听，有一个声音》却又别开生面，诗人用第一人称“我”——即烈士本人直抒胸臆的口气，喊出了一个无比坚强崇高的灵魂的自白，喊出了她的忧虑、她的愤怒、她那钢铁般的决心和她为之献出生命的火焰般“永不熄灭”的真理。“拿一个共产党员　和中统女特务交换　把我判了死刑　她却得到释放”，“为了堵住我的嘴　不能向世界呼喊　你们下毒手了　杀鸡似的割断我的喉管　你们割得很熟练　我是第四十六名　你们还要割下去　让人间没有声音”……这是历史在揭露20世纪魔鬼的“创举”，这是人民在控诉原子时代野兽的“发明”，这是时代在宣判最黑暗时期的封建法西斯匪徒的最残暴的罪行！这是历史的声音，时代的声音，人民的声音：

铐上手铐——不让写
钉上脚镣——不让走
割断喉管——不让喊
但是，我还有思想——
　通过目光射出愤怒的箭

我向你们看一眼
你们就浑身打颤
我向你们看两眼
就连心肺都扎穿

你们把我押送到刑场
想让我最后低下头来
我把头仰得更高
骄傲地迎接死亡
……
你们举起了枪
对准了我的胸膛
你们枪毙的不是我
你们枪毙的是真理

当然，真理是枪毙不了的。罪恶的子弹射向祖国和人民的胸膛，射向真理和坚持为真理而斗争的当代英雄，射向十年浩劫中最早觉醒的中国共产党党员张志新。张志新的生命被夺走了，但她崇高的精神不死，她捍卫的真理永存，她伟大光辉的形象永远活在人民心中，她获得了光照千古的"永恒的青春"。她因"和人民在一起"而"得到永生"。"一声枪响之后　发出万声回音　人间在怒吼　天上响着雷霆"，"全世界都在看着我　我是繁星中的一颗星　全世界都听见我的声音　我像汽笛欢呼着黎明"。诗人就这样通过他新巧的艺术构思和独特的诗歌形式，塑造了20世纪70年代中国无产阶级当代英雄张志新的光辉形象，并无情地揭露和鞭挞了疯狂迫害张志新这样的英雄人物、给全党和全国人民带来空前灾难的一小撮魔鬼。魔鬼的统治是被彻底摧毁了，但它们的阴魂并没有就烟消云散，所以诗人在最后写下了这样引人深思的结尾：

人民是千千万万面镜子
每面镜子都追踪着你们
照见你们的每一行动
照见你们丑恶的灵魂

看着你们在扑打灰尘
把手上的鲜血洗净
如何编造谎言
去骗取“功勋”

人民是千千万万个摄影机
每个镜头都对准着你们——
犹大的嘴脸
豺狼的心

林彪、“四人帮”这伙豺狼，从他们篡党夺权的反革命政治目的出发，利用毛泽东同志在我国各族人民中的崇高威望，不断提出越来越左的政治口号，反复倡导一系列荒谬绝伦的宗教仪式和夸张手法，把人们对领袖的信任引向迷信。他们把革命领袖从人变成神，把革命理论从科学变成神学。在那些到处充满了宗教狂热和现代迷信的黑暗年月里，人们念着语录跳下洪水，念着语录去冲锋陷阵，甚至念着语录互相厮杀起来……林彪、“四人帮”覆灭后，真理的阳光重新照亮祖国大地，人们仿佛大梦初醒，回头一看，深深地感到被欺骗了，受愚弄了，于是有的人便从迷信走向怀疑。特别是年轻一代，正当他们观察世界、认识世界、追求理想、走向生活的时候，恰好碰上了盛极一时的现代迷信和不可理解的十年动乱。他们以为马列主义、毛泽东思想就是林彪、“四人帮”鼓吹的“高举”“紧跟”“斗、斗、斗”那一套。现在，神话破产了，就一部分青年来说，建立在迷信基础上的信念崩溃了，而建立在科学基础上的信念却又尚未建立。于是，产生了苦闷、彷徨、悲观、失望。如何对待这“离散了之后 从荆丛中挣扎出来的”“整整的一代青年”？有着庄严的革命责任感和敏锐的洞察力的诗人艾青，“和人民一同思考”“一同回答”满腔热情地及时写下了《每个人都要从自己开始》这首诗：

好像是一场地震
人人都在劫难逃
听见的是裂心的嘶叫
看见的是不可思议的大混乱

活着的下临深渊
像走钢丝绳似的过来了
面对茫茫大地
仰头问苍天：“前途在哪里？”

听，那边迷失了的一群
唱起了《拉兹之歌》
声音多么凄婉
每个音符都满含哀怨

谁忍心抛弃他们
谁有权利对他们责难
他们所需要的是
百倍的宽容与慰安

作为时代的歌手和人民的代言人，我们的诗人的思想感情必须和人民一致，必须同人民息息相关、心心相印，必须同人民打成一片、融为一体。诗人爱的、恨的、想望的，应当正是人民所爱、所恨、所想望的。诗人暴露黑暗、赞美光明，鞭挞假、恶、丑，歌颂真、善、美，都是为了人民，为了人民的利益，为了人民的理想，为了鼓舞人民去创造美好的生活和幸福的明天。而新时期我国各族人民的最大利益和共同愿望，就是团结一致、同心同德搞四化，为把我国建设成一个现代化的社会主义强国而努力奋斗。“谁要是严格符合自己时代的要求，他就有最大的可能符合未来许多时代的要求。”① 我们的诗人当然必须时时想到时代和人民赋予自己的庄严职责，必须无愧于人类灵魂工程师的光荣称号，应当努力使自己“严格符合自己时代的要求”，创造出最健康有益、最优美精致的艺术品献给人民，应当努力通过自己创造的艺术形象激励人民为实现自己的理想而斗争，应当努力通过自己的诗篇所体现的思想和精神去照亮人们前进的方向和道路。我们感到，艾青正是在努力这样做的。他在诗中严肃地写道：“绝望是可悲的，懒惰是可耻的”。他在诗中响亮地号召：“每个生命只存在一次　每个人只有一次青春　千万不要变成无效分蘖　纵然早春也会有寒冷　没有不斗争的胜利　没有不劳动的幸福　道路只能在前进中延伸　跋涉才有豪迈的歌声”。最后，他在诗中深情地勉励青年一代，也勉励我们每一个人为四化献出自己的一切：

我们用推土机推走了每个黄昏
我们又用起重机升起了每个黎明
谁在工地上袖手旁观
谁就埋进了滚滚烟尘
……
要像煤块一样冷静
却有火热的心肠
每个人都要从自己开始
发出最大的能量

这是多么激荡人心、多么响亮有力的诗篇！这是诗人对我们这个伟大而又充满动荡和曲折的时代，对我国当代的人民情绪以及目前某些青年中出现的颓丧情绪作了认真的深入思考之后，所作出的诗的回答。这也是从诗人同人民息息相关的内心深处涌出来的，闪耀着强烈的时代色彩和鲜明的个性特征的“灵魂的歌”。

艾青说：“写诗应该通过自己的心写，应该受自己良心的检查。所谓

① 〔苏联〕卢那察尔斯基：《论文学》，蒋路译，人民文学出版社 1978 年版，第 144 页。

良心，就是人民的利益和愿望。人民的心是试金石。”“真正的诗人们，让我们摸一摸人民的脉搏吧！让我们更深刻地了解人民在渴望些什么？人民在要求些什么？让我们从人民的身上感受一点体温吧！”[①] 我们感到，诗人的创作正是他的主张的最好实践。他是真正懂得人民的心、感受到了人民的体温的，他的诗中是真正跳动着人民的脉搏、深刻地反映了人民的利益和愿望的。

二

我们知道，艾青曾于1928年到法国学画，1932年回国后加入“中国左翼美术家联盟”，同时开始在左联的刊物《北斗》上发表诗作。他正是用从“那在眼角里充溢着贪婪，卑污的盗贼的欧罗巴”带回来的“芦笛”，开始吹奏出那“对于凌侮过它的世界的　毁灭的咒诅的歌”的。

在经过了47年之后，去年五六月间，诗人作为中国人民对外友好协会代表团的一员，再一次到了“彩色的欧罗巴”，访问了德意志联邦共和国、奥地利和意大利三个国家。在多瑙河的游艇上，在维也纳的笔会上，在慕尼黑市政府的宴会上，在古罗马的广场群众活动中，诗人每到一处都要被喜爱文艺的中外朋友们围起来问这问那，有的中国血统的外籍人，见面后第一句话就说：“我在当学生时就从课本上读过你的诗。”更多不同社会地位和政治观点的外国朋友，则不约而同地说着同一句话：“希望你能写出我们国家和我们城市的诗篇！”我们的诗人在远离祖国的地方，仍生活在热情的鼓励、急切的期待和温暖的情谊之中，他异常兴奋，浮想联翩。他没有辜负人们的希望，他写下了《莱茵河流过的地方》（组诗）、《蓝色的多瑙河》（组诗）《罗马的夜晚》《祝酒》《特根恩湖的早晨》《古罗马的大斗技场》等等许多诗篇。

在“彩色的欧罗巴”旅行，在美丽的莱茵河、多瑙河流域游览，诗人当然要用清新明丽的诗句，赞美奥地利的玫瑰花（《奥地利之二》），赞美

① 艾青：《新诗应该受到检验》，《艾青谈诗》，花城出版社1982年版，第34页。

“欧罗巴的心脏地带”那“绿得醉人的密林”（《奥地利之一》），赞美“可爱的古城”特里尔的导游人，如何“从她薄薄的嘴唇里　流出最悦耳的声音”（《导游人》），赞美“特根恩湖的早晨”，那“平明如镜的湖面”和“反衬出湖水的深蓝”的“白天鹅”（《特根恩湖的早晨》），赞美那“使两岸的土地变得肥沃”的“蓝色的多瑙河”（《蓝色的多瑙河》），但我们的诗人并没有流连忘返于湖光山色之间，没有停留在生活的表面，他看得更深、想得更多，他总是善于把握住时代的脉搏，善于通过极平常的事物或生活现象，开掘出、表达出人们普遍关心的问题或人民的心理和愿望。例如意大利人敬酒时说：“亲亲”，即“干杯”的意思，诗人便抓住“亲亲”这个词在中意两国语文间的双关意义，写下了《祝酒》这首诗：

杯子和杯子，
轻轻地相碰，
发出轻轻的声音：
“亲亲”“亲亲”“亲亲”。

你的心、我的心，
也轻轻地相碰，
也发出轻轻的声音：
“亲亲”“亲亲”“亲亲”。

为了友谊、为了和平，
让我们每个人的心，
都发出轻轻的声音：
“亲亲”“亲亲”“亲亲”。

这样的诗，似乎脱口而出，信手拈来，却使人感到朴素、亲切、情味深浓，它交流着各国人民的感情，传达出各国人民的心声。这样的诗，是能够起到沟通人们的心、温暖人们的心、滋润人们的心灵的美酒和香茗的作用的。别林斯基说过：“构思的朴素是真实的诗和真正的成熟的天才之最可靠的一个表征。”[①]《祝酒》正是这样的诗，它的构思、它的语言的朴素、单纯而耐人寻味，标志着诗人艾青已经具有一种“着手成春”的高度成熟的才能。

在诗人青年时代早已无限向往的人类古代艺术发源地之一的罗马，诗人今天看到什么、感到什么、把握到什么，又如何来表现呢？《罗马的夜晚》这样开头：“罗马沉睡在废墟上吗？罗马昏迷在宗教里吗？不，这不是真正的罗马。真正的罗马在哪里？”诗人告诉我们：“在铁斯塔索工人区”，在“民间音乐演奏会”上，在“洋溢着青春的热情”，正欢乐地歌唱、勇敢地劳动和前仆后继地战斗的意大利人民中间。在难忘的夜晚，在圣玛丽亚广场，青年男女们载歌载舞，哼起了民歌“贝拉乔”：“假如我在战斗中牺牲……请你把我埋葬……好朋友、好朋友、好朋友……每当人们从这儿经过　都说：‘啊，多美丽的花朵！’”在歌声里，诗人仿佛看见：“游击队员唱着歌　在密林里搜索敌人”；最后，人们唱起悲壮的《国际歌》：

像春雷在天边滚动
像暴风雨从天际降临
像熊熊的烈火蔓延在原野
听啊，罗马的夜晚在沸腾……

于是，我们的诗人看见了，并通过他的诗篇向我们描绘和表现出“一个真正的罗马　热血沸腾的罗马　充满青春活力的罗马”：

在这不眠的夜晚
罗马青年拉着手风琴
回到圣玛丽亚广场
要用通宵狂欢的舞蹈
迎接七山之城的黎明
——我好像听见了
在罗马的废墟上

① 转引自〔俄〕别列金娜选辑：《别林斯基论文学》，梁真译，新文艺出版社 1958 年版，第 104 页。

吹响了进军的号声……

如果说，我们从30年代艾青写欧罗巴的诗篇《芦笛 》《巴黎》《马赛》等等中，看到的主要是“涂满了血污和耻辱的泪”，是“财富和贫穷的锁孔”“掠夺和剥削的赃库”，是“盗匪的故乡　可怕的城市!”是对于那资本主义世界的无情的揭露和愤怒的诅咒，那么，今天就大不相同了!历史走过了半个世纪风云变幻、波澜壮阔的航程，欧罗巴已经不是30年代初期的欧罗巴，艾青也早已不是当年那个在巴黎学画的年轻人了。诗人走过了他一生中最重要的漫长、丰富而曲折的路途，他不仅是从思想上到艺术上都已成熟的著名诗人，而且对自己所处的时代，对欧罗巴的过去、现在和未来都有了更广泛的思考和更深刻的理解，所以他今天的新作更着眼于人民，更着眼于人民的生活、理想及其植根于现实斗争的种种愿望。现实生活的画面，时代脉搏的跳动，人民内心的呼声，独特新颖、生动活泼地反映在艾青的一系列旅欧新作中，产生了不同于《巴黎》《马赛》等等诗篇的新的特色。

这种新的特色，不但鲜明地表现在《祝酒》《罗马的夜晚》《慕尼黑》《导游人》《死亡的纪念碑》《蓝色的多瑙河》等等诗章中，更强烈突出地表现在《墙》这样的短诗上：

一堵墙，像一把刀
把一个城市切成两片
一半在东方
一半在西方

这是在写柏林墙，写第二次世界大战带来的“历史的陈迹”“民族的创伤”。诗人深知：“谁也不喜欢这样的墙”，所以他用充满感情的深沉而富有诗意的语言，向世界宣告：“再高一千倍”，“再厚一千倍”，“再长一千倍”：

又怎能阻挡
天上的云彩、风、雨和阳光?
又怎能阻挡
飞鸟的翅膀和夜莺的歌唱?
又怎能阻挡

流动的水和空气？

又怎能阻挡
千百万人的
比风更自由的思想？
比土地更深厚的意志？
比时间更漫长的愿望？

这首诗，动人心魄地喊出了两个德国的人民——整个德意志民族的心声，也喊出了我们时代各国人民相通的感情和共同的心声。柏林墙是有形的，它有 3 米高，50 厘米厚，45 公里长。世界上其他国家还有许许多多无形的墙。但不论在什么地方，不论是有形的或无形的墙，也不论这墙有多高、多厚、多长，想要阻挡千百万人的“比风更自由的思想”“比土地更深厚的意志”“比时间更漫长的愿望”，都是绝对办不到的！我们感到，这样的诗里强烈地跳动着时代的脉搏，有力地传达出人民内心的呼唤。毫无疑问，这是我们时代的最强音。诗人在慕尼黑亲自朗诵这首诗时，在听众中引起了强烈的反响，赢得了热烈的掌声，绝不是偶然的。

这里，我们不能不着重谈到发表于 1979 年 8 月 12 日《人民日报》上的长诗《古罗马的大斗技场》，这恐怕是艾青旅欧新作中最引人注意、最为人称道、反映最强烈的一首诗。如题目所标示的，这首诗是写奴隶社会时期——几千年前古罗马的斗技场，然而诗人绝不是发思古之幽情，或一般地借历史事件发一点感慨，而是通过对当年这“全世界最大的斗技场”上展开的“壮烈的风光”和“残酷的悲剧”的抒写，深刻揭示人类进入阶级社会以来，即从古代的罗马到当今的世界都存在着的“奴隶主的思想”，它所造成的巨大罪恶及其根源。诗人站在当代先进思想的高度，俯视纵横几万里的生活海洋，概括上下几千年的历史教训，从古罗马这座“七山之城”的一个斗技场出发，写下了具有巨大的思想深度和深厚的历史内容的宏伟诗篇，完成了一个重大主题的艺术表达。

诗篇从“在一个圆的小瓦罐里”斗蟋蟀的场面入手，那两只蟋蟀“张牙舞爪扑向对方，又是扭打、又是冲撞”，直到一只把另一只咬死的悲壮景象入手，惊心动魄地展现出当年奴隶们被驱赶到斗技场上互相残杀的惨状：

相搏斗的彼此无冤无仇
却安排了同一的命运，
都要用无辜的手
去杀死无辜的人；
明知自己必然要死，
却把希望寄托在刀尖上；

“不知道是哪个游手好闲的　想出如此残忍的坏点子！”——他们使这些被迫走上斗技场的角斗士，这些“一个个身强力壮”却只能“像畜棚里的牲口一样”任人宰割的奴隶，都蒙上面具，盲目地进行你死我活的搏斗和厮杀：

参加角斗的互相看不见
双方都乱挥着短剑寻找敌人
无论进攻和防御都是盲目的——
盲目的死亡、盲目的胜利。

而一场角斗结束以后，那些“不直接去杀人”“却比刽子手更阴沉”的“打手”，便大摇大摆地走进场来打扫战场，“用长钩子钩曳出尸体　和那些血淋淋的肉块　把被戮将死的曳到一旁　拿走武器和其他的什物，奄奄一息的就把他杀死；然后用水冲刷污血　使它不留一点痕迹。”这是多么令人痛心的奴隶们互相残杀的惨景！这是多么目不忍睹的“残酷的悲剧”！然而对这样的悲剧，“打扮得花枝招展”的宫妃和等级森严的王公贵族们，却“一个个悠闲自得”地站在“一层层的看台上”欣喜若狂地观看，他们“从流血的游戏中得到快感”，“从死亡的挣扎中引起笑声”，“别人越痛苦，他们越高兴”；他们“用别人的灾难进行投机”，“从血泊中捞取利润”，“他们的财富和罪恶一同增长”！于是我们的诗人无比愤怒而又万分沉痛地发出了震撼灵魂的询问：

这就是古罗马的斗技场
它延续了多少个世纪
谁知道有多少奴隶
在这个圆池里丧生。

神呀，宙斯呀，丘比特呀，耶和华呀
一切所谓“万能的主”呀，都在哪里？
为什么对人间的不幸无动于衷？
风呀，雨呀，雷霆呀，
为什么对罪恶能宽容？
……
谁是这场游戏的主谋？
时间越久，看得越清：
经营斗技场的都是奴隶主
不论是老泰尔达维尼乌斯
还是苏拉、凯撒、奥大维……
都是奴隶主中的奴隶主——
嗜血的猛兽、残暴的君王！

这是对几千年来一切所谓“万能的主”的尖锐的质问，也是对“延续了多少个世纪”的残暴君王们的无数滔天罪恶的深刻揭露。德国诗人席勒在他的长诗《海盗》第一版序言中说：“谁要是抱着摧毁罪恶的目的，抱着向民众的宗教道德规范的敌人进行复仇的目的，那末他就必须把罪恶的一切丑态在光天化日之下暴露出来，并且把罪恶的巨大形象展示在人类的眼前。”《古罗马的大斗技场》正是通过抒写当年斗技场上一幕幕骇人听闻的残酷悲剧，把“奴隶主中的奴隶主”们的“罪恶的一切丑态”暴露在光天化日之下，把“嗜血的猛兽、残暴的君王”们的“罪恶的巨大形象”展示在我们的面前，并对他们作了最严厉的批判和最有力的鞭挞。

历史是无情的。奴隶们“为了改变自己的命运”，终于“一次又一次地举起义旗”，捣毁了万恶的斗技场，“把那些拿别人生命作赌的人钉死在耻辱柱上！”最后，诗人意味深长地写道：

奴隶社会最残忍的一幕已经过去
不义的杀戮已消失在历史的烟雾里
但它却在人类的良心上留下可耻的记忆
而且向我们披示一条真理：
血债迟早都要用血来偿还；

以别人的生命作为赌注的
就不可能得到光彩的下场。

说起来多少有些荒唐——
在当今的世界上
依然有人保留了奴隶主的思想,
他们把全人类都看作奴役的对象
整个地球是一个最大的斗技场。

长诗就这样结束了。诗人从今天想到过去，又从古代写到当代，他通过“奴隶社会最残忍的一幕”，概括了几千年阶级社会里以不同的形式重复着的生活真实，揭示了被历史的经验一再证明、而在今天和将来仍有着普遍教育意义的伟大真理。卢那察尔斯基在谈到普希金时说过：“他将作为他的时代的一个伟大见证人出现在我们面前。他将给我们打开一扇窗子，使我们能够深入地看看那个时代；必须对它有所理解，才会从本质上理解包括我们今天在内的全部历史过程。”① 艾青作为我们这个时代的见证人，由于有马列主义科学真理的光辉照耀，更便于他“观古今于须臾，抚四海于一瞬”，即对“当今的世界”（国际上风雷激荡，国内进行了史无前例的“文化大革命”）有深入的体察和深刻的理解，又能回过头去看透奴隶社会的古罗马“那个时代”，这就使他的《古罗马的大斗技场》具备了特别大的艺术概括力和思想容量。这首诗以独特的构思、尖锐而耐人深思的语言，使人惊心动魄的历史画面和残酷悲剧，以及“罪恶的巨大形象”而引起普遍注意和强烈反响。真正的诗总是要引起人们“由此及彼”的联想，总是包含着比它直接抒写的题材内容更丰富、更广阔、更深刻得多的东西的。正如诗人自己早就说过的：“一首诗不仅使人从那里感触了它所包含的，同时还可以由它而想起一些更深更远的东西。”②《古罗马的大斗技场》难道仅仅写了古罗马斗技场上的悲剧吗？不，它几乎处处、句句使我们想起其他的这样那样的“斗技场”，想起历代奴隶主式的暴君制

① 〔苏联〕卢那察尔斯基：《论文学》，蒋路译，人民文学出版社 1978 年版，第 152 页。

② 艾青：《诗论》，人民文学出版社 1956 年版，第 131 页。

造的种种残酷悲剧，也不能不想起在20世纪60年代后期到70年代初期的新中国，不能不想起在林彪、“四人帮”封建法西斯专政下，在现代迷信的浓云密雾中，一度分为两大派而进行“你死我活”大搏斗的千百万人民群众的深重灾难……这样的诗，难道不是能够通过艺术的感染，帮助我们提高和加深“从本质上理解包括我们今天在内的全部历史过程”吗?!

三

早在30年代末，艾青就在他的《诗论》中说过：

“真、善、美，是统一在先进人类共同意志里的三种表现，诗必须是它们之间最好的联系。”

“一首诗必须把真、善、美，如此和洽地融合在一起，如此自然地调协在一起，它们三者不相抵触而又互相因使自己提高而提高了另外的二种——以至于完全。”

40多年来的创作实践和突出成就表明，艾青自己是一直努力去这样做的。从诗人近两年的许多优秀作品中，我们同样看到了真、善、美之间这种“最好的联系”，看到了它们三者是“如此和洽地融合在一起，如此自然地调协在一起”。这种三者融合的境界，是真正的好诗必须具备的，也是杰出的诗人才有可能达到的。它意味着正确而深刻的思想、真挚而独特的感情、高尚而优美的情操和某种与之相适应的艺术形式的结合。

别林斯基在谈到普希金的时候，说“他的每个感觉，每种情绪，每个思想，每种情景都充满着诗。他从一个特别的角度来审视自然和现实，而这个角度是为诗所独有的”。我们读艾青的诗也有这样的感觉，好像诗人有一种特殊的独有的诗的气质和才能，从一个特别的角度来审视自然和现实，这就使他随便写什么、无论怎么写都会富有诗意，“都充满着诗”。其实，这是诗人长期刻苦努力、深入思考、广泛吸取和反复磨炼的结果，是诗人在思想上和艺术上都达到成熟的标志。

让我们读读《窗外的争吵》这首诗吧。诗人用他独特的心灵，听到窗外有“两个声音”——春天和冬天的声音在争吵。春天已经来了，冬天却还想赖着不走，它厚颜无耻地公开说：“看你把我怎么办，我就是不愿意走。”当然，时序更替的规律，社会发展的规律，历史前进的规律，是无法更易、不可阻挡的。最后，春天用普普通通、朴朴素素而又无比有力的语言这样说：

别以为大家怕你
到时候你就得走
你不走大家轰你
谁也没办法挽留

用不到公民投票
用不到民意测验
用不到开会表决
用不到通过举手

去问开花的大地
去问解冻的河流
去问南来的燕子
去问轻柔的杨柳

地里种子要发芽
枝头骨朵要吐秀
万物都频频点头
异口同声劝你走

你要是赖着不走
用拖拉机拉你走
用推土机推你走
敲锣打鼓送你走

这场“争吵”，自然以春天的胜利和冬天的失败而告终，诗篇巧妙地歌颂了春天，更尖锐有力地批判、鞭挞和嘲笑了“冷酷无情”地把大地

"糟蹋""摧毁"得"什么也没有"的冬天。它使我们想起新制度已经建立、新时代已经到来之后，仍顽固地不愿退出历史舞台的旧事物、旧思想、旧社会的种种残余，《窗外的争吵》自然也是对它们的批判、鞭挞和嘲笑。只不过这一切，即诗篇的主题思想，它的鲜明的政治倾向性和强烈的现实意义，不是直接说出来，而是通过新巧的构思和明朗的形象表现出来的，它正是那种把真、善、美"如此和洽地融合在一起"的艺术品。

艾青在《答〈诗刊〉问十九题》中，关于诗的形式和风格是这样回答的：

问：你喜欢用什么形式写诗？你是否主张新诗要格律化？

答：爱怎么写就怎么写。是诗产生格律，不是格律产生诗。

问：诗人怎样才能建立自己的风格？

答：不知道。要是知道，我就有了一种固定的"风格"了。

这是诗人的老实话，是他的经验之谈，也是用最精练、明白的语言表达出来的关于诗的形式和风格问题的独到而深刻的见解。我们看到，艾青的诗正是这样的：从不拘泥于一种固定的形式和风格，而是完全服从诗的需要，服从诗的内容的需要，从完好地表达诗情诗味、诗境诗意的需要出发，不断变化、不断创造出新的形式和风格。可以押韵，也可以不押；可以讲究点格律，也可以完全不要格律化；可以是四行一节、两行一节，也可以是三行一节或五行一节；甚至一首诗可以只有一两行或两三行，也可以洋洋洒洒数百行、上千行……总之，一切从诗的需要出发，不论什么形式和风格，只要写出来的是诗，就可以了。《在浪尖上》《光的赞歌》《古罗马的大斗技场》等等固然是气势磅礴的好诗，但像《无题》（1979 年 10 月号《星星》）那样只有一句、两句或三句组成的小诗，又何尝不是好诗呢？

八

软体动物
最需要硬壳

十二

谁也无法估计邮递员的邮包里
装了多少欢乐和悲哀

十六

不要相信牧师的话——
上帝在他的嘴上
魔鬼在他的心里

十八

听见狼嚎你可以握紧棍子
但毒蛇是没有声音的

“存在于诗里的美，是通过诗人的情感所表达出来的、人类向上精神的一种闪烁。这种闪烁犹如飞溅在黑暗中的一些火花；也犹如用凿与斧打击在岩石上所迸射的火花。”（《诗论》）这种短小的哲理诗，同样凝结着诗人对生活的独特的感受和独到的思考，闪耀着诗人的智慧和思想的火花。它不追求什么格律化，它没有什么特别优美完整的诗歌形式，它不拘长短，不讲押韵，但我们仍然认为它是诗，而且是很不一般化的好诗，是能给人以知识和智慧，给人以美感和愉悦，或给人以启示和教益的好诗。我们感到，它的形式和内容也是和谐统一的。“是诗产生格律，不是格律产生诗”，是诗产生形式，而不是形式产生诗。

当然，我们并不否认形式的重要性，并不认为讨论、研究和解决诗的形式问题，对新诗的发展毫无积极意义。歌德甚至说过：“不同的诗的形式会产生奥妙的巨大效果。”但无论如何，起决定作用的首先是内容，是有没有诗情诗味、诗境诗意。诗的形式的创造，是同诗的内容的表达同时进行的，而且它必须服从于诗的内容的表达。因此我认为，新诗的形式问题，不是理论问题，而首先是实践问题。那种把新诗不受欢迎、“诗集卖不出去”（是否真是如此，还值得研究，要具体分析，不能人云亦云）的责任，推到新诗的形式上的看法，是很不公道的。新诗形式的创造、丰富、发展和多样化，应当在实践中同题材内容的开拓、扩大、深化和多样化一道解决。我们当代的诗人们，应当从新时期实现四个现代化的需要出发，从新时期广大人民群众的多方面的精神要求出发，到“个人创造性和个人爱好的广阔天地”里，到“思想和幻想、内容和形式的广阔天地”里去勇敢实践、大胆创造、展翅飞翔！

我们多么欣喜地看到：七十高龄的老诗人艾青正在如此广阔的天地里勇敢、大胆地作这样的飞翔！他有着庄严的时代责任感，他自觉地为伟大的人民歌唱。正如香港诗人何达在《艾青与诗朗诵》一文中所写的：“如果诗里面没有阳光，我如何会感到温暖？如果诗里面没有烈火，我又怎样会燃烧？”艾青的诗里有阳光，有烈火，有充沛的激情、高尚的情操、辉煌的理想，有一股促人向上、使人奋发的强大思想艺术力量，只不过他的这一切，都是从时代、从无比丰富广阔和复杂多样的人民生活的海洋里吸取来的。“在碧绿的海水里　吸取太阳的精华　你是彩虹的化身　璀璨如一片朝霞”（《珠贝》）。这里写的是珠贝，也正好可以用来比喻诗人如“粒粒珍珠”般晶莹闪亮的诗篇的产生过程。这样的诗，当然绝不是某种概念的形象化、某种教条的传声筒或某种押韵体的政策条文的解说，也绝非简单地从属于政治的某种工具。通过这样的诗，使人感到我们的诗人的灵感和想象，是真正飞向了“思想和幻想、内容和形式的广阔天地”的。

去年春天，艾青率领的诗人访问团在广州参观盆景展览。这位“老诗人中的‘孩子’”，这位“能在轰鸣的轮机声中听出寂寞；从动荡的甲板上体验到单调”的诗人，“又从盆景中发现了普通人看不到的另一面”。本来，花木都应有“自己的天地”，都应当自由地“吸收土壤的营养”，“承受雨露和阳光”，“在天空下心情舒畅”地“接受大自然的爱抚　散发出各自的芬芳”，可是苦难的历程、曲折的经历、廿多年的所见所闻和独特的感受，却使诗人从盆景里不是看到春色、春意、春光，而是从用青铜做主干、用铁丝做枝丫的所谓“冬不受寒，夏不受热”的人工造成的花木身上，看到“受尽了压制和委屈”的“不幸的产物”，看到了“生长的每个

过程 都有铁丝的缠绕和刀剪的折磨”而不能自由伸展的“残缺不全的典型”，看到了“像一个个佝偻的老人”般夸耀着“怪相畸形”，“像一群饱经战火的伤兵”般“支撑着一个个残废的生命”的悲剧图景：

如今却一切都颠倒
少的变老、老的变小
为了满足人的好奇
标榜养花人的技巧
柔可绕指而加以歪曲
草木无言而横加斧刀
或许这也是一种艺术
却写尽了对自由的讥嘲

盆景无疑是一种艺术，今后也将继续存在和发展，继续为人们所欣赏和称道，可是艾青却开拓出和发现了它的“另一面”，说它“写尽了对自由的讥嘲”。诗人用自己独特的个性感受创造了崭新的耐人寻味的意境，达到了古人所谓“抒写胸襟，发挥景物，境皆独得，意自天成”的艺术境界，真是别出心裁，独辟蹊径。诗人如果写生活，而不是写概念，写自己和自己独特的个性感受，而不是写尽人人皆知、人人都有的一般化的东西，他的艺术创造的天地就会无限广阔，他的诗的构思和形式也会千变万化、无比多样，他所创造的诗的形象和意境也就绝不会与别人雷同。

我在《生活的牧歌》中曾谈到艾青的诗有一种朴素美和单纯美，这是那种用极精练、明净和简洁的诗的语言所表现出来的艺术美，是如“清水出芙蓉，天然去雕饰”般的自然美，是显示着“大巧之朴”和“浓厚之淡”的那种寓丰富于单纯之中的内在美。读着艾青的近作，我们感到诗人在更成熟的年龄和更高的水平上，继续在他的创作中保持着这种充满青春活力的自然的美，内在的美，朴素、单纯的美。这也许可以看做是艾青诗作在艺术上的一个独特成就和突出特点吧。

画家和诗人
有共同的眼睛
通过灵魂的窗户
向世界寻求意境

色彩写的诗
光和色的交错
他的每一幅画
给我们以诱人的欢欣
……
他所给予我们的
是他所最喜爱的
他以忠诚的心
唱出最美的歌声

这首副题为《读〈林风眠画集〉》的《彩色的诗》，赞扬林风眠的画如何"朴素而又鲜明"，如何"从公鸡找到民间剪纸的单纯，从喧闹的小鸟找到儿童画的天真"，如何在"凌乱中求统一　参错中求平衡"，使"线条中有节奏　色彩中有音韵"……这固然是非常懂画的一位诗人对画家的作品的最"知音"的评论，也反映了诗人自己的美学观点和趣味，而且好像同时写的也正是诗人自己和他的诗："深刻地观察对象　具备激越的感情"，"坚持自己的风格　最痛恨守旧因循"，"即使在遥远的异邦　对祖国的怀念更深沉"。诗人从生活取得灵感、"向世界寻求意境"、从自然找到画面，他是那样地善于把绘画般优美的意境和音乐般动人的旋律融入朴素而明亮的自由舒展的诗行中，他是那样真诚自然、毫不掩饰地向读者袒露着他的明净的灵魂和纯洁的赤子之心。

谁不喜欢《酒》这样的诗？

她是可爱的
具有火的性格
水的外形

她是欢乐的精灵
哪儿有喜庆
就有她光临
……
喝吧，为了胜利

喝吧，为了友谊
喝吧，为了爱情

你可要当心
在你高兴的时候
她会偷走你的理性

不要以为她是水
能扑灭你的烦忧
她是倒在火上的油

会使聪明的更聪明
会使愚蠢的更愚蠢

古往今来有多少诗人写过酒和与酒有关的诗？“天若不爱酒，酒星不在天。地若不爱酒，地应无酒泉。天地既爱酒，爱酒不愧天。”“豪情与美酒，自古长相随。”然而有谁如此生动形象而又准确地写出过酒的特点、酒的性格和形态及其无比神妙的威力？这样的诗，如果简单地从为政治服务或从属于政治的要求来理解，会提出许多问题而把它否定掉，或认为没有什么意思。然而我们却认为，这是来自生活的很有味道的诗，是写诗人在生活中的独特感受的诗，是概括了不同时代人们的共同体验，因而情味深长的真正的诗。

我们再读《镜子》：

仅只是一个平面
却又是深不可测

它最爱真实
决不隐瞒缺点

它忠于寻找它的人
谁都从它发现自己

或是醉后酡颜
或是鬓如霜雪

有人喜欢它
因为自己美

有人躲避它
因为它直率

甚至会有人
恨不得把它打碎

这真是好极了，妙极了！诗人从镜子这样一件人们日日见、天天用、司空见惯的平常事物中，找到了耐人寻味的诗意，发现了“深不可测”的意境，歌颂了“直率”地反映生活真实，如实地展现真、善、美，无情地暴露假、恶、丑的“镜子”，而对害怕反映真实、喜欢隐瞒缺点，甚至因为自己卑污丑恶而恨不得把镜子打碎的人，则进行了辛辣尖锐的揭露、批判和嘲笑。而这样激烈的批判，如此鲜明的爱憎和沸腾的感情，这般深沉的内涵，却是用极其朴素的语言和非常平静的口气，在叙述中表现出来的。这样的诗，它的思想和艺术，它的内容和形式，达到如此的和谐统一，显示出一种迷人的自然美和内在美，使人有“妙语天成”之感。我们不是爱谈什么诗的生命力吗？这种以新颖的构思表现着诗人独到的个性感受的诗，这种从独特的角度“直率”地反映着生活真实而又引人遐想、给人启示的诗，这种既具有鲜明的个性化特征、又表达着非常典型的感情和景象的诗，这种从生活的深邃广阔的海洋里发现和获得的璀璨如“粒粒珍珠”的诗，就是永远闪耀着光芒、最富于生命力的。它比那种直接配合某一项政治任务的诗，寿命要长得多！

艾青在《彩色的诗》里不无感慨地写道：“离开了自由创作谈不上艺术生命”。这“自由创作”，也就是“爱怎么写就怎么写”的意思。而“爱怎么写就怎么写”，我们在前边已经说过，绝不是指脱离生活、脱离人民、脱离时代随心所欲地去胡编乱写，而是要求诗人加强自己的责任感，真正按照诗的规律、艺术的规律去“自由创作”，从而写出能多方面满足人民精神文化生活需要的真正艺术品。因此，诗人越是加强了庄严的时代责任感，越是真正担负起满足各族人民多方面日益增长的精神文化需要的神圣职责，他的诗也就越发具有旺盛的长久的艺术生命力。在这个意义上说，诗人的职责和诗歌的生命力是密切相关的。

我同意王蒙同志的说法：“我们的文艺既要起号角、刺刀和手榴弹的作用，又要起显微镜、望远镜和X光机的作用，还要起沟通人们的心、温暖人们的心、滋润人们的心灵的美酒和香茗的作用。”艾青的诗里，有号角、刺刀和手榴弹，有显微镜、望远镜和X光机，也有沁人心肺的美酒和香茗。而不论写什么和怎样写，不论反映什么题材内容和采用什么样的形式风格，只要能起到这些作用当中的任何一种作用，就都是为人民所喜闻乐见的，也就是我们所应当欢迎的，有艺术生命力的。

这里，关键在于：它必须是诗，必须是真正有创造性的，必须首先以诗而出现。所以还是让我们用艾青的话来结束这篇文章吧：

“我们应该给人民以最好的东西，最有创造性的东西。”

1980年3月　昆明

继续研究艾青

——《生活的牧歌》再版后记

一　想起了二十四年前……

《生活的牧歌》终于要再版了！

我不由得想起24年前写作这个小册子的年代——1956年，那是多么美好的令人怀念的年代啊！

那时，我们年轻英俊的祖国，正朝气勃勃地在铺满阳光的道路上前进。我们勤劳勇敢的各族人民，我们热情聪明的青年一代，正在“向科学进军”“向自然开战”的口号鼓舞下，进行着创造性的劳动。我们的思想文化战线，我们的文学艺术领域，正在党的“百花齐放，百家争鸣”方针的指引下，开始出现新的生动活泼、欣欣向荣的局面。正如艾青在他的诗集《春天》后记中所说的：

“这是一个伟大的时代。可以说是人类解放的曙光期。对于我们祖国来说，是一个辞别了严冬的，刚刚进入初春的时期。”

是的，那时，我们的“共和国和共和国的战士，年正青春”。而我自己，也正像千千万万20岁左右的青年一样，在祖国热烘烘的胸脯上成长着，学习着，幻想着。眼里只看见清澈的蓝天，新开的花朵和五彩的云霞，耳边只听见豪壮的誓言、幸福的笑声和欢乐的歌唱。因此，我曾经天真地认为：“牧歌，在旧社会，是忧郁的歌，愤怒和反抗的歌”；而在新中国，“在新时代”，就必然是，只能是，应当是“欢乐的歌，歌颂和赞美的歌”。因此，我同样天真而简单地认为，我们的诗人到了“新时代”、新中国，就应当、必然和只能唱“欢乐的歌，歌颂和赞美的歌”。如果不是这样，或没有完全做到这样，就应当促进、帮助我们的诗人，认识并做到这一点。我对自己的生活，对我们的文学和艺术，对我们的社会主义祖国的现在和未来，都是怀着无比美妙的憧憬，并充满了无限信心的。

正是在这样的年代，以这样的心境和情绪，我写了《生活的牧歌》。

也许是由于特别喜欢艾青的诗，过去就读的很熟，而又比较能够无所顾忌地说自己想要说的话，所以我记得这篇东西写得比较顺利，只用5天时间就写出了5万多字的初稿（后来改了两次，才增加到7万多字）。

艾青在谈到他的创作经验时说：“我也不知道是怎么一回事，我只是设法把我感受得最深的，用最自然的方式表达出来。”“我只是发出我内心的声音。”[①] 我想，写评论文章也应当这样，也应当发出自己“内心的声音”，也应当把自己“感受得最深的”，思考得最多的，“用最自然的方式表达出来”。我写《生活的牧歌》——尝试着评论艾青的诗歌的时候，正是这样做的。

对艾青的诗，自己“感受得最深的”究竟是什么呢？

我很喜欢艾青的诗。他的诗，凡是能找到的，我全部都读过，而且有的读过若干遍，有的早在童年时代就背诵过。我认为他是我国当代诗歌史上最有才华、成就最高、影响最大的杰出诗人之一。尽管当时诗人创作道路上确实遇到了某些问题，受到了人们的指责，但我认为，当时他才46岁，走过了24年的创作历程，正处在充满青春活力的盛年，“正处在他的才能的成熟期”。“我们对艾青的才能是充满了信心的。……诗人的才能是多方面的，诗人的感情是丰富多彩的。只要他努力改造自己、深入生活，他毫无疑问会给我们写出许多歌唱社会主义的好诗来的。”

“很显然，对这样一位诗人的研究，探讨他的创作的发展道路，分析他的诗的艺术色彩和思想光辉，评价他的成就和贡献以及指出他近年来创作中的缺点和问题，这已经成为目前摆在我们的文学史家和文学批评家们面前的重要任务了。为了诗人，也为了我们时代的现实主义诗歌，我们必须把这个具有重大现实意义的任务分担起来。”

① 艾青：《艾青诗选·序》（法文本）。

作为我国新文学史上一位有才华的、有深刻影响的杰出诗人，我感到艾青的光芒四射的艺术成就值得大书特书，他的多方面的丰富的创作经验应当认真总结，于是，我“冒失”地写下了企图比较全面地探讨艾青诗歌创作的这篇文章:《生活的牧歌》，谈了一些自己初步学习和研究艾青诗作的粗浅体会，并通过评论艾青的诗，强调了一下当时自己认为应当强调的东西。

《生活的牧歌》后来很快为作家出版社接受出版，第一次印刷就印了2.6万册，是我事先未曾料到的。但最使我出乎意料而又感到震惊和痛心的还在于，随着1956年和1957年那个“乍暖还寒”的春天的逝去，而在1957年夏季开始发生的一系列事情，以丁玲、冯雪峰和艾青为代表的一大批才华洋溢、贡献卓著的作家、诗人和评论家被划为右派分子；以及随着杰出诗人艾青被划为右派以后，《生活的牧歌》所遭到的厄运：那一次比一次蛮横无理，一次比一次荒谬绝伦的批判和打击……

写《生活的牧歌》时，我是一个21岁的大学生，没有去过北京，没有见过艾青，也未同他有任何书信来往。只是在1957年5月，艾青到昆明接智利诗人聂鲁达的日子里，才通过组织的安排，同诗人第一次见面，并同另外一位编辑一起，陪他游览了昆明的筇竹寺等名胜。但尽管这样，当那场“扩大化”的运动一来，我就被指定“交代同艾青的关系”，要我“尽量回忆和揭发艾青说了些什么，你又向他说了些什么？……”

实在挖不出什么东西，便从1957年底开始，由内部到公开，发动了对“白纸黑字”的《生活的牧歌》的大规模批判。

1958年初，反革命文痞姚文元在他以极“左”面目批判艾青同志的文章中，三次点名批判了《生活的牧歌》及其作者。同时，云南省的《边疆文艺》上也连续发表了几篇文章，其中有一篇公然宣布我是“修正主义者”。当时我已被送到滇南晋宁县一个小山村里去“下放劳动”，收工回来拿到那本杂志，反复看着“修正主义者”那几个字，不知道还会有什么灾难临头，紧张得一夜没睡好。

从此，我便成为省文艺界“资产阶级世界观顽固而又完整”“修正主义文艺观点系统而又成套”的代表人物，成为“解放后社会主义大学培养出来的资产阶级知识分子的典型”之一，成为后来的历次运动中“优先下放”和重点改造的对象之一。

1960年初，省里要批右倾机会主义和修正主义在文艺界的代表人物和代表作品，又首先想到我，把几年前早已批判过的《生活的牧歌》翻了出来，将其中所谓“问题最严重的段落”“摘要”翻印，发给大家，组织了更大规模的骇人听闻的批判。后来在《边疆文艺》上连续发表的长达数万言的文章和省文代会的工作报告中，把《生活的牧歌》正式宣判为是一本“披着马列主义外衣”，“通过吹捧右派分子艾青的诗作”，“宣扬了一套比较完整的修正主义谬论”的，“配合右派分子和修正主义分子向党进攻，企图把社会主义文艺拉到资本主义绝路上去”的“反马克思主义的著作。”

1956年刚刚走向生活时，那种自由欢快的情绪和天真浪漫的幻想，就这样消失在1957年夏季突如其来的风暴中，撞碎在严酷险峻的现实斗争的悬崖绝壁上。我由震惊、惶惑、苦恼到悲观失望。由于事情都是打着党的旗帜进行的，自己也曾一次又一次地按“党的要求”诚恳地作检查和认识。1960年春天，在连续几天的大会批判之后，我甚至在检查中不得不承认自己写《生活的牧歌》，是“在客观上充当了向党进攻的角色”。但这样的检查，仍被认为是“很不深刻的”，没有“挖出”“当时为什么要发出那些谬论的思想根源和思想动机及其危害性”。我终于渐渐领悟到在那种是非颠倒、黑白混淆的情况下，除非完全昧着良心胡编乱说，否则是再怎么检查也不会算“深刻”的。我尽管不服气，想不通，却在那种气候和压力下，始终未敢说出，这是现在回想起来，不能不感到惭愧的。

不只是一本书的遭遇

历史旧账不应当再算，但总结一下经验教训却是很必要的。当年那些用口号、帽子和语录拼凑起来的毫无道理、无限上纲的批判文章，现在看起来，尽管滑稽可笑、不堪卒读，却也有值得回顾和思索的地方。

因为绝不仅仅《生活的牧歌》一本书受到那样的批判。绝不仅只是一本书的遭遇。而是一股思潮，一场风暴，一只“左”倾教条主义的脚，粗暴地摧残了许许多多的文艺鲜花，“践踏了一代人的青春”。姚文元不是用

“文学上的修正主义思潮”，作为他那本胡批乱打的批判文集的总题目，来概括当时在“双百”方针鼓舞下文艺界出现的生动局面的吗?！现在历史已经证明，被姚文元当做修正主义思潮来批判的东西，恰恰不是什么修正主义，而是人们在马列主义思想光辉照耀下，对新事物的研究、对新时代的思考、对新问题的回答以及对永远不可穷尽的科学真理的不倦的探索。如果说有什么思潮的话，倒是随着1957年夏季那场扩大化的风暴兴起的“左”倾教条主义的思潮，对《生活的牧歌》的接二连三的批判，不过是这股思潮中的一两个浪头而已。

正是从这样的角度出发，我才觉得重提一下对《生活的牧歌》的批判，看看当年究竟把一些什么样的内容当做“修正主义”和“反马克思主义”来痛斥和扫荡，这对我们认识“左”倾教条主义的特点、实质及其危害性，认识十年内乱中祸国殃民的那条极“左”路线的来龙去脉，都是有一定好处的。

说我“对马克思主义美学采取了排斥态度”的唯一根据是，《生活的牧歌》中没有引用一句毛主席的语录，“全书找不到马克思、恩格斯、列宁和毛主席的教导”，而“毛泽东文艺思想是当代马克思主义美学的高峰”，为什么一本长达7万多字的诗歌评论专著，竟不引用一句毛主席的语录呢？这是“尤其不能容忍的”！

说艾青的《向太阳》《火把》等诗，是表现了资产阶级的“狂热个人主义情绪”，而《生活的牧歌》却对这些诗评价那么高，“把艾青当成社会主义诗人来膜拜”，这就“混淆了资产阶级革命和无产阶级革命的界限”，“把社会主义现实主义与旧现实主义混为一谈，从而取消了社会主义现实主义”，这就“同胡风、秦兆阳和南斯拉夫的叛徒们一样”，“可以又一次看出这本书的反马克思主义的实质”。

说我强调“真正的诗应该……首先是以诗而出现”，强调应当避免创作上的公式化、概念化和标语口号式的倾向，就是用艺术的特殊性来否定文艺的普遍规律，以反对《在延安文艺座谈会上的讲话》所规定的“政治标准第一”的批评标准和文艺为工农兵服务、为无产阶级政治服务的方向；说我引用别林斯基的“诗人首先是一个人，然后是他的祖国的公民，他的时代的子孙”等语录，就是“抹煞文学艺术是阶级的感觉器官的作用”，以反对马克思主义的阶级论在文艺上的运用。

说我主张在认真学习民歌的同时注意不要生搬硬套，要从自己的风格基础和才能基础出发去革新、创造、发展和不断完善自己的艺术形式，提倡诗人发挥自己的艺术独创性“多辟几条路，向没有人走过的地方走去”，等等，就是“不要民族传统”“排斥民族形式”，就是“对民间歌谣的轻视”和“对大众化的反感”，就是“反对人民的普及，和沿着工农兵方向去提高”，就是“不折不扣的资产阶级谬论”。

在学习和研究艾青的诗歌创作中，我发现他最大最重要的特点就在于：一方面他始终保持着同时代、同人民的密切联系，同时代共脉搏，与人民共呼吸，始终保持着热爱祖国、热爱人民的真挚深厚的感情，因而能够通过自己的诗篇传达出“时代的感情和人民的声音”，成为时代的歌手和人民的代言人；另一方面，他的这一切又都是通过“自我”，通过诗人的鲜明独特的艺术个性表现出来的，他的那些最成功的作品都是自己的思想风貌和艺术个性的独特表现。而在我国新诗的发展史上，特别是若干年来在教条主义和庸俗社会学的影响之下，始终保持自己的独特风格、始终比较完美地体现着自己的艺术个性而独树一帜的诗人是这样的少！诗人的“自我”往往不加分析地被当做“资产阶级王国”或“小资产阶级的灵魂”而受到批判，而被驱逐，文艺批评中往往用一般化的政治原则和思想要求，代替了具体的艺术分析和对作家艺术家的艺术个性的研究，人们常常自觉或不自觉地在宣扬和助长那种把个性消融到原则中去的理论，以及创作上的公式化、概念化和雷同化倾向。

因此，我在《生活的牧歌》中力求对艾青的艺术个性和独特风格作一些分析，比较注意诗人“自己的个性”“自己的风格”“自己的创作道路”，并有针对性地强调了诗人必须通过他自己来反映时代歌唱人民这一抒情诗的基本特点。我赞扬艾青善于通过自己的“鲜明的个性化的感情”来体现和传达出“时代的感情与愿望”。我赞扬艾青始终能够“用自己的整个灵魂拥抱着自然”“用自己的全部感情感受着生活”。通过对艾青全部诗歌创作的研究和探讨，我得出这样的结论：“诗人必须永远处于积极的追求和探索中”，“积极地热情地干预生活”；“诗人必须沿着自己的路走上艺术的高峰，诗人必须按照自己的方式来表现生活的真实，诗人必须自始至终保持自己独具的艺术风格和创作特色”。这些意思究竟有什么错呢?

然而正是这些今天看来不过是马列主义文艺理论中的普通常识的东西，正是这些今天仍然要继续坚持和强调的普通道理，当年却被当做大逆不道的“资产阶级谬论”，被当做修正主义的异端邪说，被戴上了“宣扬主观战斗精神，否认生活是文学艺术的唯一源泉，反对思想改造”，“是资产阶级的自我中心主义、唯我主义的世界观在文艺上的反映”，“全部理论都是反马克思主义的”，“为任何主观唯心主义者的论著中所罕见”等等大帽子。

《生活的牧歌》的确写得很不成熟，它不过是自己尝试着分析艾青诗歌的一篇习作，正如我在初版后记中所说的，“缺点和不妥之处一定很多，不够和不深的地方一定很多”，这次再版，我对其中的个别字句也作了修订。而且许多不足之处，例如艾青诗歌在艺术形式和新诗美学上的建树未作专门论述，对与艾青同时代的许多重要诗人和不同诗歌流派，未作必要的恰如其分的比较、论述，等等，就不是简单修订一下所能解决的。但当年集中批判的却不是它在学术上的不足，而恰恰是上面提到的（还不是全部）今天仍然应当坚持和进一步加以发挥的地方。我之所以要作这样一点简单的回顾，是想说明，仅从《生活的牧歌》的遭遇也可看出，假马克思主义的“左”倾谬论，就是不准讲艺术规律和艺术个性，不准讲独特风格和创作特色，不许有一点点独立思考和自由争论，它扼杀一切真正的艺术创造、一切有见解的文学评论和学术研究。而这种谬论，并不是“十年浩劫”中才突然盛行起来，而是从50年代中期开始，就在我国文艺界横行霸道了。

把《在桥梁工地上》《本报内部消息》《组织部新来的青年人》《改选》等等“干预生活”的好作品，打成“反党反社会主义的大毒草”，难道不正是这种“左”倾教条主义谬论吗?!

把我国著名的马克思主义文艺理论家瞿秋白、冯雪峰、巴人，以及秦兆阳、陈涌等同志的理论著作和重要文章，通通戴上“资产阶级文艺观”“修正主义”“资产阶级的人性论和人道主义”之类的帽子，一律加以横扫的，难道不正是这种“左”倾教条主义的谬论吗?!

对郭小川同志的《白雪的赞歌》《深深的山谷》《望星空》《致大海》等优秀诗篇横加挞伐，甚至把他深刻反映现实而尚未发表的好作品《墓志铭》《一个和八个》也打成毒草，大批特批，难道不正是这种“左”倾教条主义的谬论吗?!

这种极“左”的谬论，甚至对贺敬之同志的《放声歌唱》等那样洋溢着饱满的革命激情、高扬着强烈的时代精神的政治抒情诗，也要百般挑剔，加以指责，例如说贺敬之“诗中的‘我’字，不但比较多，而且有时用到不尽恰当的程度”。面对社会主义祖国欣欣向荣的壮丽图景和光辉未来，诗人发挥浪漫主义的想象，满腔热情地唱道：“假如我有一万张口呵，我就用一万张口齐声歌唱!”“为什么我只能有一人一身呵？……让我一身化成千万个人吧，给我语言的大海，声音的风云！让我同时能在祖国的每一寸土地上劳动——歌唱!”如此动人心魄的优秀诗句，居然被指责为“把自己的‘我’架得过高，反使思想格调降低”，“这不能说不是诗人知识分子思想感情的某种表现”①。照这种“左”倾教条主义看来，诗中一律不能有“我”，个性必须消融在原则中，“自我”必须消失在“集体”中，而我们的诗则只能表现没有文化的文盲的思想感情，任何“知识分子的思想感情”都是不允许表现的!

这种谬论影响所及，使得我们的诗人不能发挥自己的艺术独创性，不能有艺术个性和独特风格，我们的诗歌也就不能有题材、形式和风格、流派的多样化，也就不可能真正繁荣发展、百花齐放。

粉碎“四人帮”以后，我国进入了社会主义的历史新时期，情况已经有了根本的变化。但这种早在十年浩劫之前已颇盛行，并影响深远的极“左”谬论，是不是彻底根除了呢？我认为，这是应当继续加以注意的。

继续研究艾青

除了《生活的牧歌》，这里还收入了我新写的谈艾青近作的两篇文章：《诗人的青春》和《给人民以最好的东西》。

1956 年到现在，正好又是 24 年。《生活的牧歌》谈的是艾青前 24 年

① 引自《诗刊》1960 年第 11、12 期。

的创作，后两篇本来应当谈诗人后24年的作品，但事实上却只能谈近作——近两年的创作。因为大家知道，这后24年，诗人的经历比他在旧中国的经历更加坎坷，他竟有整整20年被剥夺了发表作品的权利！诗人早年曾自豪而满怀信心地说过："我生活着，故我歌唱。"然而1957年以后的整整20年，他虽然还"生活着"，却不能歌唱了！至少是不能唱出声音来了！我们知道，他在"地窖里生活"，在厕所里劳动的那些屈辱的年月里，仍在顽强地生活着，战斗着，思考着，并断断续续地写着他的长篇小说的草稿，还写了两部长诗《踏破荒原千里雪》《蛤蟆通河上的黎明》和许多短诗，但由于根本不可能发表，而又"常有不测风云"，两部长诗和不少短诗都不幸丢失了。于是在诗人已近50年的创作生涯中，竟留下了整整20年的空白！也许将来我们还能读到诗人回忆或整理出来的那些年写的若干作品，但那"一寸光阴一寸金"的无比宝贵的"失去的岁月"，却再也找不回来了。

不幸遇到火山爆发，
也可能是地震，
你失去了自由，
被埋进了灰尘。

过了多少亿年，
地质勘察队员，
在岩层里发现你，
依然栩栩如生。

令人高兴的是，我们的诗人不仅像他描写的《鱼化石》那样，"依然栩栩如生"，而且依然热情饱满、杰思如泉，保持着他那单纯而又丰富，纯朴而又深沉的艺术个性和他那朝气勃勃，光彩照人的旺盛的艺术青春。正如今年在巴黎举行的抗日战争时期中国文学国际讨论会上，一位外国朋友的《致艾青》一诗中所写的："昔日在巴黎是画家，今日返巴黎是诗人。五十个春秋过去，心儿却永远年轻。"

当然，我们的诗人不仅有一颗永远年轻的心，而且他已经是一名在时代的"浪涛中"，搏斗和歌唱了半个世纪的"饱经沧桑的斗士"和名扬中外的歌手。诗人自己在最近由香港出版的《〈艾青抒情诗一百首〉前言》中说：

越过了多次仅免于死亡的灾难，我总算在人间混了七十个年头；而从开始创作生涯到今天，也已渡过了四十八个年头。

没有一个人的经历，会和另外一个人完全相同。我只能是我。

是的，“我只能是我”，艾青依然是艾青，这一条多么重要！诗人保持了他的本色，他的个性，他的风格。诗人保持了他敏锐的感觉力，深透的观察力，丰富的想象力和独到的表现力。而由于“苦难的浪涛曾经几次把我吞没而又卷起”，由于经历了如此多的折磨和忧患、如此多的痛苦与欢乐，由于整整20年被压到生活的底层，同各种各样的普通人有了如此广泛的接触，同人民一起对祖国、时代和生活进行了如此深入的反复思考……这个“我”——我们的诗人艾青，显然是在思想上更深沉、在精神上更富有、在艺术上更成熟而完美了。他在创作上，从三四十年代所达到的大家公认的艺术高峰，如今又跃上了七八十年代更引人注目的真正新的艺术高峰。

不知道有多少亿年
被深深地埋在地里
存在等于不存在
连希望都被窒息

一个姑娘深翻土地
忽然看见它跳出来
姑娘的眼和钻石
同时闪出了光辉

像扭开一个开关
在一刹那的时间里
两种光互相照耀
惊叹对方的美丽

这首诗写的是被深深地埋在地下的“常林钻石”和“深翻土地”的

姑娘“互相被发现”，我却想到同样被“埋到地下”、沉默了20年的诗人艾青，同我们的时代、我们的祖国、我们的人民（包括我们的青年一代）似乎也是“互相被发现”：“两种光互相照耀，惊叹对方的美丽”！

也许对时代、祖国和人民的光辉，诗人生活在“地窖里”的时候也始终在注意着，才会不断有新的感触和发现吧？但我们的时代、祖国和人民（特别是我们的青年一代），当看到这位“消失”了20年的诗人重新出现并大放光彩的时候，却很像姑娘突然挖出了“常林钻石”。我们不是有一位青年作家，跟艾青住到一个房间里，还不知道艾青是什么人、写过些什么作品吗？而我们又怎么能责怪这位20刚出头的青年作家呢，因为他在红旗下出世时，艾青早已“不知去向”，艾青的作品也早已在我们的书店和图书馆的书架上绝迹了。现在，这位青年作家，我们的青年一代，以及我们的祖国和人民，看到艾青一篇又一篇令人欣喜和惊叹的新作，朗诵着《艾青诗选》和《归来的歌》，才发现原来我们曾经有一位多么美好、多么杰出的诗人啊！他是我们时代的优秀歌手，是祖国人民的忠诚儿子，也是中国诗歌界的骄傲。

从“五四”开始，中国新诗走过了60年的战斗里程。而艾青的创作生涯，已有了50年。他是30年代初开始在中国诗坛上闪现的光彩夺目的星星。他的崛起、沉默和归来，他的个性、风格和思想，他的探索、成就和贡献，他的全部艺术实践和整个创作道路，都是同中国人民的斗争、中国革命的起伏和中国新诗的发展，紧紧联系在一起的。他的诗作是半个世纪以来中国人民的斗争生活、艰苦历程、思想情绪和精神风貌的独特的反映。他的诗歌艺术是中国新诗的杰出代表。

对这样一位诗人的研究，如果说24年前已经是摆在我们面前的一个具有重大现实意义的重要任务，那么现在，这个任务就更加迫切和重要了。我同意吕剑同志在《〈归来的歌〉书后》中说的话：“艾青是一个大题目。评价艾青其人其作并不是一件轻而易举的事。”

国外早有许多研究艾青的专著，国内评论艾青和他的诗的文章也多起来了。这是我国诗歌界非常令人高兴的事。但我认为这种研究还仅仅是开始。《生活的牧歌》虽然写得比较早一些，但确实还很粗糙和幼稚，对诗人在艺术上独到的成就和特色分析太少，远不是什么系统而深刻的专著。

《诗人的青春》和《给人民以最好的东西》更是急就篇，同样不是什么经过系统深入研究的学术成果。我等待着广大读者和诗歌界同志们的批评指正。同时，我决心向目前正在研究艾青或已写出研究文章的同志们学习，继续研究艾青和他的全部作品（包括他的诗歌理论）。

对艾青已有的创作和成就，我们还没有作出全面系统的深刻论述和真正有分量、有见地的总结。更何况我们的诗人又走上了新的航程，他正在“老而弥壮”“从心所欲”地歌唱着，前进着，创造着，他正以更坚定而稳健的步伐和更老练而豪迈的姿态，向更高的艺术高峰攀登着。我们的研究和评论工作也应当更有成效地跟上去。

艾青被迫停止歌唱20年，对他的研究也停止了20年。当然不只是对他的研究，由于有“左”倾教条主义的横行，对其他诗人的研究，对我国新诗的成败得失以及发展道路的探讨，都无法卓有成效地进行。这正是30年来我们没有几篇评论诗歌的真正有分量的好文章，我们的诗歌理论和新诗美学没有得到什么重要发展的根本原因。

理论是实践的总结，它应当而且必然要随着实践的发展而不断地得到丰富和发展。文艺界、诗歌界，也像我国的整个思想文化战线一样，多少年来我们只习惯于引用和解释革命导师的语录，只能按一个人说过的话去思考，而不去对作家诗人们的实践经验和创作成果，作独立的深入研究和独到的分析总结，当然就不可能写出有创见的好文章，就谈不上发展我们社会主义时代的诗歌艺术理论和诗美学，也就无法真正不断地促进诗歌和整个文学艺术的繁荣。

所以我认为，继续加强对艾青这样的大诗人的研究，继续加强对“五四”以来各个时期有代表性的诗人的研究（当然绝不排斥对当代的诗坛新秀给予热情的关注和及时的评论）、研究他们的艺术个性，创作道路和成败得失，总结他们不倦地进行探索和创造的各方面的经验，是发展马克思主义的诗歌理论和诗美学所必需的，也是发展和繁荣我国各民族的社会主义诗歌的迫切需要。

我希望自己这个小册子，能起到一点抛砖引玉的作用。

1980年8月6日　昆明

艾青的诗美学

艾青活跃在中国诗坛上，已经整整半个世纪了。他是中国新诗发展史上创作时间最长、作品最多、经验最丰富而又影响最大的诗人之一。他的诗，反映了半个多世纪以来中国人民的忧愤、追求、觉醒和抗争，反映了人民的痛苦和欢乐、挫折和胜利，反映了人民的思想感情、意志愿望和斗争生活。他的诗，称得上是我们时代人民的镜子、革命的鼓角和历史的回声。

早在40多年前，艾青就在他著名的《诗论》中说过："一首诗的胜利，不仅是它所表现的思想的胜利，同时也是它的美学的胜利。——而后者，竟常被理论家们所忽略。"

艾青的整个诗歌创作的胜利，当然也是他的美学的胜利。他的诗，是他的美学主张的实践。他关于诗的美学主张，他的诗美学，则是他的丰富的创作经验的结晶和升华。那么，他的诗美学，究竟包含着一些什么样的重要内容，有什么样的基本特点，又达到了什么样的高度呢？这至今似乎仍然还是"被理论家们所忽略"的问题。本文试图就这个问题，谈谈个人初步学习的粗浅体会。

一

艾青从小爱美术，喜欢图画和手工艺。他是从绘画开始他的艺术生涯的。他在西湖艺术院（即现在的浙江美术学院）的绘画系学习过，后来留学法国三年，也主要是学画、搞美术。这使他对美，对美的色彩、美的形象、美的事物，对生活中一切美的东西，有一种特殊的爱好、敏感与追求。所以当他在巴黎读到一些外国诗歌，“开始试验在速写本里记下一些瞬即消逝的感觉印象和自己的观念之类”的时候，他也是首先“学习用语言捕捉美的光、美的色彩、美的形体、美的运动……”他是在追求美、揭示美、表现美、创造美这一点上，把绘画和诗歌联系起来的。他认为，写诗与绘画“同样都是为真、善、美在劳动。绘画应该是彩色的诗；诗应该是文字的绘画”。

“没有美，艺术是不存在的。”艾青早年就坚信这一点。

然而美是什么？“美即生活……但生活必须是我们所理想的那种生活。”（车尔尼雪夫斯基）于是 1932 年回国后，艾青便拿起画笔，参加中国左翼美术家联盟，投入了为争取、实现和创造我们时代人民“所理想的那种生活”而作的斗争。

不久，他与其他 12 名美术青年被捕入狱。在敌人的监牢里，他失去绘画的物质条件，便自然而然地转向了诗。他说：“我借诗思考，回忆，控诉，抗议……诗成了我的信念、我的鼓舞力量、我的世界观的直率的回声。”

“借诗思考，回忆，控诉，抗议”，借诗表达自己的意志、信念、理想和世界观，借诗表达自己对黑暗现实和反动制度的揭露和鞭挞，借诗表达自己对自由解放的渴望和对美好生活的追求，借诗发出时代的呼唤和人民的心声……这就是艾青写诗的目的和动力，是他对诗美的首要要求，也是他关于诗的第一条美学主张。

艾青不是唯美主义者，不是为艺术而艺术论者。他扎根在当代中国人民现实生活的深处，他在暗无天日的旧中国的最黑暗的监牢里点燃了诗的火把，他一起步就走在革命现实主义的道路上。他认为：“艺术作为人的创作活动，总是有目的的行为”，而这目的，就是反映时代，歌唱人民。

他说：“艺术里看不见人民，人民中看不见艺术”。

他说：“诗人既要有和人民一致的‘政治敏感性’”，更“要有和人民一致的‘政治坚定性’”。“诗人要对当代提出的尖锐问题和人民一同思考，和人民一同回答。”“诗人也只有和人民在一起，喜怒哀乐都和人民相一致，智慧和勇气都来自人民，才能取得人民的信任。”

他说："最伟大的诗人，永远是他所生活的时代的最忠实的代言人；最高的艺术品，永远是产生它的时代的情感、风尚、趣味等等之最真实的记录。"

他说："这伟大而独特的时代，正在期待着、剔选着属于它自己的伟大而独特的诗人。"而"属于这伟大和独特的时代的诗人，必须以最大的宽度献身给时代，领受每个日子的苦难像是那些传教士之领受迫害一样的自然，以自己诚挚的心沉浸在万人的悲欢、憎爱与愿望当中。他们（这时代的诗人们）的创作意欲是伸展在人类的向着明日发出的愿望面前的。惟有最不拂逆这人类的共同意志的诗人，才会被今日的人类所崇敬，被明日的人类所追怀"。

艾青是这样想，这样说，也是这样做的。从他"在时代之阴暗的底层与艰苦的斗争中"写的《大堰河——我的保姆》等狱中诗，到《雪落在中国的土地上》《吹号者》《火把》《向太阳》《黎明的通知》，到近几年写的《在浪尖上》《光的赞歌》等等，都是实践他自己的这种美学主张的。诗人从他的生活出发，通过他自己的个性感受，抒发的是人民的感情，表达的是人民的心声。

他主张："永远和人民群众在一起，了解他们灵魂的美，只有他们才能把世界从罪恶中拯救出来。"

他认为："教会，贵族，布尔乔亚……已轮流地蹂躏了艺术，诗。把诗交还给人民吧！——让它成为人民精神的武装。"

他强调："如正义的指挥刀之能组织人民的步伐，诗人的笔必须为人民精神的坚固与一致而努力。"

他号召："真正的诗人们，让我们摸一摸人民的脉搏吧！让我们更深刻地了解人民在渴望些什么？人民在要求些什么？让我们从人民的身上感受一点体温吧！""让我们和人民一起歌唱吧！"

忠于人民，代表人民，为了人民，把自己心灵中最好最美的歌献给时代、献给人民，这就是艾青诗歌美学主张的核心。

二

诗的美，首先在于内容。

艾青说："必须了解生活的美，必须了解凡我们此刻所蒙受的一切的耻辱与不幸、迫害与困厄，即是我们诗的最真实的源泉。"

必须了解生活的美，揭示生活的美，为发现、反映、创造和保卫生活的美而斗争。

必须了解人民内心的美、精神的美，揭示人民内心的美、精神的美，为挖掘、表现和铸造人们的美好的灵魂而斗争。

必须反映美好的生活（或通过对假、恶、丑的揭露和鞭挞反映出对美好生活的热烈追求与向往），表达美好的思想，抒发美好的感情，塑造美好的形象，打开美好的意境……

画家和诗人
有共同的眼睛
通过灵魂的窗子
向世界寻求意境
……
他所给予我们的
是他所最喜爱的
他以忠诚的心
唱出最美的歌声

这意境，这歌声，应当是人民所需要和喜爱的，应当是人民所追求和理想的，应当是能够给人民以希望、力量、信心，或给人民以愉悦和美感享受的。

"凡是能够促使人类向上发展的，都是美的，都是善的，也都是诗的。"

"存在于诗里的美，是通过诗人的情感所表达出来的、人类向上精神的一种闪灼。"

“诗不但教育人民应该怎样感觉，而且更应该教育人民怎样思想。”

“诗不仅是生活的明哲的朋友，同时也是斗争的忠实的伙伴。”

这就要求我们的诗人，必须具有当代最先进的、也是最美的思想，即足以透视一切，洞察一切，能够指引我们去实现人类最美好的理想的马列主义、毛泽东思想。

这就要求我们的诗人，必须具有最热烈、最美好、最丰富的感情，即对人民和人民生活的爱，对解放全人类、实现共产主义这一伟大事业的爱。

这就要求我们的诗人，必须投身到人民生活的海洋中去，站到时代旋涡的中心，成为“自我觉醒的先驱，意志的无厌倦的歌手”，必须像“吹号者”那样，“在阳光照着的长长的队伍的最前面，以行进号 给前进着的步伐 做了优美的拍节……”

所以艾青在他的《诗论》中，专门写了一章《思想》，非常强调思想的重要性，强调诗人的思想美、精神美、灵魂美的重要性。

他说：“诗必须具有一定的思想内容。没有思想内容的诗，是纸扎的人或马。”

他说：“高尚的意志与纯洁的灵魂，常常比美的形式与雕琢的词句，更深刻而长久地令人感动。”“诗也和科学一样，必须有勇气向大众揭示真理。”

他意味深长地询问：

“为的是什么啊——”

“假如不把人类身上的疮痍指给人类看；假如不把隐伏在万人心里的意愿指示出来；假如不把较美的思想教给人们；假如不告诉绝望在今天的人还有明天……”

“为的是什么啊？”

英国诗人雪莱在《诗辨》中说过：“诗揭开帷幕，露出世界所隐藏的美。”

法国艺术家罗丹也说过：“生活中不是缺少美，而是缺少发现。”

这“世界所隐藏的美”，这生活中的美，人民内心的美、精神的美、灵魂的美，又如何发现、揭开、挖掘和表现出来呢？

需要很多条件，但其中很重要的一条，就是要有正确而深刻的思想和敏锐而独特的感觉，也就是说，要独具慧眼。

所以艾青特别重视思想修养的提高和“思想力的丰富。”他一再强调：“诗人只有丰富的感觉力是不够的，必须还有丰富的思考力，概括力，想象力。”“思想力的丰富必须表现在对于事物本质的了解的热心，与对于世界以及人类命运的严肃的考虑上。”诗人要“每天洗刷自己的头脑，为新的日子思考”。

只有这样，诗人才能“通过他的心，以明澈的观点去划分这丰富与繁杂的生活成为两面：美与丑，德性与恶行”；而“给一面以爱情，给另一面以憎恨”。

也只有这样，我们才能“用我们诗篇里那种依附于真理的力量，去摧毁那些陈腐的世界的渣滓！而我们的作品的健康与太阳一样的爽朗的精神，和那些靡弱的、萎颓的、瘫软的声音相对立的时候，也是必然会取得美学上的胜利的”。

三

郭沫若在诗剧《湘累》中，借剧中人屈原之口说过这样一些话：

“我的诗便是我的生命！”

“我效法造化底精神，我自由创造，自由地表现我自己。我创造尊严的山岳、宏伟的海洋，我创造日月星辰，我驰骋风云雷雨，我萃之虽仅限于我一身，放之则可泛滥于宇宙。”

“我有血总要流，有火总要喷，不论在任何方面，我都想驰骋！”

这些话，与其说是屈原的自白，不如说是郭沫若的自白，是最能充分反映五四时期狂飙突进的时代精神的诗人的自白。同时，这些话也最透彻地说明了诗人和他的诗的关系，说明了诗是诗人的思想、感情、世界观和艺术个性的体现，诗总是要艺术地呈现诗人的“我自己”，总是要通过诗人的“我自己”来这样那样地反映时代、歌唱人民的。

没有“自己”，没有个性，没有独特鲜明的个性化的感受，就不会有诗。没有独特鲜明的个性和个性化感受的人，就不可能成为诗人。

我在《生活的牧歌》中，曾经比较突出地谈到过这一点：“诗人必须沿着自己的路走上艺术的高峰，诗人必须按照自己的方式来表现生活真实，诗人必须自始至终保持自己独具的艺术风格和创作特色。没有鲜明的个性和个性化感情的人是不可能成为诗人的。”这个观点，1957 年以后曾被当做修正主义的“典型谬论”反复批判。现在看来，这个观点不仅是站得住的，而且是很重要的，是带规律性的。它不仅符合艾青诗歌创作的实际，也符合古今中外诗歌创作的规律。

艾青说：“我所爱的诗，是最具有个性的诗，用各人不同的风格、不同的手法、不同的构思方式所写的诗。”

艾青说：“我生活着，故我歌唱”。这个“我”，是诗人的“我”，是不停地歌唱着的“我”，是以诗歌为自己的生命的“我”，是有着非常独特而鲜明的艺术个性的。

他强调，诗人在写作时，一定要经常想到：“我有着‘我自己’的东西了吗？我有‘我的’颜色与线条以及构图吗？”一定要有自己的东西，自己的风格特色，而不能“只是写着，写着，却是什么也没有”。

为什么我的眼里常含泪水？
因为我对这土地爱得深沉……

——《我爱这土地》

人们嘲笑我的姿态，
因为那是我的姿态呀！
人们听不惯我的歌，
因为那是我的歌呀！
……
但我要发誓——对于芦笛，
为了它是在痛苦的被辱着，
我将像一七八九年似的
向灼肉的火焰里伸进我的手去！
在它出来的日子，

将吹送出
对于凌侮过它的世界的
毁灭的咒诅的歌。

——《芦笛》

这个从“彩色的欧罗巴”带回一只芦笛的“我”，这个在国民党的监狱里开始唱出对旧世界的“毁灭的咒诅的歌”的“我”，这个喝农民保姆大堰河的乳汁长大、为灾难深重的祖国人民含泪歌唱的“我”，是不同于郭沫若、蒋光赤、闻一多，也不同于臧克家、田间和蒲风的。正是这样一个有独特的经历、个性、感受，有独到的思想、见地、修养的“我”，这样一个同祖国人民的命运血肉相连的“我”，才既写了《我爱这土地》《雪落在中国的土地上》，又写了《向太阳》《火把》，既写了《雪里钻》《黑鳗》《双尖山》，又写了《春姑娘》《布谷鸟》《给乌兰诺娃》，既写了《彩色的诗》《鱼化石》《互相被发现》，又写了《在浪尖上》《光的赞歌》《古罗马的大斗技场》，而成为我们时代的“伟大而独特的诗人”。

当然，诗人的“我”，他的艺术个性，绝不能与世隔绝，绝不能脱离时代和人民；恰恰相反，它必须跳动着时代的脉搏，联系着人民的神经。所以，艾青在强调“没有‘个性’的艺术家，就不是‘真正意义’上的艺术家”的同时，总是不断指出，这“个性”要通向人民。

早在30年代，他就说过：“个人的痛苦与欢乐，必须融合在时代的痛苦与欢乐里；时代的痛苦与欢乐也必须糅合在个人的痛苦与欢乐中。”“诗人的‘我’，很少场合是指他自己的。大多数的场合，诗人应该借‘我’来传达一个时代的感情与愿望。”

针对近年来“崛起”的那种以表现“自我”为中心和目的的“新的美学原则”，艾青更是一再强调：诗人的“自我”必须通向人民、为了人民。

他说：“可以，也应该写自我，但，一定要通向人民。……我写过很多表现自我的诗，但，又不仅仅是写我，我同时写‘寒冷封锁着中国’，也写了‘中国的路是如此的崎岖，是如此的泥泞呀’，等等。”

他说：“我有大量的诗写自己，但我写自己都和时代紧密地联系在一起，离开了这个时代，就找不到我的影子——这是没有办法的事。”①

他说：“有的人只凭个人的短暂感觉写诗，或只写个人扑朔迷离的感觉，社会意义不大，即使写得美，也不会成为时代的精神财富。把表现‘我’强调到极端，势必导致‘自我中心论’。”“诗歌可以表现‘自我’，但是重要的是看你的‘自我’是美的、高尚的‘自我’还是丑的、卑鄙的‘自我’。”“如果你只写自己的东西，你的作品不引起更多的人的共鸣，那么美学价值就很小了。”

在《我对诗的要求》一文中，他进一步着重指出：诗人“所有的努力，不管写什么，还是怎么写，不管是思想、感情，都必须通向人民。”

四

“一首诗是一个人格，必须使它崇高与完整。”这是艾青《诗论》的《美学》一章中的第一句话。

我想，“崇高与完整”就是要达到真、善、美的统一。

真是思想的最终目的。善是行为的最终目的。美是感受的最终目的。

用艾青的话说：

“真是我们对于世界的认识；它给予我们对于未来的信赖。”

“善是社会的功利性；善的批判以人民的利益为准则。”

“没有离开特定范畴的人性的美；美是依附在先进人类向上生活的外形。”

首先还是要真。“只有真才美，只有真才可爱。”（布瓦罗）

诗人应当以诗的手段，说真话，抒真情，写真实，讲真理。

没有诚实的心，没有深挚的情，没有由衷的强烈的爱和恨，没有真情实感，就不可能有真正的诗。

所以艾青说：“诗与伪善是绝缘的。诗人一接触到伪善，他的诗就失败了。”

① 艾青：《旧金山》，载《上海文学》1981年第7期。

所以艾青说："诗的情感的真挚是诗人对于读者的尊敬与信任。诗人当他把自己隐秘在胸中的悲喜向外倾诉的时候，他只是努力以自己的忠实来换取读者的忠实。"

所以艾青说："人人喜欢听真话，诗人只能以他的由衷之言去摇撼人们的心。""人民不喜欢假话，哪怕多么装腔作势，多么冠冕堂皇的假话，都不会打动人们的心。""让它（指诗）说一点由衷的话，说多少就多少……每个字应该是诗人脉搏的一次跳动。"

艾青的诗所以好，所以激荡人心，所以能够"深刻而长久地令人感动"，就因为它袒露的是诗人"高尚的意志和纯洁的灵魂"，它每个字都是"诗人脉搏的一次跳动"，它表达的是时代的感情，它唱出的是人民的心声。

我忠实于时代，献身于时代，而我却沉默着
不甘心地，像一个被俘虏的囚徒
在押送到刑场之前沉默着
我沉默着，为了没有足够响亮的语言
像初夏的雷霆滚过阴云密布的天空
抒发我的激情于我的狂暴的呼喊
奉献给那使我如此兴奋、如此惊喜的东西
我爱它胜过我曾经爱过的一切
为了它的到来，我愿意交付出我的生命
交付给它从我的肉体直到我的灵魂
我在它的面前显得如此卑微
甚至想仰卧在地面上
让它的脚像马蹄一样踩过我的胸膛

这是1941年冬天，艾青到延安半年以后写的《时代》中的诗句，曾经被文痞姚文元污蔑为是什么"个人主义者自我扩张的嘶喊"，其实这才是每个字都"是诗人脉搏的一次跳动"的好诗，它袒露的是一个"忠实于时代，献身于时代"的诗人的"高尚的意志和纯洁的灵魂"。真挚的情感，为伟大的时代和人民的事业献身的理想，和艾青得心应手的诗歌形式，使他的这类诗达到了真、善、美的统一。

艾青在《诗论》中说："我们的诗神是驾着纯金的三轮马车，在生活的旷野上驰骋的。"

"那三个轮子，闪射着同等的光芒，以同样庄严的隆隆声震响着的，就是真、善、美。"

他还说："一首诗必须把真、善、美，如此和洽地融合在一起，如此自然地调协在一起，它们三者不相抵触而又互相因使自己提高而提高了另外的二种——以至于完全。"这是他的很重要的经验之谈，也是他的很精辟的美学见解。

当然，说到真实和真情实感的时候，还必须指出：是什么样的真实？什么样的真情实感？真实的不一定就是正确的、深刻的，真情实感也不一定都是健康的、高尚的、美的。这就要看诗人的思想水平、道德修养和精神境界，看诗人有没有一个纯洁的崇高的美丽的灵魂，看诗人是否真正置身于人民群众斗争生活的海洋之中，而又掌握了足以洞察一切的马列主义、毛泽东思想的显微镜和望远镜……

艾青说得好："诗人所要求反映的真实，是更深刻的真实。或者说，是属于最广大的人民群众的、更持久的真实。"

在回答是否"只要有了真情实感，就是好诗"，是否"人的感情的一切方面，在诗中都应该有它的地位"时，艾青说："是的，什么感情都可以写成诗。但是，高尚的感情出高尚的诗，卑鄙的感情出卑鄙的诗，美的感情出美的诗，丑的感情出丑的诗。因此，不仅要看感情是否真实，还要看是什么样的感情。谁也不能拿狗屎鼻涕当香花，阴沟里的东西成不了诗美。"

诗美，应当是以真为骨肉、以善为灵魂的。

五

从时代的需要出发，从人民的喜爱出发，艾青一贯主张诗要写得让人能看懂。

他不是为自我欣赏而写诗，不是为故作深奥而写诗，不是为卖弄典故而写诗。不是为让人猜谜而写诗。

他是为时代吹号，为革命高歌，为人民抒情。所以他认为，“诗比其他文学样式都更需要明朗性、简洁性、形象性。”他主张把诗写得朴素、单纯，他的诗就是以一种朴素、单纯、多样统一的独特风格，而赢得广大读者，而产生深远影响的。

早在30年代，他就在《诗论》的《美学》一章中写道：“朴素是对于词藻的奢侈的摈弃，是脱去了华服的健康的袒露；是挣脱了形式的束缚的无羁的步伐；是掷给空虚的技巧的宽阔的笑。”“单纯是诗人对于事象的态度的肯定，观察的正确，与在事象全体能取得统一的表现。它能引导读者对于诗得到饱满的感受和集中的理解。”“不能把混沌与朦胧指为含蓄；含蓄是一种饱满的蕴藏，是子弹在枪膛里的沉默。”

针对当年以李金发为代表的那种使读者如坠五里雾中的诗风，艾青特别明确地宣告：

“不要把诗写成谜语；”

“不要使读者因你的表现的不充分与不明确而误解是艰深。”

“把诗写得容易使人家看懂，是诗人的义务。”

四十多年之后，我国诗坛上又出现了这样一类难懂或根本使人看不懂的诗，作者凭一点模糊的观念、一缕平庸的情思、一丝缥缈的幻觉，就在那里大写特写，还故作深奥，从自然界中搬云弄雨，在书本上查经引典，把奇怪虚幻的东西排列成诗。这些诗的特点是：意境缥缈迷蒙，形象七拼八凑，想象漫无边际，情感无端跳跃，主题难以捉摸，使人看后莫明其妙。有的评论家把这类诗的作者，称为“崛起的一代”，说他们彻底摈弃了传统的美学观念和欣赏习惯，创立了以表现自我为中心的“新的美学原则”，说他们才是中国新诗的希望和未来。

艾青坚持他一贯的美学见解，针对这种“崛起派”的理论和实践，他一再指出：“看都看不懂，还怎么谈‘美’？”“希望写好诗，让人看得懂。”并且进一步明确地提出了他对诗的要求是四个方面：

> 朴素，有意识地避免用华丽辞藻来掩盖空虚；
>
> 单纯，以一个意象来表明一个感觉和观念；
>
> 集中，以全部力量去完成自己所选择的主题；

明快，不含糊其词，不写为人费解的思想。

决不让读者误解和坠入五里雾中。

这四个方面：朴素，单纯，集中，明快，正好形成了艾青诗歌的艺术风格。他没有、不会、也不可能要求所有的诗人都追求这同一个风格，写具有同样特点的诗，但这四个特点毕竟是值得提倡的，毕竟形成了艾青诗歌所特有的艺术美，使艾青诗歌产生了为广大群众所喜闻乐见的特殊的魅力。

在碧绿的海水里
吸取大阳的精华
你是彩虹的化身
璀璨如一片朝霞

凝思花露的形状
喜爱水晶的素质
观念在心里孕育
结成了粒粒珍珠

这首写《珠贝》的诗，正好可以用来形容艾青自己的诗及其风格：朴素，单纯，明快，而又耐人寻味；“璀璨如一片朝霞”，晶亮如“粒粒珍珠”。

诗，最忌讳矫揉造作、装腔作势，最忌讳因循守旧、生搬硬套。艾青说：“最高的理智的结果，使诗人们爱上了自然与坦白。”他曾经引用“愈是诗的，愈是创造的”这句托尔斯泰的名言，强调创造对于诗的重要性。

他说：“渴求着‘完整’，渴求着‘至美，至善，至真实’，因而把生命投到创造的烈焰里。”

是的，为了写得新，写得巧，写得美，写得引人入胜、醉心迷人，就必须“把生命投到创造的烈焰里”，必须从内容到形式，从构思、语言到风格，都要不断地创造，都要最大限度地发挥诗人的艺术独创性。没有创造就没有诗，没有独创性就没有艺术。

但创造、创新、独创，也必须考虑人民的需要、人民的喜爱，必须遵循艺术的规律，美的规律。不能专门追求新奇的怪诞，不能以故作深奥、让人不懂为目的，不能以不被理解为骄傲。艾青在《否定的艺术（艺术论）》一诗[①]中说得好：

艺术要有独创性
没有独创性
便失去独立的价值
但是仅有独创性
并不等于艺术
假如仅有独创性就是艺术的话
两个盲人在打架就是艺术
醉汉和疯子都是艺术家了
……

专门追求新奇与怪诞
从中寻找某种快感
无思想内容的快感
纯粹属于神经末梢的刺激
动物性的、生理上的刺激
是属于神经错乱的作业
最多也只是把艺术当作儿戏

变态的世界
产生变态的艺术
以不被理解为骄傲
以自许的荣誉维持创作的狂热
从放任到放荡
消除现代生活所引起的精神苦闷
这样的艺术
不可能引起普通人思想感情的共鸣

---

① 见1981年8月27日《光明日报》。

只能为极少数的人所理解

——谁也不可能真正的理解
陶醉于抽象的线条和色彩
只能说明现代人的心理危机

六

没有一位真正的艺术家，是不追求艺术性、艺术技巧和艺术美的。没有一位真正的诗人，是不讲究诗的语言、形式、技巧和诗美的。我国当代大诗人艾青更是如此，他既是非常强调诗的时代精神和现实意义，强调诗的思想性、战斗性及其对人民所应担负的责任，也十分重视诗的艺术美和形式美。而且他正是从庄严的革命责任感出发，来孜孜不倦地追求和创造他的诗歌的艺术美和形式美的。

他在《诗论》中早就说过：

一首诗必须具有一种造型美；
一首诗是一个心灵的活的雕塑。

他的诗，不论采用什么形式，是自由体，半自由体，格律体，民歌体，十四行体，都有一种特殊的艺术魅力，都给人以美感，都能以其内容和形式和谐统一的艺术美，给人以美的享受。随便举个例：

一个浪，一个浪
无休止地扑过来
每一个浪都在它脚下
被打成碎沫、散开……
它的脸上和身上
像刀砍过的一样
但它依然站在那里
含着微笑，看着海洋……

这首1954年创作的名叫《礁石》的诗，就这么八行，朴朴素素，自自然然，没有一点斧凿的痕迹，甚至也不押韵，却是如此的明快、优美而又耐人寻味。它确实算得上是一座诗人“心灵的活的雕塑”。它既象征着历尽沧桑、饱受磨难而依然在风浪中屹立的我们伟大的祖国和中华民族，也正是诗人自身的写照。这样的诗，应当说从思想到艺术，从内容到形式，都是美的。

诗人要塑造“心灵的活的雕塑”，他的基本材料是语言，所以艾青非常重视语言的作用，非常强调学习、掌握、创造和锻炼语言的极端重要性。

他说：“诗是艺术的语言——最高的语言，最纯粹的语言。”“普罗米修斯盗取了火，交给人间；诗人盗取了那些使宙斯震怒的语言。”“诗人是语言的艺术家，诗人的财富是语言。”

他说：“诗的创作上的问题，语言是最重要的问题之一。诗人必须为创造语言而有所冒险，——一如采珠者之为了采摘珍珠而挣扎在海藻的纠缠里，深沉到万丈的海底。”

他说：“我们要求诗的语言比散文的语言更纯粹、更集中，因而概括力更高，表现力更强，更能感动人。”他引用托尔斯泰的话说：“我确信在人类语言中真正美的，只有单纯的美。”他引用罗曼·罗兰的话说：“……简洁，单纯，明白……荷马艺术的要素。”他强调：“深厚博大的思想，通过最浅显的语言表演出来，才是最理想的诗。”他甚至对语言的威力发出这样的惊叹：“你们的语言真可怕，竟常常如此地同生活的美而成为永久。”

毫无疑问，艾青是继承了我国古代诗人那种“语不惊人死不休”的优良传统的。他提倡向古今中外一切优秀的诗歌和优秀的文学作品学习语言，更提倡向广大的人民群众学习无比丰富的活的语言，提倡投身到生活的海洋和大自然的怀抱中去创造生动活泼的新的语言。而这一切，都为了“能以准确而调和的色彩描画生活”，为了运用语言艺术“给一切以性格，给一切以生命”，为了更好地反映时代，歌唱人民，创造人民所需要和喜爱的艺术美、诗美。

艾青对形式美的追求也是如此。他重视形式，讲究诗的“造型美”，但绝不做形式的奴隶，与形式主义水火不相容。

他一贯主张：“不要迷信形式。”“不向任何一种形式跪拜。”“不要把形式看做绝对的东西。——它是依照变动的生活内容而变动的。”“诗人应该为了内容而变换形式，像我们为了气候而变换服装一样。”“应该把形式看做敌对的东西。——只有和所有的形式周旋过来的，才能支配所有的形式。”

就新诗而言，艾青几乎是和所有的形式周旋过来的，如自由体，半自由体，格律体，民歌体，十四行体，以及一行、两行为一首的“格言体”（姑且这样说吧），他都写过，都能支配。当然，他最擅长、最得心应手、也写得最多的是自由体。

因为他认为：“自由诗体更是新世界的产物，它比各种格律诗体更解放，容易为人所掌握，更符合革命的需要，因而也受到更多人的欢迎和运用。”“自由体受格律的制约少，表达思想感情比较方便，容量比较大——更能适应激烈动荡、瞬息万变的时代。”“自由体的诗，更倾向于根据感情的起伏而产生的内在的旋律的要求。”①

一切从时代、生活、人民的需要出发。时代不断发展变化，生活无比丰富多彩，人民的需要和爱好也是极其广阔丰富、非常多种多样的。所以我们的诗人和新诗，也应当不断地创新，不断地突破，不断地创造出更适于表现伟大时代的各种各样的形式。这一点，艾青在50年代所写的《诗的形式问题》一文中，就有过全面精辟的论述。

他说：“为了更好地反映我们的时代，更丰富地描画我们的生活，更深刻地表现我们的思想感情，我们要尝试更多的体裁，创造出适合我们这个时代的多种多样的新形式。”

他说：“诗人完全可以根据他所表现的题材的需要，采取自己所认为恰当的形式来创作。一个诗人也不一定非老是用一种形式创作不可。”“格律不是一成不变的东西，诗人应该根据他所要表现的题材的需要，自然地形成了这样或那样的形式。”

他说：“在生活内容越来越丰富的时代，人们的爱好也越来越丰富，无论从为了表现生活的需要出发，还是从满足人们的爱好出发，都不可能

① 艾青：《和诗歌爱好者谈诗》，《艾青谈诗》，花城出版社1982年版，第44、46页。

达到形式上完全的统一；要求形式上完全的统一是天真的想法。"

在回答"你喜欢用什么形式写诗？你是否主张新诗要格律化？"这一问题时，艾青是这样说的：

"爱怎么写就怎么写。是诗产生格律，不是格律产生诗。"①

这是用最简练、精彩而又"随便"的语言，表达了他关于形式问题的主张，讲清了内容和形式、诗和格律的关系。爱怎么写就怎么写，并不是随心所欲、不着边际地乱写，而是诗人跟各种形式周旋过来之后，可以根据内容需要随便采取（或创造）他认为合适的形式的意思；而是"风行水面，自然成文；信手拈来，头头是道"（唐岱）的意思；而是"不依古法但横行，自有云雷绕膝生"（袁枚）的意思。

形式美体现内容美，形式美最终完成了内容美、思想美的艺术表达，但归根结底，还是内容美决定形式美。二者是互为表里、水乳交融、辩证统一的。

所以，"最纯粹的杰作是这样的：不表现什么的形式、线条和色彩再也找不到了，一切都融化为思想与灵魂。"（罗丹）只有"末流诗人，除了光滑的形式以外，再没有别的什么了。"（马克思）

所以，艾青强调："诗人的劳役是：为新的现实创造新的形象；为新的主题创造新的形式；为新的形式与新的形象创造新的语言。"

所以，艾青指出："新的风格，是在对于新的现实有了美学上的新的肯定时产生的。"

为了反映不断发展、无比丰富的时代生活，为了满足人民群众日益增长的多方面的精神需要，艾青主张在百花齐放、百家争鸣的方针指引下，诗人们都最大限度地发挥自己的独创性，自由创作，大胆创造。从内容到形式，从思想到艺术，诗人们都应当按照美的规律，去寻觅，去开掘，去发现，去突破，去"多多地耕耘，多多地采集"，去不断地探索，不断地创造。

他说："路是人的脚走成的；为了多辟几条路，必须多向没有人走的地方走去。"

---

① 艾青：《答〈诗刊〉问十九题》，《艾青谈诗》，花城出版社 1982 年版，第 168 页。

他说:“创造的喜悦，是最高的喜悦。”

他说:“在新的社会里，创造的道德将被无限制地发扬。爱工作，爱创造，将是人类的美德，它们将引导人类向‘无限’航行……”

它们也将引导诗人和我们时代的诗歌，向“无限”航行，向更高的高峰攀登。

“人类的历史，延续在不断的创造里。人类的文化，因不断的创造而辉煌。”

同样，诗歌的历史，延续在不断的创造里。中国的新诗，因不断的创造而辉煌!

1982 年 10 月 24 日　昆明

我们时代伟大而独特的诗人

——在艾青作品国际研讨会上的发言

艾青在中国新诗发展史上有着特别重要的地位。他是中国现、当代诗坛上，创作时间最长、艺术成就最大、影响最为深远的诗人。他在诗歌创作和诗歌理论方面光芒四射的巨大成就，不仅在中国现、当代诗坛上有口皆碑，而且在世界诗坛上也具有广泛影响。

美国文学评论家罗伯特·C. 费兰德，把艾青和希克梅特、聂鲁达并列为现代世界三位最伟大的人民诗人。

而智利最伟大的诗人、斯大林奖金和诺贝尔文学奖金获得者聂鲁达，则早在30多年前就把艾青称作“中国诗坛的泰斗”。

艾青在50多年前写的《诗与时代》一文中说过这么一段话：“这伟大而独特的时代，正在期待着、剔选着属于它自己的伟大而独特的诗人。”而“属于这伟大和独特的时代的诗人，必须以最大的宽度献身给时代，领受每个日子的苦难像是那些传教士之领受迫害一样的自然，以自己诚挚的心沉浸在万人的悲欢、憎爱与愿望当中。他们（这时代的诗人们）的创作意欲是伸展在人类所向着明日发出的愿望面前的。惟有最不拂逆这人类的共同意愿的诗人，才会被今日的人类所崇敬，被明日的人类所追怀。”

艾青的创作道路、他60多年的艺术生涯及其光辉成就充分表明，他正是我们时代所期待和剔选出来的，“被今日的人类所崇敬”，也必将“被明日的人类所追怀”的“伟大而独特的诗人”。

一

我们大家都很熟悉俄国伟大文学批评家别林斯基关于诗人与时代的关系的论述："诗人比任何人都应该是自己时代的产儿"，人们"在他的悲哀里看出了自己的悲哀，在他的心灵里认识到自己的心灵"。

艾青所以"伟大而独特"，首先就在于他是我们这"伟大而独特的时代"的产儿。他"忠实于时代，献身于时代"，而且这"忠实"和"献身"的精神表现为一种执著的自觉追求和深刻的艺术感受，贯穿在他的全部创作中：

窗紧闭着，
窗外是夜的黑暗包围着，
雨滴在窗的玻璃上痛苦地流着……
房子里，充满着温热，
这温热在每个人脸上流着，
这温热灌进每个人的心里，
每个人呼吸着一样的空气，
每个人的心都为同一的火焰燃烧着，

——《会合》

这是近60年前诗人在法国写的第一首诗中的句子。这种在黑暗的雨夜里仍"充满着温热"的战斗激情和"为同一的火焰燃烧着"的时代生活气息，后来始终从不同的角度、以不同的形式日益深刻而强烈地体现在他的各种不同题材的作品中。

感受着时代的脉搏，倾听着时代的呼唤，紧跟着时代的脚步，深沉地而不是浅薄地、独特地而不是浮泛地高唱着时代之歌，是艾青60年始终一贯的追求。50多年前，在抗日战争的烽火中，他说："每个日子所带给我们的启示、感受和激励，都在迫使诗人丰富地产生属于这时代的诗篇。""最伟大的诗人，永远是他所生活的时代的最忠实的代言人；最高的艺术品，永远是产生它的时代的情感、风尚、趣味等等之最真实的记录。"

1982年5月24日，在纪念他创作生活50周年的学术讨论会上，他说："我走过的路，是时代走过的路。时代的巨轮推动着我，一步步艰难地前进。""如果说我的作品还有些作用的话，就是因为它是和时代、和人民生活结合在一起的。"

艾青在30年代初，在中国新诗发展的第二个十年登上诗坛。他感觉到我们这伟大而独特的时代，像"一个闪光的东西"，"在天边带着沉重的轰响，带着暴风雨似的狂啸，隆隆滚碾而来……"他以诗人的全部激情、火热青春和整个生命迎上前去，呼唤它，歌唱它，热爱它，献身于它：

我爱它胜过我曾经爱过的一切
为了它的到来，我愿意交付出我的生命
交付给它从我的肉体直到我的灵魂
我在它面前显得如此卑微
甚至想仰卧在地面上
让它的脚像马蹄一样踩过我的胸膛

——《时代》

现在，我们的诗人在"时代走过的路"上，已经"一步步艰难地前进"了60年。他说："时代叫我高兴我就高兴，时代叫我悲哀我就悲哀。"他与时代一起经历着痛苦和欢乐、危难和希望、挫折和胜利，他生活着，思考着，歌唱着，前进着，得到了"更高的赞扬"，也一次又一次地受到"更大的毁谤"，"更不可能的怨恨，和更致命的打击"。在国民党监狱里三年零三个月暗无天日的生活，使他"从绘画转变新诗"，写出了包括《大堰河——我的保姆》那篇成名作在内的25首抒情诗，结出了他歌唱时代的第一批硕果。在抗战前夜的"密云期"，他同苦难中的人民一起"在过深的怨愤里"，渴望着民族精神的奋起，而发出了"请给我以火，给我以火"的热烈呼唤；当全民族抗日战争爆发时，他"拂去往日的忧郁"，激情地歌唱"复活的土地"；他高举《火把》，奔《向太阳》，发出《黎明的通知》，在一片欢呼声中"伸张着两臂"，迎来了人民的胜利和中华人民共和国的诞生。由于历史的曲折，当自己深切渴盼和热情歌颂的共和国诞生后，在社会主义的阳光照耀下，他竟同成千上万的知识分子一起，被推到人民共和国的敌人一边，被推到"反党反社会主义的右派分子"的队列里，被遣送到黑龙江北大荒和新疆的大戈壁去开荒种地、打扫厕所；后来又和祖国人民一起在史无前例的“文化大革命”中承受着更大的痛苦和灾难。他说：“有时，真像穿过一条漫长、黑暗而又潮湿的隧道，自己也不知道能不能活过来……”但他终于顽强地活过来了，终于“走到洞口”，又一次“看到了真正的光明”，而且奇迹般地在生命进入老年之后竟创造了自己诗歌创作上的第二座更加雄伟壮丽的高峰和第二个更加多姿多彩的春天。

当我们的诗人“归来”之后，当诗人像“被深深埋在地里”的“常林钻石”或“鱼化石”般重新出现之后，他发表的第一首诗就是《红旗》，他仍然歌唱着“在前进中迎风飘扬的红旗”，歌唱着我们时代的“迷人的春天”，歌唱着“让我们的每个日子/都像飞轮似的旋转起来/让我们的生命发出最大的能量/让我们像从地核里释放出来似的/极大地撑开光的翅膀/在无限广阔的宇宙中飞翔”——“让我们从地球出发/飞向太阳……”。还是那个“一离开母体/就睁着眼睛追求光明”的诗人，还是那个“在黑夜把希望寄托给黎明/在胜利的欢欣中歌唱太阳”的诗人，还是那个“忠实于时代，献身于时代”而为伟大时代放声歌唱的诗人，但当我们读着他的《鱼化石》《互相被发现》《镜子》《酒》《盆景》等等抒情短诗的时候，当我们读着他的《在浪尖上》《光的赞歌》《古罗马的大斗技场》和《听，有一个声音》等等长诗佳作的时候，谁都会惊喜地感到：豪迈的斗争、曲折的道路和艰难的历程，使我们的诗人对时代的认识、理解和把握更加深入而独到，因而他的歌声也更加深沉、更加震撼灵魂和更加耐人寻味了。艾青以他流淌着光明和智慧的语言，以他饱蘸着浓情蜜意的笔触，以他蕴含着深邃哲理的构思，写出了一首首独放异彩的时代之歌，把我们引入某种博大深沉、广阔丰富而又独特新颖的艺术境界。

从抗战前夕的《春》《煤的对话》，到抗战初期的《向太阳》《吹号者》《火把》；从延安时期的《时代》《野火》《献给乡村的诗》，到50年代初期的《春姑娘》《大西洋》《写在彩色纸条上的诗》；从20年的沉默到复出后的《在浪尖上》《光的赞歌》《迎接一个迷人的春天》……我们可以看出艾青不愧为我们伟大时代的“最忠实的代言人”。在“一步步艰难地前进”过程中，他献给时代20篇长诗，上千首短诗和25部作品集。

我们从他的全部作品中听到了时代隆隆滚动的车轮和踏踏前进的脚步，看到了时代的惊涛骇浪、风云变化和苦乐悲欢。我们从他的全部作品中听到了历史的回声、人民的呼唤，感到了人类永不停息的对光明的追求和对未来的希望，从而获得一种深切的激烈鼓舞和巨大的精神力量。诗人歌唱着他所生活的伟大而独特的时代，伟大而独特的时代也哺育着、铸造着、玉成着属于它自己的伟大而独特的诗人。诗人向我们展示的是在广阔的历史文化背景之下，他自己与时代生活息息相关的积极昂奋、丰富美好的心灵世界，他在一系列优秀诗章中抒发的是那种融合了历史、现实、未来，融合了审美经验、审美感受、审美理想，因而既能给人以强烈的感召，又能给人以深刻的启迪的伟大时代的诗情。他的诗，是“人类向上精神的一种闪灼”，是“人类向未来所寄发的信息”，能“给人类以朝向理想的勇气”。他一生向往光明，追求光明，讴歌光明，他的诗总是贯穿着一个共同的主题，这就是对象征着科学和真理，象征着智慧和理想，象征着人类的希望和未来，象征着时代发展趋势和历史前进方向的光明的歌颂。他的诗正好艺术地体现了他的美学主张：

“我们是人类从今天到明天的桥梁；我们从现在带记忆给未来，又从未来带消息给现在；我们是人类的镜子，从我们，人类可以看见自己的悲哀；我们也是人类的鞭子，我们的存在，可以鞭策人类向辉煌的远方，美好的彼岸……”

二

与人民同呼吸、共命运，热爱人民，代表人民，歌颂人民，用自己的诗篇传达出人民的心声，这是诗人能否感触时代脉搏、表现时代精神的主要标志，也是古今中外一切伟大诗人之所以伟大的根本特征。

屈原的《离骚》之所以不朽，首先在于诗人有“哀民生之多艰”的崇高精神和深厚情感；杜甫的诗篇之所以“光焰万丈长”，首先在于他有“穷年忧黎元，叹息肠内热”的忧愤深广的情怀。伟大的俄罗斯诗歌之父普希金说：“我的永远正直的声音，是俄罗斯人民的回声。”匈牙利伟大的爱国诗人裴多菲说过："谁是诗人，谁就得前进，千辛万苦地和人民在一起。"

艾青也正是这样。早在50多年前写的《诗人论》中，他就明确宣告："永远和人民群众在一起，了解他们灵魂的美，只有他们才能把世界从罪恶中拯救出来。"

后来，他又不止一次地说过："诗人也只有和人民在一起，喜怒哀乐都和人民相一致，智慧和勇气都来自人民，才能取得人民的信任。""写诗应该通过自己的心写，应该受自己良心的检查。所谓良心，就是人民的利益和愿望。人民的心是试金石。""歌颂也罢，暴露也罢，都应该和人民的思想感情一致。人民的眼睛注视着你在每个重大历史时期都写些什么。""人民多么希望你能为他们说话！"

艾青是喝农民保姆大叶荷（大堰河）的乳汁长大的。他的气质，他的个性，他的生命，他的灵魂，都表明他是真正的"人民的儿子"。从他写第一首诗开始，他半个多世纪的创作生涯，他在"每个重大历史时期"，都在为人民说话，为人民呐喊，为人民歌唱。他的全部创作，史诗般深刻地反映了60年来中国人民风云激荡、翻天覆地的革命历史进程，真实、独特而动人心魄地表达了人民在各个历史时期的情绪、愿望、思想和追求。

"叫一个生活在这年代的忠实的灵魂不忧郁，这有如叫一个辗转在泥色的梦里的农夫不忧郁，是一样的属于天真的一种奢望。""个人的痛苦与欢乐，必须融合在时代的痛苦与欢乐里；时代的痛苦与欢乐也必须糅合在个人的痛苦与欢乐中。"这是艾青《诗论》中的名句。时代的痛苦与欢乐，也就是人民的痛苦与欢乐。而在中国，由于全国人口的百分之八十以上是农民，农民和农村的状况决定了中国革命的性质和特点，是革命政党制定政策的重要依据，也是观察和判断中国的民情、民心和人民情绪的重要依据。人民的痛苦与欢乐，在中国也就往往主要表现为农民的痛苦与欢乐。艾青来自农村，童年时代在贫苦农民家中度过，因而他的艺术生命之根一开始就深深扎在中国农村的广大土壤之中，他深切地感受和体验到中国农村所发生的一切变化、波动和不安，他深情地关注着中国农村的贫穷落后和中国农民的悲惨命运，他感染了农民的忧郁、愤懑和悲哀，但他"把忧郁与悲哀，看成一种力！把弥漫在广大的土地上的渴望、不平、愤懑……集合拢来，浓密如乌云，沉重地移行在地面上……”更沉重地表现在他早期创作的一系列最有代表性的优秀诗篇中，如《透明的夜》《大堰河——我的保姆》《雪落在中国的土地上》《北方》《手推车》《旷野》二章、《我爱这土地》等等：

为什么我的眼里常含泪水？

因为我对这土地爱得深沉……

这“好像是从地层下面发出来的、沉洪的、使地面为之震动的声音”，这仿佛是从历史的深处传来、又在广阔的大地上回响的震撼灵魂的诗句。对旧中国农村现实生活的深刻观察，对中国农民历史命运的真切感悟和深沉思考，使得诗人在抗战前夕和抗战初期写下的这一曲曲忧郁而激愤的歌，有一种博大、深邃而厚重的思想艺术内涵，也显示出诗人与人民广泛而密切的更深层次的血肉联系。

作为我们时代的伟大诗人，艾青的视野当然绝不仅仅局限在旧中国的农村和农民身上。他到延安后看到了翻身农民的喜悦心情，看到了在中国共产党领导下农村欣欣向荣的景象，看到了中国人民的希望和未来。他写出了新的人民之歌，写出了《太阳的话》《野火》《布谷鸟集》等以清新明朗的调子表达人民欢乐情绪的诗篇。诗人的目光也关注着国际政治风云的变幻和世界各国人民的命运。早期创作的《巴黎》《马赛》《欧罗巴》《土伦的反抗》《希特勒》等等已经显示出诗人的开阔视野和宽广胸怀。他访问苏联和南美洲后写的《宝石的红星》《南美洲的旅行》，以及新时期复出后写的那许多国际题材的优秀诗篇，更进一步表现出我们时代伟大而独特的诗人面向世界与未来，与世界人民心连心的博大胸怀和深厚感情。

应当感谢历史。21 年的“右派”生涯，在北大荒的劳动和在新疆打扫厕所的生活，使艾青同普通的劳动人民长期在一起，使他对人民的思想感情、意志愿望和内心世界，有了更多更细更深入的体察和理解。他说：“诗人既要有和人民一致的‘政治敏感性’”，更“要有和人民一致的‘政治坚定性’”。“诗人要对当代提出的尖锐问题和人民一同思考，和人民一同回答。”他满腔热情地向同代诗人们发出了激荡人心的号召：

“真正的诗人们，让我们摸一摸人民的脉搏吧！让我们更深刻地了解人民在渴望些什么？人民在要求些什么？让我们从人民身上感受一点体温吧！”

“只要我们和人民在一起就应该乐观。”

“让我们和人民一起歌唱吧！”

这种“和人民一同思考”“和人民一起歌唱”的强烈愿望、自觉追求和深刻认识，使得艾青写出了那首在广大群众中产生了轰动效应的政治抒情长诗《在浪尖上》，大胆而深刻地揭露了“文化大革命”的实质和社会原因：“野心在黑夜发酵，情欲随权力增长；自私与狂妄赛跑，良心走进拍卖行；/聪明的变狡猾，老实的变傻瓜；/谣言通行无阻，真话倒要追查；/不知以破坏为手段，还是以破坏为目的——好像是在玩魔术，好像是在耍杂技；/正义被绑着示众，真理被蒙上眼睛，连元帅也被陷害，总理也死而含冤。”正是在林彪、“四人帮”一伙疯狂推行“百分之百的虚伪，彻头彻尾的欺骗”的极“左”路线，干着“比宗教更荒唐，比谋杀更阴险”的反革命阴谋活动。

写这首长诗的时候，艾青自己的错案还没有得到纠正，他在政治上还没有彻底“解放”，但诗人以真正艺术家的勇气，从“真人真事”出发，浮想联翩，深入开掘，调动了他几十年的生活感受和思想积累，把充沛的诗歌激情和深刻的哲理思考结合起来，把生动的艺术描绘和尖锐的思想批判结合起来，通过别具匠心的诗的构思，成功地、真实地塑造了“可以引为一代人的骄傲”的英雄形象。诗人写道：

斗争还没有结束，
要把眼睛擦的更亮——
扫除一切宗教迷信，
冲出一切精神牢房！
不容许再受蒙蔽了，
不应该再被欺骗了，
我们要的是真理，
我们要的是太阳！

我在1979年5月写的《诗人的青春——喜读艾青近作》一文中曾经

谈到："这样的诗，它不但使人感动，不但能引起读者的共鸣，而且还能启发人们进入深深的思考，思考时代、生活和人民的命运，思考我们的过去、现在和未来。"

除了《在浪尖上》，艾青还写下了《光的赞歌》《听，有一个声音》《古罗马的大斗技场》《盆景》《镜子》等等一系列作品，凝聚着诗人更丰富复杂的经历和感受，反映了诗人对时代生活和人民命运的更广泛深入的长期观察和反复思考，从而在更丰厚和深沉的意义上唱出了新时代人民的情绪、要求和心声。当我们"经过了多少浩劫之后/穿过了漫长的黑夜"，当"我们从千万次的蒙蔽中觉醒"，"从千万种的愚弄中学得了聪明"，再来反复读诗人的《光的赞歌》，领会他所歌颂的"只知放射、不求报偿"的光，"大公无私、照耀四方"的光，具有"火的热情、水晶的坚贞"的光，"一切的美都和光在一起"的光，就会感到它比诗人抗战时期写的《火把》《向太阳》等有了更丰富厚重、更博大深刻的思想艺术内涵：

和光在一起前进
和光在一起胜利
胜利是属于人民的
和人民在一起所向无敌

三

诗是心灵的歌。而人的心灵是无比丰富和独特的，它是人的个性、人格、气质、精神的最内在的标志、最深刻的表现。因而那种感人肺腑、深刻有力的真正不朽的诗，必然是诗人内在感情的自然流露，必然是诗人心灵深处的生动独白，必然是诗人精神个体的独特体现。

马克思说："我只有构成我的精神个体性的形式。"他曾经引用莎士比亚剧本《亨利四世前篇》第三幕第一场中的两句诗，来强调诗歌艺术中鲜明个性和独创性的重要："我宁可当只小猫咪咪叫，也不愿做个卖唱者弹老调！"没有独特的鲜明个性和独创性，就没有诗和诗人。诗人就是要找到并表现出这种绝不会与别人雷同的"构成我的精神个体性的形式"。诗人就是要善于按自己的方式，用自己的语言，呈现自己的精神个体和艺术个性，唱出自己的心灵之歌。

艾青在强调诗人与时代、与人民必须保持密切联系的同时，始终很重视诗本身的特点和规律，始终很重视诗人必须走自己的路、有自己的艺术个性和独特风格。而且他是从时代和人民赋予诗人的崇高使命和神圣职责的高度，来强调诗必须是诗、诗人必须有“我自己”这一特点的。他认为，光有正确的政治思想内容而没有诗人的个性特色、没有优美的艺术形式的诗，不是真正的诗，当然也无法发挥诗应有的作用。他说：“我们应该羞愧于浮泛的叫喊，无力的叫喊。”所以早在50多年前，他就在《诗论》中深沉地发问：

> 我有着“我自己”的东西了吗？我有“我的”颜色与线条以及构图吗？
>
> 我的悲哀比人家的深些，因而我的声音更凄切？
>
> 我所触及的生活的幅员比人家的更广些吗？
>
> 还是我只是写着，写着，却是什么也没有呢？

我在评论艾青前期创作的长篇论文《生活的牧歌》中，曾经突出地谈到艾青鲜明的艺术个性和个性化的感情，谈到艾青坚持“沿着自己的路走上艺术高峰”的可贵特色和重要经验。《生活的牧歌》出版30多年来，艾青的生活经历和创作道路，使我们更清楚地看到，诗人“伟大而独特”之处就在于，他同时代共悲欢、与人民共命运，又始终保持、充实和发展着自己独特的个性、气质和人格，始终保持、充实和发展着自己的美学主张、艺术风格和创作特色。

艾青的“我自己”，他的独特鲜明的艺术个性，首先表现为他的崇高人格、广阔胸襟和高尚情操和他对革命事业、对祖国人民、对人类世界的深厚热烈的爱。他始终强调“诗人必须说真话”，“必须说老实话”，强调必须“交付出最真挚的爱”，必须永远保持“感情的真挚”，强调必须“忠实于生活”，“忠实于时代”，强调“一首诗是一个心灵的活的雕塑”，“一首诗是一个人格，必须使它崇高与完整。”他真挚浑厚、博大仁爱、坚强执著、崇高完整的人格特征，都贯穿、渗透和体现在他的全部作品中。从《大堰河——我的保姆》到《在浪尖上》《听，有一个声音》，从《我爱这土地》到《迎接一个迷人的春天》《光的赞歌》，我们感到诗中始终燃烧着一种真挚、热烈、深沉的爱，始终跳动着一颗忠诚、善良、纯朴而美好的心，始终闪耀着一个伟大崇高人格的灿烂光辉。

在精神气质上，艾青的“我自己”，他独特鲜明的艺术个性，表现出奔放而凝重、活泼而坚实、幽默而庄严的特点。这一特点，不仅表现在他早期的创作中，也明显地表现在诗人后期的作品中，不仅表现在他的长诗和各种题材的篇幅较大的抒情诗中，也表现在诗人70年代末到80年代新写的一两行、三四行一首的“无题”诗和哲理诗中。如“难道把头仰起来/就以为比别人高了吗”（《无题》五），“软体动物/最需要硬壳”（《无题》八），“不要相信牧师的话——上帝在他的嘴上/魔鬼在他的心里”（《无题》十六），“风吹草低见牛羊/有人希望别人是草/草被风吹倒了/才会显出他自己”（《无题》二十二），“上帝和魔鬼/都是人的化身”（《花与刺》一），“和疯子吵架/自己也是疯子”（《花与刺》五），“梦里走了许多路/醒来还是在床上”（《花与刺》八）等等。这种艾青式的幽默，以亲切和悦的声音和朴素洗练的语言在揭示深刻的人生哲理，它有一种春风拂面式的庄严。它是一种高级人生态度的通俗表达，是一种深刻智慧的令人喜闻乐见的生动表现，是蕴含丰富的人生感悟的高度简练的艺术概括。它自然、生动、风趣，似乎脱口而出，信笔写来，却颇有深意，耐人寻味。它神态毕现，涵义隽永，妙语连珠，是诗人的机智、知识、气质和精神的结晶。

在诗歌风格上，艾青的“我自己”，他独特鲜明的艺术个性，表现为明朗而含蓄、单纯而丰富、自然质朴而厚重深沉。艾青最讨厌矫揉造作的“热情”、故弄玄虚的“深奥”和空洞无物、堆砌辞藻的“华丽”。他认为：“高尚的意志和纯洁的灵魂，常常比美的形式与雕琢的词句，更深刻而长久地令人感动。”他主张：“尽可能地用口语写，尽可能地做到‘深入浅出’。”“深厚博大的思想，通过最浅显的语言表达出来，才是最理想的诗。”从青少年时代到步入老年，艾青在曲折的人生旅途和艰苦的创作道路上，一步步攀上艺术的高峰，却始终保持着一颗纯朴、透明、真挚、洁净、炽热而冷静的赤子之心。心灵的微笑，总是在他的脸上自然地开花。深沉的痛苦和悲伤，会使他“眼里满含泪水”。他那浑厚的嘴唇从不会说假话。他那明亮的充满智慧的眼睛从不会掩饰感情，对一切真、善、美，它会流露出由衷的欣喜和无限的爱，对一切假、恶、丑，它会立即喷射出愤怒和仇恨。纷繁、复杂、充满矛盾和千变万化的生活画面，透过他赤子之心的折射镜，有时会变得异样的单纯和清澈。他是那样地善于“深入浅出”、举重若轻、寓丰富于单纯之中：

一个浪，一个浪
无休止地扑过来
每个浪都在它脚下
被打成碎沫，散开……
它的脸上和身上
像刀砍过的一样
但它依然站在那里
含着微笑，看着海洋……

——《礁石》

群星已经退隐
　　你依然站在那儿
　　期待着太阳上升

　　被最初的晨光照射
　　投身在光明的行列
　　直到谁也不再看见你

——《启明星》

一个海员说，
他最喜欢的是起锚所激起的那
一片洁白的浪花……
一个海员说，
最使他高兴的是抛锚所发出的
那一阵铁链的喧哗……

一个盼望出发

一个盼望到达

——《盼望》

在质朴中见韵味，于平淡中寓哲理，以洗练清新、自然天成的语言和朴实无华、明朗生动的形象，揭示深刻隽永的人生感悟，这就是艾青的赤子之心和独特个性所追求、所形成、所体现出来的艺术风格。

四

闻一多在《女神之地方色彩》一文中说过：新诗“不但新于中国固有的诗，而且新于西方固有的诗。换言之，它不要做纯粹的本地诗，但还要保存本地的色彩，它不要做纯粹的外洋诗，但又要尽量吸收外洋诗的长处；他要做中西艺术结婚后产生的‘宁馨儿’”。

在中国新诗创作上，艾青是既继承中国诗歌的优秀传统，又不断有革新创造，既“保存本地的色彩”，又“尽量吸收外洋诗的长处”，真正实现了“中西结合”而获得出类拔萃的艺术成就的诗坛巨星。

我们知道，艾青于1929年春到法国学画，在法国三年期间读了大量哲学和文学书籍，培养了对文学和诗的爱好，并开始写诗。他读了果戈理、托尔斯泰、屠格涅夫、陀思妥耶夫斯基的小说，也读到了普希金、叶赛宁、布格克、马雅可夫斯基的诗。而他最喜欢的是比利时诗人凡尔哈仑的诗。凡尔哈仑对资本主义世界大都市无限扩张和广大农村濒临破产的深刻描绘，曾给他早期的诗歌创作以很大的影响。但他很快认识到，“中国诗人写的诗，要有民族气派、民族风格。这种民族气派和民族风格，主要也还是内容决定的；这种民族气派和民族风格，可以在多种多样的形式中表现出来。”他在后来几十年的创作中，自觉地努力并出色地解决了继承与革新、内容与形式、借鉴与创造如何结合的问题，从而使自己的诗歌艺术不断取得无愧于我们时代的伟大而独特的成就。

艾青是最重视诗的内容又善于不断创造与之相适应的诗的形式，最重视继承祖国优秀的文化传统（诗歌传统）又善于不断开拓革新，最重视“吸收外洋诗的长处”、借鉴古今中外一切好诗（包括民歌）中对自己有用的东西又善于永不疲倦地创造属于自己的艺术世界的诗人。

他说：“今天中国的诗，最根本的问题，也还是内容问题，是诗人对国家现状的态度、诗人与人民的关系、诗人的感情和人民的建设社会主义的感情更进一步结合的问题。”所以他强调“只有当艺术家热爱自己的人民，熟悉自己民族的风俗、习惯，熟悉自己民族的文化传统，了解我们民族在世界上所处的地位，而且看见自己民族的发展前途，才有可能正确地、深刻地理解民族形式的意义”。强调“我们必须更深地了解我们的人民，了解我们人民的思想感情，了解我们人民的气质，了解我们人民正在进行的伟大事业，我们的作品才会具有民族的新风格，人们才能看了我们的作品而认为是中国诗人的作品”。但同时，他又指出：“在今天，我们所应该反对的，依然是文学艺术上的概念化和公式化的创作倾向”；“诗人完全可以根据他所表现的题材的需要，采取自己所认为恰当的形式来创作。一个诗人也不一定非老是用一种形式创作不可。一切形式之能否存在，只有看它是否很完善地表现了现实生活和是否为广大群众所欢迎”；“我们的生活是在日新月异地变化着，广大群众也正处在一个成长的过程里，他们的爱好和趣味也将逐渐地更广、更高、更丰富。让我们看得更远，容量更大，越丰富越好。”①

我之所以连续引了艾青这么多话，一方面是因为这些三十多年前发表的言论像今天说的一样，说得多么好，多么亲切而中肯，对我国当前的诗歌创作仍有着非常现实的指导意义；另一方面也因为这些主张，正是保证诗人在创作上不断出奇制胜、硕果累累并产生深远影响的思想动力和美学原则，也是诗人在艺术探索中不断产生创新智慧和创造活力的理论基础。由于有这样全面正确的辩证思维和科学认识，诗人才能经常保持积极的思绪，向上的心境，愉快的追求，创新的亢奋，活泼劲健的进取态度，百折不挠的开拓精神，从而创作出那么多为时代和人民所需要的璀璨如粒粒珍

① 艾青：《诗的形式问题》，《诗论》，人民文学出版社1956年版，第88、116页。

珠的艺术精品。

“愈是诗的、愈是创造的。”艾青认为，诗就是创造。“人类的历史，延续在不断的创造里。人类的文化，因不断的创造而辉煌。”“创造的喜悦，是最高的喜悦。”他的每一首诗，不论是气魄恢宏、形象瑰丽的抒情长诗，或只有两三句的哲理小诗，不论是写重大题材和时代英雄的《吹号者》《向太阳》《在浪尖上》，或献给他的艺术家朋友的《给乌兰诺娃》《东山魁夷》《小泽征尔》，也不论是概括诗人对宇宙人生和社会历史的几十年思考的《光的赞歌》《古罗马的大斗技场》，或吟咏人们司空见惯的平常事物，似乎信笔写来的《伞》《酒》《鸽哨》和《镜子》等等，都给人以新的激励和鼓舞，给人以新的启迪和美感，给人以新的愉悦和满足，都从不同的角度、以不同的方式、在不同的深度和广度上为我们打开了新的艺术天地和诗歌意境，把我们引入某种由崇高的思想境界覆盖着、由卓越的创新智慧蓬勃着的美妙氛围。这些诗，每一首都凝结着诗人独具的感人至深的创新气质和卓越智慧，都是真正的新的创造。

聂鲁达赞美艾青是“迷人的艾青”。这“迷人”两个字绝非朋友间的戏言，而是反映了一位大诗人对另一位大诗人的敏锐的感觉、深刻的理解和准确的把握。艾青确实是迷人的。他的迷人之处，绝不仅仅在于他有“那浓密的头发，那宽大的额角，那从不会掩饰感情，对一切的美都充满着爱的眼睛，那从不会说假话、浑厚得像我们黄土高原似的嘴唇……”。他的迷人之处，主要还在于他有着对自然、对生活、对事物的敏锐、锋利、朴素、清新、深厚甚至超绝而又非常富有个性的感受力、捕捉力和表现力，在于他有一种热烈、崇高、隽秀而执著的创造激情和深邃、广浩、优美而非凡的创新智慧，并且善于把二者结合起来。他“含着微笑，看着海洋”。面对波涛汹涌、气象万千的生活的海洋，面对浩渺无边、变化无穷的茫茫宇宙，面对艰险曲折、有苦有乐的人生旅途，面对丰富复杂、多姿多彩的万事万物，他敏锐的艺术触觉、卓越的创新智慧和充沛的创造激情，总是为得到煦日照耀和春雨滋润的嫩叶鲜花，自由舒展，充分发挥，而捕捉到抒写不尽的主题、题材、诗情、哲理，而结出一串串沉甸甸的又新又美又香又甜的精神果实。在诗的创造过程中，我们看到诗人聪颖的素质、灵巧的思维、独特的构思、奇妙的想象都得到美丽的发挥。

这就是“迷人的艾青”。这就是当代中国诗坛的泰斗艾青。这就是我们时代伟大而独特的诗人艾青。

1991 年 8 月 26 日　北京

初版后记

“诗，永远是生活的牧歌。”

牧歌，是爱的歌，也是恨的歌。

牧歌，是抒情的歌，也是战斗的歌。

牧歌，在旧社会，是忧郁的歌，愤怒和反抗的歌；在新时代，是欢乐的歌，歌颂和赞美的歌。

艾青的诗，就是这样的“生活的牧歌”。

我很喜欢艾青的诗，这次尝试着对它作一些分析，而且尝试着把思想分析和艺术分析结合起来。当然，这尝试用云南话说，是有点“冒失”的，是远非自己的能力所能胜任的，缺点和不妥之处一定很多，不够和不深的地方一定很多，我恳切地期待着各方面的批评和指正。

这篇东西，原是毕业论文，改了两次，成为这个样子。在写的过程中，刘绶松老师给了我许多鼓励和帮助，其他许多同学也给了我许多鼓励，在这里一并致谢。

1956 年 10 月 27 日于昆明

三版后记

这本小册子由作家出版社初版于1957年7月，印数2.6万册。

24年后，即1981年4月，增加了《诗人的青春——喜读艾青近作》和《给人民以最好的东西——再谈艾青近作》两篇，由人民文学出版社列入新文学论丛丛书再版，印数9500册。

1991年8月，艾青作品国际研讨会在北京举行。外国和港台一些研究艾青的专家教授向我索要此书，我与出版社联系，不仅初版本早已无法找到，1981年本也没有了。

1995年12月，中国现代文学馆和中华文学基金会为我在北京举办了作品研讨会。艾青的贺信和许多同志的发言都谈到《生活的牧歌》的影响。经与人民文学出版社副总编辑、我的老校友何启治同志联系，得到鼓励和支持，决定增加我后来写的《艾青的诗美学》《我们时代伟大而独特的诗人——在艾青作品国际研讨会上的发言》和《生活的牧歌》再版后记《继续研究艾青》，仍以《生活的牧歌》的书名再版，算是我40年来断断续续研究艾青的全部文章的合集。

感谢人民文学出版社，感谢我的老朋友、海南发展银行的张健农先生的支持，使这本书得以第三次出版。

1996年1月7日　昆明

哭艾青

您走了，离开您深深爱着的这片土地和祖国人民，离开您热情欢呼和歌唱过的这个伟大的时代，您静静地走了！

当噩耗从电话中传来，我忍不住当着全家人的面痛哭失声，并立即奔赴邮局向高瑛同志拍出唁电：巨星陨落，这是中国当代诗坛以及整个文学界不可弥补的巨大损失……

我想起去年11月29日上午，我与周明、王昆等一起去看望您的情景。在初冬早晨的阳光照耀下，您家院子里和客厅、书房里的花木，显得生机盎然，欣欣向荣。我们走进坐南朝北、照满阳光的一间书房，见您正坐在一张轮椅里。高瑛同志介绍后，我们一一同您握手，您含笑点头表示欢迎，但因眼睛有白内障看不清楚，似乎并未认出每一个人。听我们交谈几句后，您才问高瑛："晓雪来了吗？晓雪在哪里？"我过去同您又一次紧紧握手，坐在您轮椅边的一把椅子上。这下您才看清了我，紧紧抓住我的手不放，眼里泪花闪闪地说：

"不容易呀！那年我去昆明接聂鲁达，我们第一次见面。现在聂鲁达早死了，再也见不到了！他对我很好，我想念他，他也想念我。后来却没能再见到他，永远见不到了！今天见到你，我很高兴！"

我也很激动，不知道该说什么好。顿了一下，您又说：

"您远在云南，见面不容易。我去不了云南，就见不到你，所以见到你，我很高兴！"

这时高瑛斗拢他的耳朵说："你忘了，其实晓雪同志每年每次来北京都来看你的，在昆明也经常打电话问候你，去年底和今年初还两次去医院看你。"

您点点头。我想您倒不是忘了我们最近这10多年经常见面，而是因为想起聂鲁达，想起过去那不愉快的往事。早在1954年您访问智利时，聂鲁达就称您是“中国诗坛泰斗”“迷人的艾青”。1957年夏天您去昆明接聂鲁达夫妇和亚玛多夫妇回到北京不久，那场突来的政治风暴把您卷了进去，到聂鲁达离京回国时，您已没有资格去送行。两位大诗人从此永别了！聂鲁达1973年病逝，您过了很久才知道，曾写过两篇深情怀念他的文章。想起这些，才能更深地理解您为什么反复说“见面不容易”。

停了一会，您又说：“诗，永远是生活的牧歌。这是我的话，你理解得很准确、很深。过去没有人注意到，你注意到了。你的书名《生活的牧歌》，取得很好，抓住了我的最主要的特点，我一辈子就是唱生活的牧歌。”

我说：“艾老过誉了，《生活的牧歌》只是我学生时代学习艾老诗歌的一些粗浅的体会。”

可能以为我还没有完全理解您的意思，您又伸出大拇指对我说：“您抓得准，抓得很准。一个人一辈子抓准一个问题、看准一个人很不容易，你看准了我！你抓准了问题，我就是唱生活的牧歌，我没有歌颂别的什么东西，我歌颂生活！”

我说：“艾老，不是我看准了您，是您的诗教育、鼓舞和哺养了我。大堰河是您的保姆，您的诗是我的保姆！”

生病一年多来，您已很少说话。据说您85周岁生日那天许多同志去向您祝寿，您都只是点点头，或者微微笑一笑，没有精力说话。所以大家都没想到这天您竟会说出这么多话来，听了都很高兴。周明说：“赶快记下来，这些话多重要呀！晓雪，艾老对您的评价真了不起啊！”

我送您一头雪白的石雕象，是我从泰国买回来的工艺品。白象在泰国、缅甸和我国傣族的民间传说中是一个善良的吉祥物，象征幸福吉祥、健康长寿。您双手抚摸着白象，高兴地连声说：“好！真好！”对着白象端详了半天，您又非常风趣地说：

“大象看起来很笨重，它的鼻子却是灵敏而智慧的，它的鼻子是富于智慧的指挥。”

大家都笑起来。周明说：“真是诗人的想象，说得真妙！过去谁也没有想到过大象的鼻子是智慧的指挥。”

这时，王昆走到您的轮椅边，对着您的耳朵说：“还记得吗？延安时您是团长，我是您的团员，我们去慰问三五九旅，与战士们同声高唱《大刀向鬼子们的头上砍去》……”王昆、高瑛便唱起来：“大刀向——鬼子们的头上——砍去！……”您也跟着唱！唱了几句您又突然挥手停住，幽默地说：

“行了行了，日本鬼子已经被我们的歌声吓跑了，可以不唱了！”

最后，高瑛同志拿出珍贵的礼物送给我：一本您亲自签名赠送的《当代中国文化名人传记画册·艾青》（浙江摄影出版社出版）和由您口授高瑛代笔为我的作品研讨会写的信。摄影画册中有1986年9月21日在您家中我们两人合影的照片和其他几张我们在一起的照片以及《生活的牧歌》初版、再版的照片。

临走，您又一次向我伸出大拇指，接着又对我和我爱人伸出两个指头，大概是“祝福你们这一对”的意思吧。

我们最后一次见面是在今年3月4日（农历正月十五元宵节）的上午，我刚参加过全国作协工作会议，专程去您家拜望。您仍坐在轮椅里，一见我就认出来，并说：“又见到你，很高兴！不光是高兴，还要加一个‘很’字。”您不但思维很清晰，而且精神、气色似乎比去年12月要好很多。我坐了约40分钟，起身告辞，您又紧紧抓住我的手说：“不能走，我们是‘忘年交’，怎么能不吃饭就走了?!”您执意留我吃午饭，我说午饭已有安排，不能吃了，下次再吃。您又说那就吃早饭，我说早饭早吃过了。您想了一想，对高瑛说：“那就给他做点金华火腿尝尝吧，我家乡的金华火腿是中国食品中最好吃的东西！”我说：“谢谢您！金华火腿我过去吃过，这次实在不能尝了！”高瑛同志转过身对我说：“艾青对您真是太好了！您在他心目中的地位真是太重要了！他要把家里最好吃的东西都拿出来招待你、留住你。”说着高瑛同志走进另一个房间拿出您最近写的两幅毛笔字，要我挑一幅。并告诉我说，她最近叫您慢慢站起来写毛笔字，这两张就是前两天才写的。我一看，每一张上都写着“乐而康”几个钵头大的毛笔字，并有“艾青”的签名。没想到您现在竟还能用毛笔写出如此苍劲有力的大字！我喜出望外地挑了您的一幅字，又一次依依不舍地同您握手告别。

谁能料到，此后不久您就突然发病、一病不起！“乐而康”这三个大字的条幅成为您留下的最珍贵的绝笔！

您走过了86年艰苦、曲折而光辉的人生道路。在旧社会暗无天日的牢狱里，您的笔下却不断地流出明亮而深沉的诗篇；在寒冷封锁着中国的岁月，您歌唱《复活的土地》，呼唤《春天》；在漆黑难熬的漫漫长夜，您高举《火把》，发出《黎明的通知》，把花朵，把香气，把亮光，温暖和露水撒满人们的心的空间；当共和国的五星红旗开始高高飘扬，您及时地把《欢呼集》献给新的时代；为什么您总是含着微笑，望着海洋？因为您坚信风浪挡不住历史巨舰。在被迫沉默了20年之后，您像“出土文物”一样出现，又以充沛的激情高唱《光的赞歌》《迷人的春天》……

您走了，其实您没有离去。您回到了您深深挚爱的土地之中。

您走了，其实您没有离去。您属于祖国每一个美丽的黎明。

您走了，其实您没有离去。您一辈子歌颂《火把》和《太阳》，歌颂春天和花朵，您的诗句就是阳光和花朵，您属于未来每一个开花的季节，您同春天和人民永远在一起！

安息吧！我最敬爱的诗人。

1996年5月6日　昆明

他回归土地　与土地永存

——痛悼我敬爱的诗人艾青

1983年，比艾青大10多岁的老诗人肖三（1896—1983）去世时，艾青曾在悼诗中沉痛地写道：

你已经八十六岁，
你已经历尽沧桑；
你终于走了，
问心无愧地走了……

1996年5月5日凌晨4时15分，艾青恰好也在静静地度过他86周岁生日之后不久，走完了他坎坷、曲折而光辉的人生旅程，"问心无愧地走了"。这首诗正好可以借来悼念他。

艾青在中国新诗发展史上有着特别重要的地位。他是本世纪中国诗坛上创作时间最长、艺术成就最大、影响最为深远的诗人之一，也是我个人一生最敬爱的、对我的创作和生活影响最大的诗人。他在去年11月28日给我的信（由高瑛同志代笔，可能是他一生最后的一封信了吧）中说："我与你结的是诗缘。"

这个"诗缘"，几乎可以说是与生俱来的。因为早在八九岁上初小的时候，我就读到了艾青的诗，我是从朗读和背诵《大堰河——我的保姆》开始接触新诗并爱上诗歌的。艾青诗歌的朴素、单纯和浑厚，艾青诗歌所渗透、所充溢、所蕴含着的诗人对土地、人民与祖国的真挚深沉的爱，使我懂得了什么是诗和诗人。后来我虽然又读到并喜欢上古今中外许多诗人的名篇佳作，但艾青始终是我最喜爱、最崇敬的诗人之一。40年前的1956年5月，我写大学毕业论文《生活的牧歌——论艾青的诗》时，所以那么“得心应手”，那么“一挥而就”，仅用5天时间就写出了5万多字的初稿（后来改了两次，增加到初版时的7万多字），正因为我平常非常喜爱和熟悉艾青的作品（有不少诗句能背出来）的缘故。这本书后来被称为是研究和系统评论艾青创作的第一本专著，也是“建国以来第一本研究我国现代作家的专著”，其实认真回想起来，当时我并未见过艾青，也未向他本人请教过，并未对艾青的全部作品做过很系统的比较、分析和科学性、理论性的研究，所以与其说它是系统研究艾青后的科学的理论表述，不如说它是我在艾青诗歌的哺育和启迪下所作的自然而热烈的感情抒发。写《生活的牧歌》时我主要不是靠体系严密的理论武装，而主要是凭对艾青诗歌的体味、感知和感悟，正如艾青在谈到他的创作经验时所说的：“我也不知道怎么一回事，我只是设法把我感受得最深的用最自然的方式表达出来。”“我只是发出我内心的声音。”① 我是通过对艾青的诗和诗论的学习、体会和感受，来理解并走进他的思想、人格、气质、个性和道路，从而通过评论他来“发出我内心的声音”的。我想这大概也正是我作为晚辈，与尊敬的前辈诗人在心灵、个性和气质上所结的“诗缘”吧?!

我第一次见到艾青，是在1957年那个不寻常的夏天。1957年6月24日，艾青从北京飞到昆明，专程来迎接参加科伦坡会议后到中国来访问的聂鲁达夫妇和亚玛多夫妇，下榻在翠湖宾馆。第二天，我去拜见他，终于见到了自己仰慕已久的大诗人：他给我的第一个印象和过去想象中的样子一样，浓密的头发，宽大的前额，高高的个子，潇洒、英俊，颇有风度，有一双特别明亮的眼睛，对一切美好的东西都充满着爱，闪耀着善良、热情而智慧的光芒。我刚自我介绍，他马上说：“你不是在武汉吗？怎么跑到这里来了?”原来《生活的牧歌》发排前，出版社曾送给他看过，他表示满意，记得作者是武汉大学中文系的学生。我说：“我是云南人，去年毕业就主动要求分回来了。”他问我：“你多大年纪了?”我说：“已满22岁。”他惊讶地一笑：“我以为你至少也该有30岁左右，没想到还这么年轻！22岁！多么令人羡慕的年龄！”接着就叫我坐下，给我倒茶。

他的热情、诚恳和平易近人，使我没有一点在老前辈和大诗人面前常

① 艾青：《艾青诗选·序》（法文本）。

有的拘束之感，与他一见如故地自由交谈起来。他说："诗，总是要突破一些东西的，一定要有新意、有创造、有突破，没有突破就不会有创造，就不会有诗。现在不是在讨论什么形象思维和逻辑思维的关系吗？我看诗的形象思维和逻辑思维要密切结合，但首先是形象思维，以形象思维为主。否则就是公式化、概念化、标语口号化。诗要打动人心，打入人心，震撼灵魂，喊口号有什么用?!"谈到当时的一些诗歌评论文章，他说："最能说明问题的，是作品本身。理论批评很需要，很重要，但它必须是符合艺术规律的一种艺术科学，必须以科学的态度对作品作实事求是的深入细致的有说服力的具体分析。批评家也应有激情，不能冷冰冰的。先要满腔热情地去阅读作品、感受作品，然后才谈得上去分析和评论它。"谈到对云南的印象，他说："昆明、云南是好地方，很美，美极了！而且非常有特点，非常丰富多彩，完全应当产生许多好诗、好作品。你想搞创作，回云南是很好的选择。要深入下去写出真正有云南特色的好诗来。一定要有特点，独具风格，与众不同，跟别人写的不一样，跟别的地方不一样。不要写了这里，却使人感到既像这里又像那里。"最后他拿出当天清晨刚刚写成的一首诗《尤加利树》朗诵给我听，还谦虚地问我："有没有一点意思？"他的目光注意着我，像要穿透我的灵魂……

由于聂鲁达一行未到，艾青在等候客人，时间比较宽裕，所以6月26日上午我又去看他，陪他上街逛了两个钟头。回到住处，我拿出自己所写的一组诗《阳光》（八首）给他看。他一首一首地看过，一首一首地提出意见。最后特别谈到诗写得朴素、单纯之不易。他说写得单纯要有很高的技巧，单纯、朴素就是高度的凝练、升华和艺术概括。对我的诗提完意见后，他掏出他自己随身携带的一个小小的红壳笔记本，开始朗读他头天写的《大理石》《昆明》《海菜花》《一个普通的花匠》《渡船》等诗，并又一次谦虚地问我："怎么样？有没有一点诗的味道？"我感到这些新作短诗，都写得很好，清新、明丽、朴素、单纯而又耐人回味，是出自大手笔的精彩的佳作，当即请求他把这些诗留下在我供职的《边疆文艺》上发表，他却说他还要修改，放一些日子再说。可惜后来这些诗未见发表出来，最近出版的《艾青全集》也未收入，不知那个小小的红壳笔记本还在不在？记得他当时谈着谈着就兴奋地站起来，把手一挥对着我说："要努力达到更高的概括，写得更单纯。”

那些日子，从首都到边境，反右斗争的风暴已经铺天盖地而来。艾青完全没有想到风暴会把他整个卷进去，灾难很快将降临到他的头上。6月30日，我陪他去游览筇竹寺，他仍然那么幽默风趣，全无顾虑地说说笑笑。听见寺内传来手风琴的声音，他说：“有人在和菩萨开联欢会。”看见公园门口的墙壁上有“防火防特，人人有责”，“坦白从宽，抗拒从严”的标语口号，他非常反感地说：“一路上都是教育！难道逛公园还不能让人们轻松轻松，还要叫人坦白交待吗?!”筇竹寺的五百罗汉是塑得比较生动的，但艾青只看了一部分就说：“形象不同，但情绪都差不多，似乎都处在一种困顿的半睡眠状态，似乎承担着很大苦难又无力抵抗，于是只好求佛祖保佑……”

艾青同聂鲁达、亚玛多一行离昆明前夕，在7月6日晚饭后，我又一次去翠湖宾馆看望他。才交谈了几句，常任侠进来了，话题便转到此次他们一起接待的聂鲁达、亚玛多和其他一些外国作家身上。我主要听他们两位讲。从聂鲁达的诗、亚玛多的小说到齐白石的画，从曹雪芹写《红楼梦》、戴爱莲讲普通话到希特勒进疯人院，艾青越说越有兴致，现实历史，名人百姓，古今中外，天文地理，滔滔不绝，妙语连珠。当时舞蹈家戴爱莲刚从国外回来，普通话讲得不好懂，艾青学她的腔调讲几句后说：“天不怕，地不怕，就怕戴爱莲讲普通话!”有时他讲得很严肃，很深沉，富有哲理，发人深思，有时又笑话连篇，笑得我喘不过气来。那天晚上，我一直玩到11点多才告辞出来。在回家的路上，我在想，艾青真是知识渊博、思想丰富、个性鲜明、妙趣横生，诗人该懂得多少东西啊！他有着老年人的深沉、年轻人的热情和小孩子的天真……

艾青陪聂鲁达一行离开昆明后，经重庆，过三峡，取道武汉回北京。在北京期间，他还陪他们游览了昆明湖，参观了工厂、出版社、故宫博物院，还请他们到宫廷后裔经营的康乐饭馆吃中国风味菜。但不久他就被划为“右派”，并将他的“政治问题”告知外宾。到聂鲁达离开北京时，他已没有资格送行，两位大诗人从此永别了！聂鲁达1973年病逝，艾青过了很久才知道，曾写过两篇深情怀念的文章。

1957年8月，我收到作家出版社7月出版的《生活的牧歌》，曾挂号给艾青寄出一本，他已不便给我回信。接着组织上叫我写揭发艾青在昆明言行的材料，我没有写。但《生活的牧歌》因为是“白纸黑字”，我却不得不做了检讨。还迫于形势，应《诗刊》之约，写了《艾青的昨天、今天和明天》一文，对我最敬爱的诗人进行批判，同时希望他认真改造后争取有美好的明天。“右派”是不能有明天的，文章发表出来时（1957 年 12 月号《诗刊》发了《艾青的昨天和今天》），“明天”部分（我善良的分析、设想和愿望）被全部删去了。后来我自己也受到株连，被当成“狂热吹捧右派”和“系统宣扬修正主义文艺理论”的代表人物内定为“中右”，送到农村山区“下放劳动”“锻炼改造”，并一再受到批判。

此后一别就是 20 多年。1978 年 9 月 6 日，我出差在北京，听说艾青已从新疆回来，住在一个小胡同里。便千方百计打听到他的住处，前去探望。不巧他出去了，他夫人高瑛同志说他很快就回来，叫我坐一会儿。我同高瑛同志是初次见面，但说起名字都知道，她说，“在新疆时，艾青常谈到你。”我才喝了两口水，艾青就回来了。我站起来通报姓名并同他握手。他紧紧握住我的右手，看了我好半天才用另一只手拍拍我的肩膀，激动地说：“你是晓雪啊！你也不是我在昆明见到的那个小伙子喽！这些年还好吗？快坐下，快坐下慢慢聊。”我说：“21 年不见，我也已 43 岁，与当年你去昆明时的年纪（47 岁）差不多了！”接着，吕剑、公刘也先后进来看他。他当然也老了一些，但精神仍那么好，眼睛仍那么富有神采。他没有谈在北大荒和大戈壁的生活，仿佛 20 多年的灾难不曾有过似的。他只是说，人民文学出版社即将再版他的《诗选》，1957 年的问题也可能会有一个公平合理的好的解决。他把最近一些外国人和华裔美籍女作家写他的文章和访问他的照片一一拿出来给我们看，兴奋地说：“现在的问题，是要写出新的东西，拿出新的好作品！”

不久，我们读到了他的《艾青诗选》自序：《在汽笛的长鸣声中》。他说：“如今，时代的洪流把我卷到了一个新的充满阳光的港口，汽笛的长鸣声中，我的生命开始了新的航程。”

艾青不愧为当代“中国诗坛泰斗”，他没有辜负时代和人民的期望。他的艺术生命在“新的航程”中又一次大放光彩、再造辉煌。我们很快读到了他的《在浪尖上》《光的赞歌》《古罗马的大斗技场》等等一系列引起轰动效应、产生深远影响的优秀新作和诗歌精品，他在年近古稀的时候迎来了自己诗歌创作上的又一度灿烂青春，他以饱满的激情、成熟的技巧、深沉的思考和出众的才华，奇迹般地在自己的创作道路上树起了第二座光芒四射的思想艺术高峰。

1979 年和 1980 年，我先后写了继续研究艾青的两篇文章：《诗人的青春——喜读艾青近作》和《给人民以最好的东西——再谈艾青近作》。两篇文章均已收入 1981 年人民文学出版社再版的《生活的牧歌》中。1991 年 8 月，我应邀参加了在北京举行的艾青作品国际研讨会，与来自 14 个国家和地区以及国内的百余位诗人、专家、学者，共同研讨艾青的创作道路及其全部作品的思想艺术成就和价值意义。我在会上作了《我们时代伟大而独特的诗人》的发言。

1978 年以来，我几乎每年都要到北京几次，每次到北京，无论怎么忙都要去看看艾老。即使开会在一起，例如开作协理事会，或全国新诗评奖的评委会（全国第一、二、三届的新诗诗集评奖委员会，艾老都是评委主任，我是评委之一），也因会上匆匆见面，说不了几句话，我还要尽可能另外安排时间去他家里坐坐，喝杯茶或者被留下吃顿便饭。艾青是我最尊敬和爱戴的良师益友。现在，他走了，我心中的悲痛是无法用语言来表达的。

艾青不仅是本世纪“中国伟大而独特的诗人”，他的诗歌事业也是属于未来的，他的诗和诗论的不朽光辉必将继续闪耀在新世纪中国诗歌发展的道路上。

他走了，但他是回归他深深爱着的土地，他必将与土地永存！

1996 年 5 月 8 日　昆明

朴素谦虚的诗坛泰斗

——送别艾青

艾青是20世纪中国诗坛上影响最大的杰出诗人之一。他在诗歌创作和诗歌理论方面光芒四射的巨大成就，不仅在中国诗歌界有口皆碑，而且在世界诗坛上也具有广泛影响。

早在1954年，智利最伟大的诗人、斯大林奖金和诺贝尔文学奖获得者聂鲁达就把艾青称为“中国诗坛的泰斗”。

美国文学评论家罗伯特·C. 费兰德，则把艾青、希克梅特、聂鲁达并列为现代世界三位最伟大的人民诗人。

日本学者稻田孝在认真研究了艾青的诗和诗论之后说，艾青“不仅属于中国，也属于全世界”。

而真正成就巨大、影响深远的杰出人物，总是非常朴素和谦虚的。艾青也正是这样。

1985年5月16日至23日，为纪念艾青创作生涯50周年，浙江省现代文学研究会等单位在杭州召开了“艾青研究学术报告会”。10多个省、市、自治区的艾青研究者和诗人、诗歌评论家共80多人应邀参加。记得在会上先后作专题报告或发言的有雁翼、丁芒、黎焕颐、唐湜、田地、炼虹、杨匡汉、周红兴、骆寒超、沈泽宜、艾青的弟弟蒋海涛等。我在22日晚才赶到，23日一早也作了《艾青的诗美学》的发言。大家都对诗人的成就从不同的角度给予热情肯定和高度评价。艾青并未参加全部学术报告会，但他在会上会下的交谈和讲话中却总是一再地给大家“降调子”。他说：“有同志提出要学习我的诗歌创作的方向、道路，其实，我个人有什么方向、道路呢？我也从不认为我写诗的道路就是唯一正确的。我历来主张，对新诗的发展不要限制得太死，要提倡探索和创新，提倡多走几条路，条条道路通罗马嘛！我自己曾尝试写过多种诗体。比如，我也写过格律诗，但写不好，我的格律诗就不如闻一多、不如胡乔木。我也试写过十四行诗，但写不过冯至。民歌体我也写过，但写不过贺敬之、李季。”

在谈到如何把对他的研究深入一步时，他很认真地说：“我希望在研究我的时候，不要随便拿古人、近人和现代人同我相比，特别不要通过抬高我来贬低别人。论我就论我，我是什么就是什么。比如，是水牛就是水牛，是骆驼就是骆驼，是毛驴就是毛驴；一定要说我是一匹骏马，比谁都跑得快，这就不合适，就不是实事求是。研究我要反复琢磨一下，我的东西长处在哪，短处在哪，要科学地论述，要根据事实来讲话，希望要讲得准确一些，能写一两篇切切实实的东西就算成功了。做学问、搞研究也有点像开车子，不要开得太快，速度太快了就容易出事，反而达不到目的。高速公路也有危险，一碰车就是几百辆！”

在浙江省、杭州市文艺界欢迎诗人艾青回归故乡并祝贺他诗歌创作50周年的茶话会上，许多人发表了热情洋溢的讲话，老诗人汪静之（1902—）说：“艾青是我们民族的桂冠诗人，桂冠诗人应当得到10亿人民的爱护。”艾青最后却平静而诚恳地说：“今天，会上听到的是一片赞扬声，我感到很惭愧。我没有打过仗，没有流过血，不值得赞扬，不值得祝贺，也不值得歌颂。刚才汪静之老人说我是桂冠诗人，我不承认，不能这么叫；还有其他许多赞扬我也不敢当。大家的发言给我很大的压力。我写诗可以说是历史的误会。我原来是学画的，被关进监狱后才开始在铁栅栏的‘保护’下写诗。我用诗来大骂旧世界，大骂白里安、俾斯麦。我在诗里写了要把这监狱毁掉，可是，监管人员看不懂。我还写了《大堰河——我的保姆》诅咒这不公道的世界。这些诗竟然被拿出去发表了……有一个时期领导上叫我写小说，结果，‘文革’中一个连长批判我，说‘艾青是资产阶级的小说家’，这类笑话多得很。我曾写过寓言《养花人的梦》，明明是提倡百花齐放，姚文元却说我反对百花齐放，写了大块文章批判我。我的道路就是这样在风风雨雨中歪歪扭扭地走过来的，谁想学也学不了。当然，有一点问心无愧，那就是我写诗都是动感情的，都是用‘心’写的。‘为什么我的眼里常含泪水，因为我对这土地爱得深沉’，有些诗，我自己写着写着，眼泪就流下来了。有些诗，多少年了，念着念着也会流下眼泪。我写诗，总是想把心挖出来。”

最难忘的是5月23日下午，艾青在一间小会议室里会见参加“艾青研究学术报告会”的全体同志，他风趣而又亲切地同大家谈了约两个小时。他说：“好比污蔑不实之词必须平反一样，对我的许多过分的赞美、过高的评价也应当降一降调子，也应当改正。如果一个人并不美，你说他美得像桃花一样、像天仙一样，那不是讽刺吗？我曾经想，一个工人做一辈子工，一个农民种一辈子地，从来不搞什么纪念活动，从来没有人为他开什么纪念会，我写了一点诗，为什么就要开纪念会，有什么好纪念的呢？我从未想过写诗是一条铺满鲜花的道路。我最早是在监狱里写诗，拿到监狱外发表的。我最先发表的诗是用别的笔名，从《大堰河——我的保姆》开始，才署名艾青的。这个名字一用就是50年。说50年，其实我真正的创作生涯，只能算29年，应当减去21年。大家知道，我在1957年以后，有21年不能发表作品。在我受磨难时，很多人都受到我的株连。有一个读者抄了《我爱这土地》一诗，因为他是地主出身，就说他有变天思想，被判了两年徒刑。还有一位读者很喜欢我的《诗论》，‘文革’中他用《毛泽东选集》的封面把它包起来，被查出来后也判了两年徒刑。骆寒超大学毕业前写关于我的论著，书还没有出版就被打成了右派，先是遣送到温州劳动，后是到中小学教书，这个处罚还算‘文明礼貌’（众笑）的。今天在座的还有诗人晓雪、炼虹也都受到我的株连。外国人我们国家管不着，所以有些外国人研究我却平安无事。一个日本人的大学毕业论文就叫《艾青》，苏联也出过几本研究我的书，有些外国朋友还为我划成右派打抱不平，如一位捷克的汉学家和智利诗人聂鲁达都曾为我向中国提出抗议，那当然无济于事。成了右派后，我与亲友都断绝了来往，外国人来信也不敢回了，免得‘里通外国’（众笑）。‘四人帮’垮台后，我的冤案也平反了，给了我3个字：‘搞错了！’3个字说起来很容易，轻松得很，发3个音就够了，但每个字要等7年，3个字21年！那些年，叫人哭也哭不得，笑也笑不得，真是一个令人啼笑皆非的时代！有时，真像穿过一条漫长、黑暗而又潮湿的隧道，自己也不知道能不能活过来……”最后，他说：“当然，那样的时代是一去不复返了。我们大家都应当高兴。现在我们面临的是人民思想解放、国家开始兴旺、各项事业欣欣向荣的时代，你们都比我年轻，应当唱出更多更好的时代和人民所需要的歌！”

艾青的谦虚是一贯的。1991年8月，艾青作品国际研讨会在北京人民大会堂隆重举行，来自14个国家和地区的百余位学者、专家汇聚一堂，共同研究、探讨艾青为文学事业所做出的杰出贡献和他在国内外的广泛影响。艾青在答辞中却说：“我是一个普通的诗人，研究我和我的作品并不重要，重要的是大家共同推动文学事业的发展。……我已经81岁了，希望我们的中青年诗人和评论家们，肩负起时代赋予的重任，创作出更多的好作品。”直到去年11月29日上午，我和周明、王昆等同志去家中看望他，当王昆同志说“您是诗坛泰斗”时，他立即抢着回答：“我不是什么泰斗，我只是小菜一碟！”

艾青影响了我国几代诗人，他在中国新诗发展史上的巨大贡献和重要地位是大家公认的。诗人越谦虚，我们觉得他越伟大。艾青不愧为“我们时代伟大而独特的诗人”。他的诗和诗论早已被介绍到英、德、法、意大利、西班牙、葡萄牙、瑞典、芬兰、前苏联、捷克斯洛伐克、保加利亚、匈牙利、波兰、罗马尼亚、南斯拉夫、印度、泰国、尼泊尔、马来西亚、新加坡、巴西、智利、哥伦比亚、古巴、墨西哥等数十个国家，许多国家都出版了他的诗集和研究他的专著。

艾青走了，但他火热的诗篇、他高昂的声音，却永远震响在千家万户、五洲四海，震响在中国与世界人民的心间：

“让我们从今天出发飞向明天/让我们把每个日子都当做新的起点”/“让我们从地球出发/飞向太阳……”

1996年5月10日　昆明

附　录

艾青研究的新开拓

——序周宏兴《艾青研究与访问记》

我和周宏兴同志第一次见面是 1982 年 5 月，在杭州美丽的西子湖畔。当时，中国当代文学研究会浙江分会和浙江省文学学会现代文学研究会正在杭州联合召开艾青诗歌研究学术报告会，庆祝诗人艾青创作生活 50 周年。艾青及其夫人高瑛同志应邀到会。同与会者见了面，讲了话。来自全国十几个省、市、自治区的 50 多位诗人、诗歌评论家与高等院校的教师出席会议，我和宏兴同志就是在那次难忘的学术盛会上认识的。

他带到学术报告会上的论文是《论艾青的狱中诗》，文章从一个新的角度，抓住决定了使艾青"从绘画转变到诗"的关键时刻和监狱生活，系统而深刻地论述了艾青"献身于中国新诗五十年的前程中结下第一批硕果"及其意义，给我留下深刻的印象。我感到当时宏兴同志接触与研究艾青虽然才一年多，却态度严谨，立论扎实，善于发别人所未发，善于找到新的视角，起步不凡。

后来我虽不时读到宏兴同志研究艾青的文章，却一直没有机会同他再见面交谈。时间一晃过去了八年。今年 3 月，宏兴同志作为北京人文函授大学的校长出差来昆明，打电话给我，我们才又一次见面。他送我一部最近刚由文化艺术出版社出版的他的新著《艾青的跋涉》——一部翔实地记述诗人艾青生活经历的、长达 46 万字的传记文学作品。并告诉我，他的另一部研究艾青的、同样有四五十万字的宏伟专著——《艾青研究与访问记》也将出版，嘱我为之作序。我愉快地接受了。他在繁重的教学任务和社会活动之余，对艾青的研究如此专注，近十年如一日，取得如此硕大的成果，真是可喜可贺、令人敬佩！

文学评论与研究是一门科学，而科学必须首先建立在严肃认真、扎扎实实地占有材料的基础之上。要研究一个作家、诗人，必须对他一生的生活经历、思想发展、兴趣爱好、性格特征、家庭环境、文化氛围，他的一系列作品的创作经过及其时代背景等等，都有较真切深入的了解，而且了解越具体、越详细越好。如果对作家本人不甚了了，仅从他的作品论作品，往往立论不会中肯，或失之浅薄。所以如果评论家与作家、诗人处在同一时代的话，他最好应当成为作家的知心朋友。瞿秋白对鲁迅的杂文所以评论得那么精辟深刻，就因为他尊敬、热爱并深知鲁迅其人，鲁迅也把他引为难得的知己。周宏兴怀着崇敬的心情，从1981年春节前夕开始结识艾青并研究和追踪艾青的一生。从年龄上说，他是艾青的晚辈。但由于他的执著、诗人的谦虚和两人共有的真诚，他们在感情上成了无话不谈的忘年交。为了写好艾青的传记，评论艾青的作品，他与之交谈不下300余次，记录了数十万字的谈话笔记。他沿着艾青的足迹，跑了十几个省，查遍了几十家图书馆，走访了艾青生活过的许多地区及其亲朋好友，搜集到极其丰富的、有些甚至连艾青本人也遗忘或不知道的第一手材料。他的艰苦探求和辛勤劳动终于结出了硕果，《艾青的跋涉》被评为“迄今最全面、最真实、最权威的艾青传”，不仅第一次翔实而生动地描写了艾青的一生，第一次披露了许多鲜为人知的重要史实，而且澄清和纠正了许多文章与专著中的疑难与讹错，成为渴望认识、了解和学习诗人艾青及其作品的可靠“向导”。

《艾青研究与访问记》包括了作者研究艾青的9篇重要论文、就不同的问题对诗人进行采访的7篇访问记、60余篇《艾青谈话录》以及《艾青年表》《艾青著译出版目录索引》《艾青研究与评介口录索引》等。这样一部内容丰富、资料翔实的专著，既是我国诗歌界当前艾青研究的新收获、新突破，也为今后进一步全面、系统、深入地研究艾青提供了大量新的资料和厚实的基础。这既是深入研究艾青进一步打基础的艰苦工作，也是开拓性、建设性的宏伟工程。

这里，我认为特别值得注意的是作者根据艾青的几百次谈话记录整理而成的近20万字的《艾青谈话录》。它很自然地使人联想到著名的《歌德谈话录》。大诗人平常与他身边的亲人或要好的朋友倾心交谈，无需做什么准备，也不会有什么顾虑，似乎随随便便、信门闲聊，却往往妙语连珠，会说出许多在庄严的场合不会讲的心里话来。这种无拘无束的随意闲聊中，常常有许多真知灼见，有诗人对社会人生的独特理解和深沉的哲理思考。有些话如果不及时记下来，诗人自己也会忘掉。感谢周宏兴这位有心人，对艾青的数百次谈话做了记录，整理出这么多的《艾青谈话录》。其中，有艾青对自己一生坎坷和逸闻趣事的回顾与记叙，有艾青对时代生活、宇宙自然与人类命运的评析与思考，而更多的则是诗人对诗友诗作、诗艺诗品和诗歌美学的议论与探讨。实际上这应当看做是艾青著作的新的重要组成部分，是艾青晚年为我们留下的另一部“诗论”。这对我们进一步认识、理解和研究艾青其人其诗及其诗美学，无疑都是极其宝贵的重要依据。

艾青是中国新诗发展史上，创作时间最长、作品最多、经验最丰富而又影响最为深远的诗人之一。他的诗，反映了半个多世纪以来中国人民的忧愤、追求、觉醒和抗争，反映了人民的痛苦和欢乐、挫折和胜利。他个人的生活命运，也是同我们祖国人民的命运，同中国新诗发展的起伏兴衰和人民事业的曲折与繁荣紧密地联系在一起的。所以研究艾青，是一个大题目、是一门学问。几十年来，特别是近10年，国内外已有许多学者、专家研究艾青，并取得了多方面的可喜成就。今后还必将有更多的人来从事这一方面的工作。宏兴同志称我为研究艾青的先行者，我感到很惭愧。从时间上说，我确比他早了20多年写研究艾青的文章，但还不如他全面、系统和扎实，还不如他专注和深入。我为他取得的硕大成果感到由衷的高兴，并相信他的《艾青的跋涉》和《艾青研究与访问记》的出版，不仅是艾肯研究的新突破、新开拓，而且对中国新诗发展史和诗美学的研究，也是一个有力的推动和重要的贡献。

1990年4月19日　昆明

艾青在桂林

抗日战争前期，我国当代诗坛泰斗艾青（1910—1996）在桂林生活、战斗了10个月（1938年11月至1939年9月）。

当时艾青只有二十八九岁，正处在青春似火、风华正茂的美好年华。祖国的灾难，人民的抗争，时代的召唤，使得这位因唱着《大堰河——我的保姆》而饮誉全国的青年诗人热血沸腾、才情喷发、灵感如泉，在这短短的10个月里主编报刊，发表评论，引吭高歌，在他个人的创作道路上写下了灿烂的篇章，也在桂林的现代文化史上留下了光辉的一页。

一

在由衡山到桂林几天之后，艾青就于1938年11月7日创作了《我爱这土地》这首精短深沉、影响巨大、后来为无数的人所背诵的传世之作：

假如我是一只鸟，
我也应该用嘶哑的喉咙歌唱：
这被暴风雨所打击着的土地，
这永远汹涌着我们的悲愤的河流，
这无止息地吹刮着的激怒的风，
和那来自林间的无比温柔的黎明……
——然后我死了，
连羽毛也腐烂在土地里面。

为什么我的眼里常含着泪水？

因为我对这土地爱得深沉……

这首诗发表于1938年12月10日在桂林出版的《十日文萃》第一卷第四期。除《十日文萃》外，当时桂林出版的报刊还有《新华日报》（桂林版）、《救亡日报》《力报》《大公报》《广西日报》《文艺生活》《诗创作》《诗》《中国诗坛》等。全国一批批文化名人、作家艺术家云集桂林，使桂林成为抗日战争时期名副其实的“文化城”。

11月30日，艾青参加了由上海、广州、武汉等各地撤退到桂林的作家诗人在月牙山倚红楼举行的集会，与夏衍、巴金、周钢鸣、高兰、林林、杨朔、白薇、欧阳凡海等20多人一起决定筹备成立“中华全国文艺界抗敌协会桂林分会”。

就在这些日子，侵华日机接连对桂林市进行狂轰滥炸，市内十余条街巷惨遭涂炭，“烧房屋七八百间”，“一层废墟，尸体横陈，满目凄凉惨不忍睹”，“外省被难同胞，惨遭浩劫，无家可归者，达万余人”。[①] 艾青住的房子也被炸毁。有一次他跑到郊外，一个弹片落在仅离他两三米的地方，险些牺牲在大轰炸中。诗人同桂林人民一起目睹和亲身经历了这一切，他以满腔的愤怒写下了《死难者画像》《纵火》《吊楼》《冬林的日子》《街》等一系列诗篇，控诉法西斯的滔天罪行，歌颂伟大人民的英勇斗争。

艾青在桂林创作的最重要的著名诗篇，除《我爱这土地》外，还有长诗《吹号者》和《他死在第二次》。

《吹号者》写于1939年3月末。它以动人心魄、震撼灵魂的诗句歌颂了一个在残酷的抗日战争中牺牲的普通号手，他是第一个送走黑夜迎接黎明的人；他以“对于丰美的黎明的倾慕”和流荡辽远的号声唤醒沉睡的世界，集合起出发的队伍；他走在“阳光照着的长长的队伍的最前面/以行进号/给前进着的步伐/做了优美的拍节”；最后，他以“短促的，急迫的，激昂的”，“在死亡之前决不中止的冲锋号”鼓舞杀敌而自己却壮烈地献出了年轻的生命。在全诗的结尾，诗人对“吹号者”发出了最热烈的礼赞：

① 见1938年12月3日《广西日报》头版。

“在那号角滑溜的铜皮上，映出了死者的血和他的惨白的面容；也映出了永远奔跑不完的带着射击前进的人群，和嘶鸣的马匹，和隆隆的车辆……而太阳，太阳使那号角射出闪闪的光芒……听啊，那号角好像依然在响……”

对这首诗，我在1957年作家出版社出版的《生活的牧歌》中说过，这是诗人“用他的心血、他的灵魂和他的全部激情写成的”，“诗人在吹号者的形象中融入了他的形象、他的灵魂和‘他自己对于黎明的过于殷切的想望’。诗人在吹号者的形象中艺术地概括了为‘深深地爱着的土地’而战斗的中国人民的崇高感情和战斗精神”。“《吹号者》以其高度的艺术典型化技巧、精心独创的构思和深刻感人的思想力量，成为艾青创作中最光辉、最有代表性的诗篇之一”。

写了《吹号者》之后不久，艾青又完成了另一首叙事长诗《他死在第二次》。长诗描写了一个士兵在抗日前线受伤后躺在后方医院的病床上，仍“怀念着战场”，渴望再一次在抗击侵略强盗的“烽火中奔驰前进”，所以当他伤愈出院后又立即返回前方，投入保卫祖国的战斗，终于在第二次激烈的拼搏中英勇牺牲。他和千千万万的抗日将士一样，想的并不多，“他只晓得/他应该为这解放的战争而死/他也只晓得/他所躺的是祖国的土地”。这首诗与《吹号者》主题和题材相近，可称为姊妹篇。两首长诗和诗人在桂林写的部分短诗一起，以“他死在第二次”为书名于1939年11月在上海出版。这本诗集同诗人在桂林出版的另一本诗集《北方》当时都曾在全国诗坛引起强烈反响。林林、适夷、邵荃麟等都曾著文对《北方》给予高度评价。对诗集《他死在第二次》，诗人穆旦在香港《大公报》上是这样评价的：“这里，我们可以窥见那是怎样一种博大深厚的情感，怎样一颗火热的心在消融着牺牲和痛苦的经验，而维系着诗人向上的力量”；“从这本诗里我们可以看出，诗人艾青正是新中国里一员健壮的歌手。他的诗会摇起你年青的精力，鼓舞你更欢快地朝着工作，朝着斗争，朝着光明”。

1939年7月7日，作为抗战中心城市之一的桂林市举行了纪念抗日战争爆发两周年的活动，盛大的群众集会游行从清晨6时一直持续到晚上。夜里的火炬大游行把纪念活动推向高潮。下午6时多开始，上万名群众手执火炬在公共体育场集合，火炬如海，辉天耀地，亮如白昼。晚7时，火炬队伍从体育场出发，像一条巨大的玉龙浩浩荡荡穿过王辅街、厚富街、桂南路、榕萨路、环湖路、中南路、中北路……艾青与桂林市民一起参加了这次盛大的纪念活动和火炬游行，心情非常激动，后来他曾这样回忆：

> 那样的一种场面，长延不断的群众为火把照耀着，一阵口号，一阵歌唱……致使我感动得在眼眶里蕴含着泪目，很快地使我的全身被“一种东西……一种全新的东西……”所袭击，像背负了被射中的箭的野兽，背负了这东西回到住所里。
>
> ——1949年10月12日《新蜀报》：《关于〈火把〉》(上)

正是这次桂林的火炬大游行，使艾青获得了丰富的灵感，萌发了新的构思，再经过约10个月的孕育之后，在湖南新宁写成了诗人创作道路上光芒四射的里程碑式的杰出长诗《火把》。

二

艾青在桂林的10个月，是奋笔疾书的10个月，更是紧张战斗、忘我工作的10个月。在写诗的同时，他的大量时间和主要精力用于主编几种报刊、参与中华全国文艺界抗敌协会桂林分会筹备会的各种抗日救亡活动。

诗人到桂林不久，便主持创办了《广西日报》的文艺副刊《南方》。这个副刊每日或隔两三日出一期，从1938年12月20日出版创刊号到1939年8月29日共出了100期。艾青离开桂林，《南方》也随之终刊。艾青用诗一般的语言在《南方》创刊号上写了发刊词：

> 在清晨，我们听见铁鸟翱翔空际的声响，听见炸药开凿山洞的声响，听见青年学生们唱着救亡的歌从我们的窗边过去……
>
> 我们呼吸着解放的空气，我们在自由的歌声里奋发，我们以自己的膂力推进时代的巨轮而获得了光荣，我们将贡献这鲜美的生命给民族革命的神圣的战争。
>
> 我们一刻也不能懈怠我们的工作——暴露侵略的魔鬼在我们

国土的罪行，高扬我们战斗的热情，坚毅、勇猛，争取祖国的胜利和光荣。

《南方》100 期共发表小说、诗歌、散文、特写、杂文、评论等数百篇，当时在桂林和其他地方的许多著名作家、诗人、评论家都是它的撰稿者，如胡风、以群、奚如、蒋牧良、韩北屏、周钢鸣、力扬、常任侠、巴金、舒群、戴望舒、黄药眠、舒芜、林林、厂民（严辰）、阳太阳、邹荻帆、赖少其、陈残云、杨朔、覃子豪、冯乃超、陈迩冬、艾芜、谷斯范、袁水拍、何家槐、张仃、司马文森、聂绀弩、冯英子、雷石榆、钟鼎文、李又然、周而复、长江等等。从如此强大的作者阵容，可以看出《南方》副刊是当时抗战文艺的一块重要阵地，是水平很高、影响很大的。

抗日战争的沸腾生活和高昂情绪，不断激起新老诗人的创作热情，给桂林诗坛也带来了欣欣向荣的气象。当时艾青在报社编辑部收到的诗稿很多，《南方》副刊容纳不下，便经过多方努力，争取到借《救亡日报》的副刊出诗专刊《诗文学》，仍由他主编。1939 年 4 月 18 日《诗文学》创刊号与读者见面。他在《诗文学》创刊词《我们的信念》中这样说："我们的民族文化将在战争中发展、提高、扩展，是无疑的。""诗，既然作为民族的最高的语言，在民族革命的战争迫近胜利的行程中，它是必然要更加发达的。因此，我们感到诗的工作的有组织性的必要，《诗文学》就是在这意义上产生的。"艾青亲自编辑的《诗文学》一共只出了四期，但也曾发表了不少著名作家诗人的诗歌和评论，交流了各地诗人的信息，对抗日战争时期诗与文学的繁荣发展产生了积极的作用。

与此同时，艾青还与他的好朋友、在香港的戴望舒合作，共同筹划、编辑、创办了诗歌月刊《顶点》。《顶点》创刊号于 1939 年 7 月 10 日在桂林出版，开本略大于 32 开，红色封面，上方横出"顶点"两个大字，共 64 页，这一期发表了艾青、李菲、周熙良、袁水拍、陈时、徐迟、陈迩冬、番草等人的诗，戴望舒的译诗和艾青、徐迟的诗论，《编后卒记》中说："《顶点》是一个抗日战争时期的刊物。它不能离开抗日战争，而应该成为抗日战争的一种力量。""《顶点》的宏愿是：从现在的新诗的现状中更踏进一步。不管我们现在表现的是怎样，我们所希望的是把水准尽可能地更提高，使中国新诗有更深远一点的内容，更完善一点的表现方式。我们知道这不是一朝一夕所能成功的，可是我们却要时时刻刻怀着这个愿望，时时刻刻朝着这个方面努力。”

可见这是一本多么重要的诗歌月刊。

第二期本来已经编好，却由于种种原因未能出版。两位大诗人共同主编的《顶点》创刊号，也就成了“终刊号”。这不能不说是中国新诗史上一个很大的遗憾。

三

为适应伟大时代抗日救亡的斗争需要，艾青不仅编刊物、写诗歌，而且自己直接拿起理论批评的武器进行战斗。结合自己工作与创造的实践，诗人对诗的本质与功能、诗的地位和作用以及诗与时代、诗与人民、诗与宣传等等重要问题，都作了认真的研究和深入的思考，而写了一系列的富有战斗性和说服力的理论批评文章。

在《迎接一九三九年》① 一文中，诗人艾青满怀激情地写道：“一九三九年是我们的年代，我们将深切地爱这年代，我们将生活得更好，斗争得更英勇！我们将歌唱得更高亢！我们将调转我们的喉咙，为祖国的解放歌唱胜利！为人类的正义歌唱光荣！”

针对背离时代和人民的某些错误倾向，艾青在 1939 年 1 月 16 日出版的《文艺阵地》上发表了《给画家们》的文章，强调要“和旧的传统搏斗，和市侩的艺术倾向搏斗，而献身于服役于广大民众”，“创作的热情应该燃烧在胜利的坚强的信心里，无论技巧，无论思想，都需要走向博大与广阔，惟最深爱民众者为民众所深爱。作民族革命的战士吧，用你们的色彩，歌颂民主的胜利，歌颂中国的自由与解放吧。工作是艰巨而苦涩的，但是，明日的历史，将会付给你们以荣誉。”在《文学上的取消主义》② 一文中，艾青说：“战斗的文学不就是最永久的、最沉着的，而且是最使

① 见 1939 年 1 月 1 日《广西日报》副刊《南方》。

② 见 1939 年 1 月 21 日《广西日报》。

敌人胆寒的枪声么?”“任何要取消文学的企图都是枉然的”，“我们将在一切的精神生活上谋取和世界的最进步的国家同等的水准；我们将更需要伟大的文学，和纪念碑的艺术”。

针对“新诗二十年来没有什么成绩”的错误论调，艾青发表了《诗的祝祷——给写诗的朋友们》[①] 一文，理直气壮地指出：“如果那个人不是完全没有良心的话，他决不会没有看见中国新诗的进步”，“抗日战争以来的新诗，也是二十年来新诗的延续，它的成绩，无论从量上和从质上看，都不曾失去了作为‘更进一步发展’的价值。许多诗人献身给战争，许多诗人为祖国的命运而呈出了自己的赤诚的心，许多诗人用无比真挚的语言诉说了对于祖国的爱……这些诗人将和祖国共存亡，这些诗篇将和祖国共存亡”。

在为诗集《北方》增补本所写的序言中，艾青进一步指出：“中国新诗，已走上可以稳定地发展下去的道路：现实的内容和艺术的技巧已慢慢结合在一起。新诗已在进行着向幼稚的叫喊与庸俗的艺术至上主义可以雄辩地取得胜利的斗争。而取得胜利的最大条件，却是由于它能保持中国新文学之忠实于现实的、战斗的传统的缘故。”

艾青在桂林还写过《诗的散文美》《诗的散步》等不少文章，而其中最重要的则是《诗与时代》《诗与宣传》这两篇论文和《诗人论》中的若干段落。这几篇文章是后来一版再版的艾青《诗论》一书中的重要篇章。

《诗与时代》一文，全面精辟地论述了诗与时代的关系，作者深刻地指出：“中国新诗，随着中国社会的变动与发展而变动与发展着，而且也将随着中国社会变动发展下去。”“每个日子所带给我们的启示、感受和激动，都在迫使诗人丰富地产生属于这时代的诗篇。这伟大而独特的时代，正在期待着、剔选着属于它自己的伟大而独特的诗人。”“属于这伟大和独特的时代的诗人，必须以最大的宽度献身于时代，领受每个日子的苦难像是那些传教士之领受迫害一样的自然，以自己诚挚的心沉浸在万人的悲欢、憎爱与愿望当中。他们（这时代的诗人们）的创作意欲是伸展人类的向着明日发出的愿望面前的。唯有最不拂逆这人类的共同意愿的诗人，才

---

① 见1939年4月5日《救亡时报》。

会被今日的人类所崇敬，被明日的人类所追怀。"

诗人在1939年8月9日写成了另一篇重要论文《诗与宣传》。他在这篇文章中明确而坚定地强调："诗，应该尽最大限度的可能去汲取生活的源泉。"诗，是"文学的峰顶，是文学的最高样式"，"它能比其他的文学样式更高地、更深地或者更自由地表现人类的全般生活和存在于生活里的全般的意欲。它对人类生活所能发生的作用也更强烈——甚至难于违抗。某些杰出的诗作里所传达出的深沉的声音，绕在我们的记忆里多么久远啊……那些声音，常常在我们困苦时给我们以人世的温暖，孤寂时给我们以友情的亲切"。因此艾青着重指出，不能把诗的宣传理解为"政治概念"的"灌输"，诗必须是诗，它应当"比这些更深刻，更自然，更永久而又难于消泯"。

艾青抗日战争时期在桂林的光辉成就和丰硕成果充分证明：诗人只有与人民同呼吸、与祖国共命运、与时代共脉搏，才能最大限度地发挥自己的才华智慧而大有作为、大放光彩！

2000年9月8日

二十世纪的中华诗魂

——纪念艾青百年诞辰

今年3月27日，是艾青百年诞辰。

艾青（1910—1996）86年的人生轨迹和60多年的创作生涯，为我们留下了包括20部长诗、近千首短诗和30多种著作在内的极其丰富的宝贵遗产。在20世纪的中国新诗发展史上，他是创作时间最长、艺术成就最大、影响最为广泛深远的“我们时代伟大而独特的诗人”。

大家知道，艾青早年赴法国学画，回国后因参加左翼美术联盟的革命活动而被捕入狱，在暗无天日的牢狱里写出了他的成名作《大堰河——我的保姆》，开始走上诗歌创作的道路。1937年7月7日抗战爆发以后，他满怀热情从中国东部到中部，从中部到北部，从北部到南部，从南部到西北部——延安，足迹遍布大半个中国，目睹了祖国人民的苦难和抗争。他“置身在探求出路的人群当中，共呼吸，共悲欢，共思虑，共生死”，深深感受到：“中国的路是如此的崎岖/是如此的泥泞呀”。从而写下了《雪落在中国的土地上》《手推车》《北方》《向太阳》《我爱这土地》《吹号者》《火把》《黎明的通知》等一系列深刻感人的不朽诗篇，树起了他自己的也是中国新诗史上的第一座现实主义高峰。20世纪50年代上半叶，他还写了《礁石》《写在彩色纸条上的诗》等诗歌精品。蒙冤22年复出之后，他又在古稀之年，奇迹般地焕发青春，写出了《鱼化石》《虎斑贝》《古罗马的大斗技场》《光的赞歌》等一大批充满青春活力、令人心灵震撼、独放异彩、光芒四射的杰出诗篇。我认为，20世纪的中国诗歌群星中，成就最高、影响最大、最有代表性的是三大诗人：“五四”时期浪漫主义的杰出诗人郭沫若；三四十年代现代主义的诗歌巨匠戴望舒和现实主义的诗坛泰斗艾青。但郭沫若的诗歌创作成就主要在“五四”时期，戴望舒的杰出创作也只限于新诗史的第一个30年，他45岁就过早地去世了。只有艾青不懈追求，不断创造，光彩照人的艺术青春跨越了中国新诗发展史的3个30年。他的一生经历了监狱、战争和22年右派在北大荒、戈壁滩狂风、暴雪、酷热、奇寒中的严峻考验，对土地、人民、祖国、时代和宇宙人生都有自己与众不同的深刻体验、独到感悟和独特思考，才通过自己出众的艺术才华和卓越的诗歌创作，如此充分强烈、如此深沉有力、如此富于个性而又精彩绝妙地表达出时代的感情和人民的心声。因此，我们说，艾青是20世纪中国新诗的伟大代表和诗学大师，是20世纪的中华诗魂。

艾青吮吸农民保姆“大堰河”的乳汁长大，从小感染了“农民的忧郁”。他的艺术生命深深植根于祖国的大地。他对社会的黑暗、人民的苦难和时代的悲剧感受、理解和揭示得很深。他“流着温热的眼泪，哭泣我们的世纪。”“为什么我的眼里常含泪水？因为我对这土地爱得深沉……”但他坚信自己的祖国、自己深爱着的人民、这“世界上最艰苦与最古老的种族”，将“坚强地生活在大地上，永远不会灭亡”。他总是在压迫下歌颂反抗，在苦难中歌颂斗争，在黑暗里歌颂光明。在抗日战争前夜的“密云期”，他“在过深的怨愤里”渴望民族精神的奋起，发出了“请给我以火，给我以火”的热烈呼唤；当抗战爆发，他就“拂去往日的忧郁”，激情地歌唱“复活的土地”；他高举“火把”，奔“向太阳”，发出“黎明的通知”，在一片欢呼声中“伸张着两臂”迎来了人民的胜利。蒙冤归来之后，他在痛斥“正义被绑着示众，真理被蒙上眼睛”的十年浩劫的同时，仍动情的歌唱重新到来的《迷人的春天》和《光的赞歌》。我们从他的全部作品中听到了历史的回声、人民的呼唤，看到了时代的惊涛骇浪、苦乐悲欢，感到了人类永不停息的对光明的追求和对未来的希望，从而获得了一种深切的激励鼓舞和巨大的精神力量。诗人向我们展示的是在广阔的历史文化背景之下，他自己与时代生活息息相关的积极昂奋、丰富美好的心灵世界；他在一系列优秀诗章中抒发的是那种融合了历史、现实、未来，融合了审美经验、审美感受、审美理想，因而既能给人以强烈的感召，又能给人以深刻启迪的伟大时代的诗情。他的诗，是“人类向上精神的一种闪烁”，是“人类向未来寄发的信息”，能给人类以朝向理想的勇气。他一生向往光明，追求光明，讴歌光明，他的诗歌创作始终贯穿着一条红线，这就是对象征着科学和真理，象征着时代发展趋势和历史前进方向的光明的歌颂。

艾青在坚持与人民同呼吸、与祖国共命运、与时代共脉搏的同时，始终很重视诗本身的特点和规律，始终很重视诗人必须走自己的路、有自己的艺术个性和独特风格。他说过："我所爱的诗，是最具有个性的诗，用各人不同的风格、不同的手法、不同的构思方式所写的诗。"他强调，诗人在写作时，一定要经常想到："我有着'我自己'的东西了吗？我有'我的'颜色与线条以及构图吗？"一定要有"我自己"，他的独特鲜明的艺术个性，首先表现为他的崇高人格、广阔胸襟、高尚情操和他对祖国人民、对人类世界的深厚热烈的爱。他始终强调"诗人必须说真话"，必须"交付出最真挚的爱"，必须永远保持"感情的真挚"，强调"一首诗是一个心灵的活的雕塑"，"一首诗是一个人格，必须使它崇高与完整。"他真挚浑厚、博大仁爱、坚强执著、刚毅崇高的人格特征，贯穿渗透和体现在他的全部作品中。在精神气质上，艾青的"我自己"，他独特鲜明的艺术个性，表现出奔放而凝重、活泼而机智、幽默而庄严的特点。在诗歌风格上，艾青的"我自己"，他独特鲜明的艺术个性，表现为明朗而含蓄、单纯而丰富、自然质朴而厚重深沉。艾青是最讨厌矫揉造作的热情、故弄玄虚的深奥和空洞无物、堆砌辞藻的"华丽"。他认为："高尚的意志和纯洁的灵魂，常常比美的形式与雕琢的词句，更深刻而长久地令人感动。"他立志"尽可能地做到深入浅出"，"深厚博大的思想，通过最浅显的语言表达出来，才是最理想的诗。"他始终保持着一颗纯朴、透明、真挚、坦率、炽热而冷静的赤子之心。心灵的微笑，会使他"眼里常含泪水"。他那浑厚的嘴唇从不会说假话。他那明亮的充满智慧的眼睛从不会掩饰感情，对一切真、善、美，它会流露出由衷的欣喜和无限的爱，对一切假、恶、丑，它会立即喷射出愤怒和仇恨。纷繁、复杂、充满矛盾和千变万化的生活画面，透过他赤子之心的折射镜，有时会变得异样的单纯和清澈。他是那样地善于深入浅出、举重若轻、寓丰富于单纯之中：

一个浪，一个浪/无休止地扑过来/每一个浪都在它脚下/被打成碎沫、散开……

它的脸上和身上/像刀砍过一样/但它仍然站在那里/含着微笑，看着海洋……

这首1954年创作的名叫《礁石》的诗，就这么八行，朴朴素素，自自然然，没有一点斧凿的痕迹，甚至也不押韵，却是如此的明快、美妙而又耐人寻味。它正是诗人“心灵的活的雕塑”。它可以看做是诗人自身的写照，但难道不也正是我们历尽沧桑，饱受磨难而依然在风浪中屹立微笑的伟大祖国和中华民族的象征吗？艾青的伟大而独特之处就在于，他始终是通过“他自己”，按自己的方式，用自己的语言，以自己独有的艺术创作来反映时代、歌唱人民的。

作为“大堰河”的儿子，艾青最初接受的是中国传统文化，他对我国源远流长、丰富精美的古典诗词是喜爱的。但留学法国“物质上贫苦，精神上自由”的三年间，他却如醉如痴地沉浸在西方另种新奇绚烂、五光十色的艺术海洋里。马奈、莫奈、塞尚、德加、凡·高、毕加索、雷诺阿等等的绘画，和阿波里内尔、兰波、波德莱尔、普希金、果戈理、陀思妥耶夫斯基、叶赛宁、布洛克、马雅可夫斯基、桑德堡、阿拉贡、凡尔哈仑、惠特曼等等诗人作家的作品，他们反映现实、表现心灵时那种极富个性的艺术构思和独特手法，都曾给他很深的影响。他非常欣赏阿波里内尔的名句：“当年我有一支芦笛，拿法国大元帅的节杖我也不换。”他就是吹着“芦笛”从欧罗巴回到祖国，“带着凡尔哈仑的诗进国民党监狱、登上诗坛的。”然而作为中国诗人，他又自觉地认识到：“中国诗人写的诗，要有民族气派、民族风格。这种民族气派和民族风格，主要也还是由内容决定的，这种民族气派和民族风格，可以在多种多样的形式中表现出来。”在创作中艾青既坚持继承我国古典诗歌的优秀传统，又广泛吸收外国各种艺术流派的手法技巧，既非常强调诗的时代精神和现实意义，强调诗的思想内容和深邃意蕴，又十分重视诗的艺术美和形式美，重视诗的语言的纯粹的精美。而不论继承传统或学习外国，都为了新的创造，为了通过自己的艺术创新达到内容与形式的完美结合。从艾青各个时期不同主题题材、不同诗体样式的大量优秀作品中，我们可以看到，艾青是最重视诗的内容又善于不断创作与之相适应的形式，最重视继承祖国优秀的诗歌文化传统，又善于不断开拓创新，最重视“吸收外洋诗的长处”，借鉴古今中外一切好诗（包括民歌）中对自己有用的东西，又善于永不疲倦地创造属于自己的艺术世界的杰出诗人。

艾青不但在诗歌创作上了取得大家公认的卓越成就，在诗歌理论和诗歌美学研究方面也有至今没有人超过的重要建树。他 70 多年前用诗一般的语言写下的《诗论》和《诗人论》，以及后来一系列评诗论诗的文章，充满真知灼见，至今仍有着极其重要的现实意义。他在诗歌创作和诗歌美学理论建设方面出类拔萃的巨大成就，不仅影响了中国大陆和台湾、港澳的几代诗人，在中国诗坛上有口皆碑，而且在国际诗歌界也具有广泛影响。早在 1954 年，艾青才 44 岁的时候，智利伟大诗人、诺贝尔文学奖获得者聂鲁达就把他称为“中国诗坛泰斗”。美国文学评论家罗伯特·C. 费兰德，把艾青、希克梅特、聂鲁达并列为现代世界三位最伟大的人民诗人。日本学者稻田孝在认真研究了艾青的诗和诗论之后说：“艾青不仅属于中国，也属于全世界。”1985 年 3 月 12 日，法国总统授予艾青“法国文化艺术最高勋章”，授奖辞称：“在法国的朋友中间，我们为有一位中国最伟大的诗人而感到自豪”。

艾青离开我们已经有 14 年。作为 20 世纪的中华诗魂、诗坛泰斗和诗学大师，他的艺术创造及其深远意义和广泛影响，当然不只属于过去，也属于现在和未来。诗人早在 20 多岁时就在他的《诗论》中说过：“在新的社会里，创造的道路将被无限制地发扬。”“人类的历史，延续在不断的创造里。人类的文化，因不断的创造而辉煌。”今天我们纪念他的百年诞辰，不是要简单的模仿他、重复他，而是要学习他，学习他的宝贵遗产和创新智慧，学习他的崇高精神和丰富经验，像他那样“不断的创造”，为我们的时代、为祖国和人类，创造中国诗歌的新的辉煌。

2010 年 1 月 12 日　昆明

《生活牧歌》是怎样写出来的？

1956年可以说是新中国成立后、改革开放前最令人欢欣鼓舞的年代。

随着全国各大城市敲锣打鼓地“跑步进入社会主义”，对生产资料所有制的社会主义改造宣告基本完成。“从来没有看见人民群众像现在这样精神振奋、斗志昂扬、意气风发”，整个社会出现一派生气勃勃欣欣向荣的景象。

这年1月，中央召开了知识分子座谈会，周恩来代表党中央指出，社会主义建设必须依靠体力劳动和脑力劳动的密切合作，依靠工人、农民、知识分子的兄弟联盟。报告首次提出，知识分子已经成为我们国家各方面生活中的重要因素，“他们中间的绝大部分已经成为国家工作人员，已经为社会主义服务，已经是工人阶级的一部分。”

《文艺报》1956年第1期用一个整版的篇幅推出以漫画形式，反映全国文艺界代表人物面貌的《万象更新图》，著名的老中青三代作家都出现在画面上。比我低一个年级的壮族青年诗人韦其麟披着“百鸟衣”在崇山峻岭间起舞；闻捷骑在十字路口的一棵柳树枝头散发诗传单；刘绍棠牵着到农村去的一张板车的马，板车上坐着赵树理、胡丹佛、艾芜、沙汀等；画面上端的中心，是郭沫若驾着和平鸽展翅飞翔……别开生面的一系列漫画形象预示着，万象更新的文艺的春天到来了，1956年全国将掀起一个文学艺术创作的新高潮。

这一年上半年，是我大学四年的最后一个学期，我感到自己“在祖国热烘烘的胸脯上”学习着，成长着，即将毕业走向社会，所以心情格外兴奋和激动。我在《元旦献诗》中写道：“金光闪闪的一九五六年/唱着歌来了/灯火辉煌的珞珈山/沉醉在欢乐中//我踏着新年的曙光/去尝一口东湖的水/我采一片鲜红的枫叶/寄给远方的朋友//然后，我跑上山顶/面向北京高声朗诵/祖国啊，我们又跨进了/一个更灿烂的年代……”我在学校的联欢会上朗诵马雅可夫斯基的《好》：“我差不多走遍了/整个地球/生活/是好的/生活得/很好/可是在我们/战斗的沸腾的欢乐中/比那还要好得多……”

这一年3月3日，我在校刊《新武大》文艺版上发表了长诗《向科学进军》：

充满阳光的生活
　　微笑着
　　向我们敞开胸怀
斗争和创造的道路
　　在我们面前
　　展开
我们听见了
　　人民的
　　　　也是祖国的
亲切而又严肃的叮咛
　　向科学进军
我们听见了
　　时代的
　　　　也是祖国的
亲切而又急迫的声音
　　向科学进军
我们听见了
　　党的
　　　　也是祖国的
亲切而又庄严的命令
　　向科学进军
是的
　　向科学进军

向科学进军
　　向科学进军
这是我们的权利
　　这是我们的义务
　　　　这是我们光荣的使命
祖国不是要我们
　　看着她突飞猛进的巨影
　　　　老是欢呼鼓舞
而是要我们
　　把一年当十年
　　　　向科学堡垒跑步前进
我们要透视
　　大自然的全部秘密
　　　　为社会主义服务
我们要实现星际航行
　　把人类手脑的“外延”
　　　　伸得更远更远
我们要用智慧和力量
　　创造原子时代的奇迹
我们要用劳动和科学
　　建起辉煌灿烂的
　　　　共产主义大道……
啊，科学的海洋
　　无边无际
　　　　金光闪闪
让我们扬帆远航吧
　　乘风破浪
　　　　高歌猛进
　　　　　　驰向没有人到过的地方……

3月27日的《长江日报》发表了我评论为迎接全国青年文学创作会

议而出版的《青年文学创作选集》的文章：《充满青春活力的创作》。文章在简要地评论了四本青年作家的小说集之后说："从这四本小说选辑可以看出：我们已经拥有一大批有生活基础的大有希望的青年作者，他们的充满青春活力的闪光的创作生命正在党的扶植下成长着。在这支不断扩大着的文学新军和老作家们的共同努力下，我们的文学艺术事业将很快地繁荣昌盛起来。"写这篇文章的同时，我还写了一篇短论，提出作家应当兼搞评论的观点，题目叫《作家们，关心和参加文学批评吧》（刊于1956年第5期《人民文学》，署名苍洱星）。

1956年上半年，是我在武汉大学中文系的最后一个学期，除了还要继续上一些课、考《历代韵文选》《外国文学》，以及同大三的同学韦其麟、莫绍裘（叶橹）一起编校刊《新武大》的文艺副刊之外，我重点要完成的就是写毕业论文的任务。

毕业论文有些同学选古典文学研究，如《杜甫诗歌的人民性》《李白的浪漫主义想象》《试论〈西厢记〉》《〈水浒传〉中的女性形象》等等，更多的同学则选关于现当代文学的题目，如《试论赵树理的小说》《评丁玲的〈太阳照在桑干河上〉》等。根据我对新诗的爱好，指导老师刘绶松建议我写《论郭沫若的诗》。我觉得很好，便欣然接受。

我重读了《女神》之后，又从图书馆借来了郭沫若先后出版的全部作品，包括《星空》《瓶》《前茅》《恢复》《凤凰》《战声集》《蜩螗集》《新华颂》《卷耳集》《屈原赋今译》、1928年出版的《沫若诗集》、1951年出版的《郭沫若选集》等，认真仔细研读之后感到《女神》确实是我国新诗史上第一座光芒四射的丰碑，是以火山爆发般的滚烫激情、黄钟大吕般的洪亮声音、气吞宇宙的广阔胸怀和大胆奇丽的浪漫想象，歌颂时代新潮、呼唤民族觉醒的一部天才之作，但作者后来的诗越来越不行了，特别是新中国成立以后。读《新华颂》："人民品质，勤劳英勇。/巩固国防，革新传统。/坚强领导由中共，/无产阶级急先锋。/工业化，气为虹，耕者有田天下公。/使我光荣祖国，/稳步走向大同。"（作于1949年9月20日）读《人生最光荣》："好铁必打钉，/好儿必当兵。/当了解放军，/人生最光荣。//保卫革命成果，/保卫世界和平。/提高警惕性，/肃清反革命。/祖国要建设，/环境要安宁，/不许敌人侵犯，/要把社会主义建成。"

这样的诗，出自一位人们尊敬的天才诗人之手，实在令人失望。系统研读了郭沫若的诗之后，我明显地感到：郭老的诗歌创作“开端就是顶点”，解放后不如解放前。有感于当时教条主义的影响、文艺简单机械地从属于政治和诗歌创作中的公式化概念化标语口号化倾向，1956 年初我正在写一篇《诗歌创作中的公式化概念化倾向》的文章（此文未能发表）。郭老解放后配合政治任务写的诗，似乎正是公式化概念化倾向的代表。毕业论文单单评论《女神》，我觉得又不够分量，难以反映我大学时代学习阅读思考所达到的理论学术水平，而如果全面系统地来探讨郭沫若诗歌创作的思想艺术特色和经验教训、成败得失，则显然不合时宜，许多话不好说，怎么能表达“开端就是顶点”“解放后不如解放前”这样的意思呢？因此，我斟酌再三，决定换一个题目，写《艾青的诗》。我从小就比较喜欢艾青的诗，他的《我爱这土地》《向世界宣布吧》等诗，我中学时曾背诵过，写起来估计要有把握一些。

4 月 10 日，我去刘绶松老师家汇报我的想法，他听后有点吃惊：“怎么你现在要换题目？有的同学都已经交稿了，你还来得及吗？郭沫若的诗，如果全面系统的评论不好写，你就专门好好分析研究一下《女神》也可以嘛！”我反复说明，坚持自己的想法。刘老师是西南联大毕业的，有鼓励学生自觉学习、独立钻研、自由思想的传统，虽然他不完全同意我的看法，但最终还是同意我改变论文题目，只是强调：“既然你坚持，那就抓紧时间认真深入地系统研究一下艾青的全部作品，最近有人对艾青提出批评，你也把有关资料找来看一看，好好写！一定要在 5 月份交稿！怎么写，谈些什么问题，我也没有考虑，无法给你出什么主意，你自己研究吧！”

我从图书馆借来了艾青的所有作品集，从《大堰河》《北方》《他死在第二次》《向太阳》《火把》《旷野》《雪里钻》《献给乡村的诗》《反法西斯》《黎明的通知》《愿春天早点来》《吴满有》，到解放后出版的《欢呼集》《宝石的红星》《艾青选集》（开明书店 1951 年版）、《艾青诗选》（人民文学出版社 1955 年版）、长诗《黑鳗》（作家出版社 1955 年版）和《诗论》（上海新文艺出版社 1953 年版），利用一切课余时间（因为还有几门课没有上完，还要参加讨论并从事《新武大》副刊的编、排、校对工作）认真研读，把艾青近年在报刊发表、尚未编成集子的诗作和1956年第3期《文艺报》发表的批评艾青的文章也找来看。对艾青从1932年到1956年这24年走过的创作道路、他的诗歌的思想艺术特色、他独到的杰出成就和某些作品还存在的不足，有了个总体的印象和初步的理解。怎么才能比较全面系统地来评论这样一位杰出诗人呢？

过去对艾青的评论并不多。胡风的《吹芦笛的诗人》、杜衡的《读〈大堰河〉》、吕荧的《人的花朵》（艾青、田间合论）、闻一多的《艾青与田间》等都是解放前对他早期作品的评论。我想自己的这篇论文应当是对诗人全部作品的系统论述和全面评价。

我比较崇拜俄国19世纪的文学批评家别林斯基（1811—1848）、车尔尼雪夫斯基（1828—1889）、杜勃洛留波夫（1836—1861）。读艾青的诗，我就想起别林斯基对普希金诗歌的评论，想起车尔尼雪夫斯基对《莱蒙托夫文集》的评论，想起杜勃洛留波夫的《论柯尔卓夫》，想起他们那些把诗人作家的创作同他的时代、民族和现实社会联系起来的视野开阔、大气磅礴、充满激情的评论。我想自己评论艾青的诗，也应站在时代的高度，以历史的眼光，力求用诗的语言充满激情地把思想分析和艺术分析结合起来，力求全面系统而又别开生面地既充分肯定、热情赞扬诗人难能可贵的突出成就和广泛影响，也指出他某些作品还存在的不足。于是我决定按诗人创作发展的不同阶段分几章来写：第一章，抗日战争前的创作；第二章，抗战前期；第三章，延安时期；第四章，解放初期；第五章，近两年的作品。每一章前都用诗人的诗句或言论作为引言。文章开头引艾青《诗论》中的两句话：

我生活着，故我歌唱。

诗，永远是生活的牧歌。

然后就是全文的“引子”：

在我们年轻的社会主义文学的道路上，走来一位有才华的、有深刻影响的杰出诗人……

在那白色恐怖的年代，在中国历史上那些最黑暗的日子里，我们看见他眼里充满泪水，从“彩色的欧罗巴”带回一支芦笛，吹着，吹着，吹着，吹出了这苦难的土地上人民的忧愤、诅咒和悲哀……

当卢沟桥的炮声一响，我们又看见他满脸喜悦和兴奋，在“复活的土地”上，“乘着热情的轮子”，奔“向太阳”，高举“火把”，以充满信心和力量的激昂高亢的声音，向在黑暗中悲愤地战斗前进的人民发出了“黎明的通知”，他的火把点亮了千万颗年轻的心，他的声音长久地留在我们的记忆里，鼓舞我们前进……

接着，从革命的圣地延安，我们又听见了他对革命领袖和新社会、新生活的热情的歌颂，我们听见了他对世界上第一个社会主义国家的光辉成就的热烈的祝贺和赞美，我们听见了他“向毛泽东同志”“向春天一般灿烂的未来”“向民主、强盛、繁荣、自由、幸福的人民共和国”发出的激情的欢呼……

然而在他欢呼过的“未来的共和国”诞生后，在人民根本摆脱落后的伟大的社会主义高潮中，我们却很少听见他的声音，而且根本就没有再听见他的像《向太阳》《火把》那样热情洋溢、具有强大的思想艺术力量的声音……

这是什么原因呢？——我们是多么希望听见他的更热情、更有力、更激动人心的歌唱啊！

五个章节就按这个“引子”的思路来写。可能是由于自己特别喜欢艾青的诗，过去就读得较熟，这次为写论文全部重读，边读边思考，边读边联想，对诗人各个阶段创作的发展脉络理得比较清楚，写起来比较顺手，初稿第一、二、四、五章五万多字，前后只用五六天时间就写出来了。艾青在谈到他的创作经验时说过：“我也不知道是怎么一回事，我只是设法把我感受得最深的，用最自然的方式表达出来。”“我只是发出我内心的声音。”我尝试着评论艾青诗歌的时候，也正是这样做的，我只是把自己研读艾青诗歌时“感受得最深的”、思考得最多的，“用最自然的方式表达出来”。

研读了艾青的全部作品之后，我“感受得最深的”就是：艾青不愧为我国当代诗歌史上最有才华、成就最高、影响最大的杰出诗人之一。尽管当时诗人创作道路上确实遇到了某些问题，受到了人们的指责，但我认为，当时他才46岁，已走过了24年的创作历程，正处在充满青春活力和创造激情的盛年，“正处在他的才能的成熟期”。“我们对艾青的才能是充满了信心的。……诗人的才能是多方面的，诗人的感情是丰富多彩的。只要他努力改造自己，深入生活，他毫无疑问会给我们写出许多歌唱社会主义的好诗来的。”我感到，艾青光芒四射的艺术成就值得大书特书，他的多方面的丰富的创作经验应当认真总结，因此我满怀信心而又激情洋溢地“用最自然的方式”，谈了自己初步学习和研究艾青诗作的粗浅体会，并通过评论艾青的诗，针对当时文艺界存在的庸俗社会学和教条主义的影响以及诗歌创作上的公式化概念化标语口号化倾向，强调了一下自己认为应当强调的东西，如诗人应当是“他的祖国的公民”“他的时代的子孙”，诗人应当唱出“人民灵魂深处的声音”；诗应当“以诗而出现”，而不能图解概念、空喊口号；诗人应当保持自己的艺术个性和独特风格，等等。

毕业论文初稿题目叫《艾青的诗》，写延安时期的第三章因没有想清楚，暂时空着，我按指导老师刘绥松教授的要求，赶在5月23日把先写成的前后四章送去请他审阅、提意见。5月31日，上一年毕业后留校当助教的陆耀东同学通知我，说刘先生要我去他家谈谈对毕业论文的意见。他说，刘先生已看过，很满意，说你只要把未完成的一章写出来，稍作修改就可以考虑推荐给湖北人民出版社出版。我下午5时赶到刘先生家，他正洗澡，他爱人招呼我坐下，倒茶给我喝。等了约一刻钟，刘先生穿着白衬衣、白短裤出来了，眼镜也没有戴，就很兴奋地同我谈起来：“你的毕业论文《艾青的诗》，我读了两遍，语言生动，观点鲜明，通篇充满感情，有些地方有独到见解，好像是一口气写下来的。论郭沫若，我帮你考虑过，出过点子，你却没有写出来；论艾青，我没有出什么主意，你却写得又快又好！看来不论做学问或搞创作评论，主要还是靠自己独立思考啊！现在的问题是：很重要的延安时期你为什么偏偏空着没有写呢？”我说因为赶着先请先生审阅，看看这样写行不行，延安时期是艾青的思想感情和艺术风格处于错综地急剧地变化发展的过渡时期，比较复杂，我再翻些资料、作些思考后马上补写。刘先生说：“延安时期这一章很重要，一定要下功夫写好，要把毛主席《在延安文艺座谈会上的讲话》对诗人的影响突出地写出来。其他几章也要从头到尾再好好推敲、打磨一下。另外，论文最后部分，你批评郭小川同志那几句话，是不是还是去掉好？你还是个刚刚准备走出大学校园的学生，千万不要骄傲，不能给人以盛气凌人的感觉。”

刘先生对我论文初稿的高度评论和热情鼓励，大大出乎我的意料，使我感到欢欣鼓舞。他真挚坦诚的意见和告诫，语重心长，给我很大的鞭策。其实我确实对论文初稿还很不满意，许多意思还没有充分表达清楚，更谈不上系统深刻。我决心尽快把空缺的一章写出来，并从头到尾认真修改一遍。

正在这一天，《长江日报》一位编辑专程来珞珈山约我写一篇《怎样看根据古典作品改编的苏联电影》的文章。近年来我国译制放映了许多根据俄罗斯古典作品改编的苏联电影，在广大观众中产生强烈反响，也产生了一些疑问：有的看不懂是什么意思，有的不晓得该从中学习什么，如何欣赏。有的则觉得影片中人物的性格和行动简直无法理解，不知摄制和放映这样的影片有什么意义。如根据普希金的长诗《茨冈》改编的《草原上的吉卜赛人》，根据莱蒙托夫同名小说改编的《梅丽小姐》，根据托尔斯泰的同名小说改编的《安娜·卡列尼娜》，根据契诃夫的同名小说改编的《瑞典火柴》和《脖子上的安娜》，根据高尔基的话剧剧本《瓦萨·热列札诺娃》改编的《没落之家》等等。他们要得很急，所以6月初，我先用一天时间赶写了《怎样看根据古典作品改编的苏联电影》（刊于1956年7月3日《长江日报》文化生活版，署名秋泉），便集中精力，先写出论述艾青延安时期创作的第三章，再把其他四章从头到尾边抄边改了一遍。新写的第三章，我开头就引了艾青的诗《太阳的话》：

快起来，快起来
快从枕头里抬起头来
睁开你的被睫毛盖着的眼
让你的眼看见我的到来

让你们的心像小小的木板房
打开它们的关闭了很久的窗子
让我把花束，把香气，把亮光
温暖和露水撒满你们心的空间

我在这一章中谈到：“到延安以后，他参加了延安文艺座谈会和整风学习，经历了‘一次大改造’，开始‘采用民歌体写诗’，‘创作的风格起了很大的变化’（《艾青选集·自序》）”，但我对毛泽东同志《在延安文艺座谈会上的讲话》重大深远的理论指导意义学习不够、理解不深，所以只在论述中引用了其中的一句话：要给文艺家“以创作真正革命文艺的完全自由。”

6月中旬，我在《人民日报》上读到了陆定一同志根据毛主席提出的“百花齐放，百家争鸣”的方针所作的报告。陆定一说：“我们所主张‘百花齐放，百家争鸣’是提倡在文学艺术工作和科学研究工作中有独立思考的自由，有辩论的自由，有创作和批评的自由，有发表自己的意见、坚持自己的意见和保留自己的意见的自由。”“在人民内部，不但有宣传唯物主义的自由，也有宣传唯心主义的自由。只要不是反革命分子，不管是宣传唯物主义或者是宣传唯心主义，都是自由的。两者之间的辩论，也是自由的。”陆定一反对在科学研究工作中乱贴政治标签和阶级标签；对于文学艺术工作，他强调说：“党只有一个要求，就是‘为工农兵服务’，也就是为包括知识分子在内的一切劳动人民服务。”“在为工农兵服务的前提下，任何作家可以用任何自己认为最好的方法来创作，互相竞赛。题材问题，党从未加以限制。只许写工农兵题材，只许写新社会，只许写新人物等等，这种限制是不对的。”“在文艺作品里出现的，不但可以有世界上存在着的和历史上存在过的东西，也可以有天上的仙人、会说话的禽兽等世界上所没有的东西。文艺作品可以写正面人物和新社会，也可以写反面人物和旧社会，而且，没有旧社会就难以衬托出新社会，没有反面人物也难以衬托出正面人物。因此，关于题材问题的清规戒律，只会把文艺工作室息，使公式主义和低级趣味发展起来，是有害无益的。”

当时的中共中央宣传部长陆定一同志的这篇《百花齐放，百家争鸣》，对我修改毕业论文，起到了很及时的鼓舞和指导作用。

郭小川同志是我崇敬的诗人，我曾经一遍又一遍地朗读过他的《投入火热的斗争》和《向困难进军》。我知道他还是中国作家协会的秘书长、书记处书记。但我感到他在中国作协的会上批评艾青的发言（刊于1956年第3期《文艺报》）似乎迫于形势，具体分析不够，缺乏说服力。所以，在充分肯定和论述了艾青的组诗《南美洲的旅行》之后，我写了这样一段话：

> 郭小川说："艾青这些年来的诗大多是不强烈的，缺乏政治热情，对人民常常只限于同情。就说《南美洲旅行》吧，这是政治诗，但从诗中只看到人民被压迫被侮辱的一面，没有表现出人民的火热的斗争和反抗的一面。"从《南美洲的旅行》怎么能看出诗人对人民"只限于同情"呢？难道愤怒地控诉了帝国主义的无耻、虚伪和罪恶就叫做对人民"只限于同情"吗？我觉得，在这一点上，郭小川是不够严肃和冷静的。

刘绶松老师建议我删去的这一段话，我修改时考虑再三，最终还是保留下来了。论文题目由初稿《艾青的诗》改为《生活的牧歌——论艾青的诗》。6 月 19 日，我把修改稿送给他，他看后表示满意，说题目也改得好。建议我给学校留一份底，重抄一份寄给《人民文学》编辑部看看，他说"湖北人民出版社处理起来比较慢，影响也不大，到北京闯闯吧！"

《人民文学》估计不大可能发表 5 万字以上的文章，但我还是请几位同学帮忙重抄了一份，于 6 月 22 日把《生活的牧歌——论艾青的诗》挂号寄给《人民文学》编辑部。

7 月 17 日，收到《人民文学》编辑部来信，说："文章写得不错，可惜我们发不了这么长的评论，已转给人民文学出版社研究处理，请你直接同他们联系。谢谢你对我们刊物的支持！"

想不到稿子会处理得那么快。7 月 30 日，我已买好第二天去庐山的船票，与几个同学约好去庐山游览，却突然接到北京作家出版社寄来的挂号信和书稿（当时人民文学出版社同作家出版社是一个单位，两块牌子），说他们决定采用《生活的牧歌——论艾青的诗》，有几个地方希望考虑修改一下即可出版。我真是喜出望外。我知道文章还有许多不足，决定采用并不等于我写得多么好，而是说明我国还缺少"作家论"，目前我们非常需要比较全面系统地评论一个诗人作家的著作，我应当充满信心地尽可能把它改好，使论点更正确些、论述更深刻些、缺点更少些。我想起萧伯纳的话："一个人要是没有主张，他就不会有风格，也不可能有。一个人的风格有多大力量，就看他对自己的主张感觉得有多么强烈，他的信念有多么坚定了！"我在当天的日记上写了这样的话："直到今天我才真正认识到，一个人，相信自己是多么重要!”

这时毕业考的所有科目都已考完，学校再组织毕业班学习一周的普通话后就要落实分配方案。我如果去庐山旅游，回来就得参加普通话的学习班，没有时间修改论文了，便立即去退了船票，抓紧毕业分配前的时间，把论文改好寄出去。学校图书馆已开始利用暑假清理图书，不对外开放。我去找馆长说明情况后，馆长大力支持，特批允许我借阅图书资料和最新的书刊。我把艾青的《黑鳗》《双尖山》《藏枪记》三部长诗又重新找出来认真研读，加强了对三部长诗的思想艺术、不同成就和存在问题的具体分析。

8 月 11 日，我把《生活的牧歌——论艾青的诗》修改稿挂号寄给了作家出版社编辑室。

9 月 15 日至 9 月 27 日，中国共产党第八次全国代表大会在北京举行。刘少奇同志在大会上作的政治报告中宣布：“我国社会主义和资本主义谁战胜谁的问题，现在已经解决了。”“八大”明确指出：社会主义制度在我国已经基本上建立起来，国内的主要矛盾已经不再是工人阶级和资产阶级的矛盾，而是人民对于建立先进的工业国的要求同落后的农业国的现实之间的矛盾，是人民对于经济文化迅速发展的需要同当前经济文化不能满足人民需要的状况之间的矛盾。全党和全国人民的主要任务就是集中力量发展社会生产力，把我国尽快地从落后的农业国变为先进的工业国。报纸上发表了周扬同志在“八大”的发言，有些话给我留下了特别深刻的印象。周扬说：“党中央提出了‘百花齐放，百家争鸣’的方针，这就是鼓励文艺创作和科学研究中的自由竞赛，鼓励文化艺术工作者充分发挥个人的才能和特长来共同建设社会主义的新文化。”“社会主义革命为一切创造性的劳动开辟了道路。但是在我们中间，经常发生的文艺上的教条主义、宗派主义，以及对待文艺工作的简单化的、粗暴的态度，却严重地束缚了作家艺术家的创作自由，成为了实现‘百花齐放，百家争鸣’的主要障碍。”他强调指出：“教条主义是扼杀艺术的独创性的。文艺只有打破教条才能有活泼的旺盛的生命。”

这时我已经毕业分配回昆明，在云南省文联《边疆文艺》编辑部担任编辑工作。学习了“八大”文件和周扬发言的精神，我感到《生活的牧歌》在有些问题的论述中还可以再放开和深入一些，思想还可以再解放一些。于是我在10月3日又写信给作家出版社要回书稿再作修改。作家出版社支持我立即挂号寄回书稿。

我重读了艾青由人民文学出版社1956年6月新出版的诗集《春天》和1956年7月新版的《诗论》，把《生活的牧歌——论艾青的诗》又从头到尾润饰修改了一遍，有些段落重写，有些地方加了一些话，字数由原来的6.2万字增加为7.3万字。例如最后一章中的这样一些话，就是这次修改才大胆地写上去的：

> 诗人必须忠于自己，忠于自己的个性，忠于自己的风格，忠于自己的创作道路和艺术事业，因为他的这一切都是为了人民为了时代，因为他的这一切都是为了更好地更充分地反映人民的愿望和时代的感情。诗人必须沿着自己的路走上艺术高峰，诗人必须按照自己的方式来表现生活真实，诗人必须自始至终保持自己独具的艺术风格和创作特色。周扬同志说我们的抒情诗是“抒人民之情”，这提法原则上当然是对的，但作为指导性的艺术理论，则嫌过分笼统；它忽视了诗人必须通过他自己来反映人民歌唱人民这一抒情诗的基本特点。没有鲜明的个性和个性化感情的人是不可能成为诗人的。我想，恩格斯所说的“风格就是人格”的名言，也应该这样来理解。诗人的风格和特色是要变的，而且是不可能不变的，但它是随着所反映的生活的不同，随着历史时代的发展而从旧的基础上变出来的。他变后必须仍然是诗人自己的，仍然是这一个诗人的，而不是那一个诗人的。诗人必须永远处于积极热情的追求和探索中，必须每天都有所获得、有所发现和创造，他不能为了赶时髦或好奇，而随便把别人（包括古人和今人）的衣裳穿在自己身上，把别人的桂冠戴在自己头上。艾青就是这样，他就是沿着自己的道路踏踏实实地走过来的，他一直保持着自己的风格（虽然是发展中的、多样化的）、自己的艺术个性和创作特色。他的道路像许多著名诗人的道路一样，并不是很平坦的、直线的，他在创作上不止一次地碰到过困难、失败和问题，但他总是能够

跨过这一切昂首前进，从一个成就到另一个成就……

我利用业余时间和星期天，于10月25日抄改完《生活的牧歌——论艾青的诗》，10月27日写了篇简短的《后记》。编辑部和作协的几位同志都说要“先睹为快”，轮流传看一下。最后修改定稿的书稿于10月31日挂号寄给了作家出版社。

《生活的牧歌——论艾青的诗》1957年7月由作家出版社出版发行，第一版第一次印刷就印了2.6万册。这是我国第一部系统评论艾青的专著，也是新中国成立后的第一部现代作家论。但书出版时，反右斗争的风暴已经席卷全国，艾青受批判，随后被打成“反党反社会主义的右派分子”，《生活的牧歌》及其作者也在劫难逃，那是后话了。

后 记

56 年前写的《生活的牧歌》，出版后就遭遇 1957 年的反右派斗争，被打成“反党反社会主义反马克思主义”的大毒草，反复受到批判。70 年代末平反后，由人民文学出版社在 1981 年和 1997 年两次增补再版。这次列入云南“学术名家文丛”出版，又增加了四篇文章：

一、为中国人民大学教授、艾青研究专家周宏兴《艾青研究与访问记》(1991 年 7 月文化艺术出版社出版）写的序：《艾青研究的新开拓》。

二、《艾青在桂林》，是研究艾青抗日战争时期在桂林的创作、评论和文化活动的。刊于 2000 年 10 月 21 日《桂林晚报》。

三、《二十世纪的中华诗魂——纪念艾青百年诞辰》，先后刊载于 2010 年 1 月 25 日《华夏诗报》、2010 年 3 月 26 日《人民日报》、2010 年 4 月 14 日《文艺报》、2010 年 4 月《诗刊》上半月刊、2010 年 3 月号《边疆文学·文艺评论》。

四、《〈生活的牧歌〉是怎样写成的》，先后刊于 2013 第 4 期《边疆文学·文艺评论》、2013 年秋季卷《星河》、2013 第 2 期《西南学刊》。

2008 年 3 月 21 日，在北京《晓雪选集》出版座谈会上，中国作协名誉副主席、中国社科院名誉学部委员张炯说：“晓雪同志是我国少数民族中涌现的最优秀的诗人之一，也是闻名全国并有世界影响的优秀诗人、散文家、杰出的诗歌理论家和文艺评论家，还是个担负过文艺界领导的组织工作者。”“我知道他是从他的评论诗人艾青的长篇论文《生活的牧歌》开始的。那时读到他的这部成名作，深为他的才华，他的充满激情的诗一样的语言和对艾青的切中肯綮的评论所折服。”（2008 年第 2 期《云南文史》：张炯《在诗美的天地中》）

北京大学教授、博士生导师、中国诗歌研究院院长谢冕在《相识在西双版纳》(2008 年 4 月 5 日《人民日报》) 中说:

> 我在北大上学的时候就知道晓雪。他在大学期间就写了专著，而且出版了，这就是他的成名作《生活的牧歌》。他是一举成名。我们那时是仰望着他的。这次收到《晓雪选集》，重新翻阅了这部著作，读到如下的文字:
>
> “这些诗里，我们呼吸到一种美好生活的春天的气息，我们听见了人类理想的欢乐的声音，我们听见了光明世界的激动人心的喧响，我们看见一个伟大的时代正‘带着暴风雨似的狂啸，隆隆滚辗而来’。——读着这些诗，我们感到诗人在伟大时代面前的激动，我们感到诗人沐浴在新生活中的兴奋和欢喜，我们感到诗人对光明对理想的渴慕、追求、向往和呼唤，我们感到了洋溢在每一字句中的完全拂去了忧郁的新鲜的欢畅的情绪。”
>
> 这些语言生动、精确，甚至有点华丽，但绝对没有八股的腔调。五十年后的今天重读这些文字，我们依然深切地感受到晓雪对中国诗歌理论批评的久远的贡献，这种贡献并不因时间的推移而消失。早慧的晓雪为我们的诗歌批评找到了一种恰当的话语方式，这种方式是感性与理性相融通的、是美文的和诗性的。晓雪用自己的书写向我们表明了诗歌批评与其他文学批评的差异，而他只是切实的实践，并不对此作直接的陈述。

对我 50 多年前的著作，两位兄长至今还如此热情鼓励，我既感到欣慰，也感到是一种鞭策。有生之年，我当继续努力。

2012 年 7 月 12 日　昆明

学术年表

1957 年

《生活的牧歌——论艾青的诗》（第一部评论艾青诗歌的专著），作家出版社出版。

1979 年

《浅谈集》（文艺评论集），云南人民出版社出版。

1981 年

《生活的牧歌——论艾青的诗》（增补版），人民出版社再版。

1984 年

《新诗的春天》（诗论集），花城出版社出版。

1985 年

论文《我国当代少数民族诗歌》获第二届少数民族文学“骏马奖”优秀评论奖。《新诗的春天》《诗的美学》《诗美的采撷》先后获中国当代文学研究优秀成果奖。

《诗的美学》（诗论集），中国文联出版公司出版。

1991 年

《诗美断想》（诗歌研究与评论集），云南人民出版社出版。

1994 年

《面向新时代》（文艺评论集），云南民族出版社出版。

1997 年

《中国当代文学研究资料·晓雪集》，云南教育出版社出版。

《生活的牧歌——论艾青的诗》（增补版），人民出版社再次再版。

1998 年

《诗美的采撷》（学者评论家近作文丛之一），河北教育出版社出版。

2003 年

《中国国外获奖作家作品集·晓雪卷》（评论创作精选），云南人民出版社出版。

2003 年

获得由中国当代文学研究会、中国当代少数民族文学研究会评定和授予的中国当代少数民族文学研究突出贡献奖。

2010 年

《晚晴集》（评论散文集），云南民族出版社出版。

图书在版编目（CIP）数据

生活的牧歌——论艾青的诗／晓雪著．—昆明：
云南人民出版社，2013.12（2015.9 重印）
（云南文库·学术名家文丛）
ISBN 978－7－222－11575－0
Ⅰ.①生… Ⅱ.①杨… Ⅲ.①艾青（1910～1996）－
诗歌研究 Ⅳ.①I207.22

中国版本图书馆 CIP 数据核字（2014）第 000767 号

出 品 人：刘大伟
统筹编辑：马维聪
责任编辑：马维聪　梁洪泽
装帧设计：郑　治
责任校对：林　劲　张力山　杨兰庆　谭传武
责任印制：洪中丽

书名　**生活的牧歌——论艾青的诗**
作者　晓　雪　著
出版　云南人民出版社　云南大学出版社
发行　云南人民出版社　云南大学出版社
社址　昆明市环城西路 609 号
邮编　650034
网址　http：//ynpress.yunshow.com
E－mail　ynrms@sina.com
开本　787mm×1092mm　1/16
印张　15.5
字数　240 千
版次　2014 年 7 月第 1 版　2015 年 9 月第 2 次印刷
印刷　云南商奥印务有限公司
书号　ISBN 978－7－222－11575－0
定价　50.00 元